# INTRODUÇÃO
# À
# HISTÓRIA
# ECONÓMICA E SOCIAL
# DA EUROPA

# JOSÉ VEIGA TORRES

Diplomado pela E. P. H. E. — Paris.
Doutor de Estado pela Universidade de Paris III (Sorbonne Nouvelle).
Professor de História Económica e Social na
Faculdade de Economia da Universidade de Coimbra.

JOSÉ VEIGA TORRES

# INTRODUÇÃO À HISTÓRIA ECONÓMICA E SOCIAL DA EUROPA

(5.ª Reimpressão)

ALMEDINA

COIMBRA – 2003

# EXPLICAÇÃO PRÉVIA

*O presente texto tem uma origem estritamente pedagógica. Foi escrito para servir de base às lições de introdução ao estudo da HISTÓRIA ECONÓMICA E SOCIAL, que o autor vem ministrando aos alunos do 1.º Ano da Faculdade de Economia de Coimbra.*

*Pedagogicamente, o texto foi estruturado sobre meia dúzia de grandes obras de investigadores consagrados, às quais serve assim, de algum modo, de iniciação.*

*Todavia, o autor procurou, na redacção do texto e na sua publicação, ir de encontro à crescente procura de conhecimentos sobre os desenvolvimentos, ao longo do tempo, daqueles mecanismos económicos e sociais com os quais se foi forjando a sociedade que é a nossa. Esta preocupação levou o autor a acautelar o texto de sobrecarga de erudição e a exprimir-se com toda a simplicidade possível.*

*Dar esta explicação é apenas explicitar objectivos e intenções, que o texto, por si próprio, deveria revelar. O autor não se dá a si mesmo o crédito suficiente para julgar a explicação desnecessária. Por isso, desde já, manifesta a mais extrema gratidão a quantos queiram honrá-lo com todos os reparos que o texto mereça.*

*O AUTOR*

PRIMEIRA PARTE

# A EUROPA
# PRÉ-INDUSTRIAL

# I — INTRODUÇÃO

## 1 — PERFIL METODOLÓGICO

A História é um discurso sobre o passado. Como discurso é uma construção; os processos adoptados para a construção de um tal discurso determinam-lhe a natureza e tipificam-na. Cada indivíduo, e cada grupo coerente de indivíduos, constrói um discurso sobre o seu passado individual e colectivo. A necessidade de identificação obriga os indivíduos e as colectividades humanas a criarem imagens discursivas do seu devir, nas quais se incluem, com uma certa consciência do presente, uma ideia sobre o seu passado e uma certa perspectiva sobre o futuro.

Evidentemente que a elaboração da imagem individual ou colectiva do passado pode ter muito pouco que ver com a realidade objectiva do que efectivamente terá acontecido. Pode ser fundamentalmente um fruto de uma operação imaginária. A Psicologia estuda isso, no que se refere aos indivíduos, e a Antropologia estuda-o no que se refere às colectividades.

Também é certo que nunca qualquer imagem sobre o passado individual ou colectivo é tão objectiva que nos dê a totalidade da realidade passada do homem. O que quer dizer que nenhuma História poderá pretender abarcar todo o real passado humano, até porque carecemos de um esquema mental que explique cabalmente a realidade humana. Daqui se infere:

1) — Que cada indivíduo e cada grupo humano produz a sua própria história com os esquemas mentais que possui e segundo as respectivas necessidades de identificação colectiva. Todavia ao dizermos que "produz a

sua história'', não queremos por isso dizer que necessariamente cada indivíduo e cada grupo é autónomo na construção da sua história. Infelizmente os sistemas sociais e culturais impõem-se com tal dose de dominação que os indivíduos e os grupos não logram a consciência da sua própria autonomia interna, da distância crítica que necessitam para não viverem com imagens alheias. O que quer dizer que a objectividade em História existe na razão directa da liberdade, da democracia.

2)   Que a História será sempre relativa ao tempo e ao espaço cultural em que é construída, dos quais é reflexo, como será sempre uma etapa da busca incessante do homem no conhecimento de si próprio, processo imprescindível em todo o tipo de conhecimento sobre o homem (ou os homens) e manifestação clara da impossibilidade de construção de qualquer teoria totalizante da realidade humana.

Poderá inferir-se daqui que uma História Científica é impossível?

A História ou qualquer das chamadas Ciências Humanas ou Sociais não poderá pretender o estatuto de Ciência se tal estatuto lhe exige o estabelecimento do seu objecto com carácter de definitivo, ou de absoluto, e o estabelecimento definitivo dos processos metodológicos a adoptar. Tal exigência implica uma contradição com a natureza do discurso histórico e com a realidade humana que se procura descobrir na sua complexidade.

Uma *teoria do homem*, uma teoria do devir humano, resvala para posições dogmáticas e de autoritarismo cultural, ou é delas expressão, limitativa ou até asfixiadora da incomensurável riqueza da intervenção humana no fluir do tempo e no espaço.

Como outrora princípios teológicos (providencialistas e outros), modernamente outros princípios (por exemplo certos princípios do chamado ''materialismo histórico'' — marxismo à rebelia da inspiração de Marx) tendem à produção de um discurso de História teleológica, sob a égide da única perspectiva ''objectiva'', ''absoluta'', ''real''.

É fácil perceber que tal atitude, pretensamente científica, corresponde — (é expressão) — historicamente a um comportamento real da submissão da totalidade humana a um padrão único de sistema social, económico e político. Também é fácil constatar que historicamente os homens reagem a tipos de sistemas assim totalizantes e totalitários e buscam, historicamente e livremente, não só construir os próprios sistemas de vida individual e colectiva, como encontrar os enquadramentos múltiplos de percepção e de explicação da sua própria complexidade múltipla de relações, no espaço, e ao longo do tempo.

Sem dúvida que a realidade histórica, a realidade humana, na sua complexidade objectiva e na complexidade da sua objectivação é fruto de luta, é resultado de conflitos, a luta e os conflitos que a autonomia e a liberdade humanas impõem. Nem sempre os detentores do poder cultural quiseram aceitar uma tal perspectivação do devir humano. É por isso um irrecusável enriquecimento na produção do discurso histórico (como no da produção dos discursos económico e político) a posição crítica de Marx e de todos quantos nele inspirados não resvalam para a formulação de dogmas marxistas.

Numa História Económica e Social em que a atenção terá de fixar-se em factos históricos como *produção* e *consumo,* que implicam uma relação estreita com as condições de vida das grandes massas de população de produtores e de consumidores, inevitavelmente, as perspectivas de análise crítica de Marx são imprescindíveis, mas não serão isoladas, nem únicas, porque a totalidade do real histórico tem de aproveitar todas as perspectivas que coerentemente esbocem, em profundidade, a compreensão do homem em permanente transformação.

Segundo os objectivos do texto, procuraremos nestas notas estabelecer uma panorâmica das transformações de carácter *económico* e *social* da sociedade europeia ao longo dos séculos.

Será de vincar as expressões *sociedade europeia, ao longo dos séculos, transformações* de *carácter económico e social.*

Na linha da historiografia actual, o discurso histórico só se concebe científico se tenta estabelecer-se a partir da *totalidade* da realidade social, isto é de todas as possíveis perspectivas sectoriais sob as quais pode ser encarada e analisada a realidade histórica. É essa sem dúvida, em síntese, a grande lição de todos os grandes historiadores que criaram ''Annales'' e o seu combate e dele são herdeiros, estabelecendo assim indispensável relação com todas as ciências humanas, que só conjuntamente podem encontrar sentido para o labor que empreendem, de criar o seu objecto específico e a específica metodologia da sua abordagem científica (1).

---

(1) A revista «Annales» nasceu a 15 de Janeiro de 1929, sob a animação de Lucien Febvre e Marc Bloch, com o título «Annales d'Histoire Économique et Sociale», representando um instrumento de combate pela construção de um discurso histórico plenamente científico, nos seus objectivos e na metodologia, englobando, interdisciplinarmente, diferentes áreas das ciências huma-

*13*

Nestas notas, a totalidade da realidade social europeia não estará nunca ausente, todavia pela especificidade do seu objectivo, elas prender-se-ão particularmente às perspectivas sociológicas e económicas, e a estas muito mais que àquelas, do caminhar da Europa pelo *tempo* e pelo *espaço*. As duas coordenadas do tempo e do espaço, são inseparáveis no devir de uma sociedade ou de um complexo de sociedades, posto que a sua mobilidade

---

nas, em pesquisa comum de uma visão total da vida humana no tempo e no espaço.

Assim «Annales» tornou-se, de 1929 até hoje, ininterruptamente, com apenas algum afrouxamento durante a guerra (1941-1946), um grande projecto e labor científico de um excepcional conjunto de historiadores, provenientes dos mais variados campos das ciências humanas. Lucien Febvre e Marc Bloch, ao criarem o projecto de «Annales» na Universidade de Estrasburgo onde ensinavam, fizeram-no em cooperação com o geógrafo Henri Baulig, com o psicólogo Charles Blondel, com o sociólogo Maurice Halbwchs, com o jurista, teólogo e futuro fundador da Sociologia Religiosa, Gabriel le Bras. Esta interdisciplinaridade ganhará maior amplitude, durante o decénio seguinte, posto que, os fundadores já em Paris, leccionando no Collège de France e na Sorbonne, respectivamente, puderam polarisar um leque de investigadores cada vez mais vasto.

A guerra constituiu para eles uma provação e também um estímulo. Marc Bloch foi assassinado pelos nazis, e a revista teve de mudar de título diversas vezes.

Após a guerra, em 1946, o título definitivo «Annales. Économies. Sociétés. Civilisations.» enunciava cabalmente o grande projecto.

Em relação estreita com a criação e expansão da VI Secção da École Pratique des Haules Études, que se transformou na actual École des Hautes Études en Sciences Sociales, os «Annales» e seus colaboradores não criaram uma «escola», mas uma verdadeira nubelosa de escolas e instituições, pelos mais diversos países do mundo, onde a investigação historiográfica e sociológica fosse verdadeiramente livre. Pode verdadeiramente dizer-se que «Annales» está na origem de uma universal comunidade científica de produção histórica.

Hoje, «Annales» já não é uma linha de combate (desnecessário) por uma integração plena de todas as ciências sociais na produção do discurso histórico, pela utilização dos métodos quantitativos e todos os processos metodológicos cientificamente válidos, que possam apontar perspectivas novas sobre a complexa realidade humana através do tempo.

No entanto, e talvez por essa razão, o conjunto da produção científica e dos cientistas referenciados com os «Annales» são alvo de uma crítica global, de não ter produzido *uma teoria* do homem que legitime a cientificidade do seu projecto e do seu labor.

É evidente que uma crítica deste teor parte do pressuposto da necessidade de uma esquema teórico, absoluta e cabalmente explicativo, da realidade humana. Só que um tal esquèma conduz a um prática redutora da própria

temporal significa sempre (quanto mais não seja em consequência 'da vida de relação ''ad extera'' de toda a sociedade viva) mobilidade espacial.

No caminhar pelo tempo e pelo espaço, as sociedades são sujeitos acti-

---

realidade humana, portanto a uma prática não científica, destruindo, à partida, uma multifacetada pesquisa do conhecimento das complexas constantes das sociedades humanas, e das não menos complexas transformações, estruturais e conjunturais por que têm passado.

Para um melhor conhecimento da origem, do projecto e das realizações de «Annales» e seus historiadores, veja-se:

BLOCH, Marc, INTRODUÇÃO À HISTÓRIA, Publicações Europa-América, col. Saber.

BRAUDEL, Fernand, HISTÓRIA E CIÊNCIAS SOCIAIS, ed. Presença, 1972.

FEBVRE, Lucien, COMBATES PELA HISTÓRIA, ed. Presença.
— POUR UNE HISTOIRE À PART ENTIÈRE, Paris, S.E.V.P.E.N., 1962.

LE GOFF, Jacques, e NORA, Pierre, FAZER HISTÓRIA, ed. Bertrand, 3 vol.

LE GOFF, Jacques, e CHARTIER, Roger, e REVEL, Jacques, LA NOUVELLE HISTOIRE, ed. Les Encyclopédies du Savoir Moderne, Paris, 1978.

No entanto qualquer discurso sobre os fenómenos e sobre os factos humanos que se pretenda «científico», não poderá prescindir de uma perspectiva teórica, da construção de um modelo explicativo abstracto. Ora, não é possível acusar os historiadores de «Annales» de serem carenciados nesse aspecto, por mais ou menos felizes que hajam sido no seu labor, onde a variedade, ao longo do tempo, com os inevitáveis conflitos ideológicos, institucionais, e outros, é real e viva, «histórica» numa palavra. Curiosamente, os críticos dos historiadores de «Annales» costumam manifestar-se também herdeiros dos seus ensinamentos.

Foi recentemente traduzido para português um livro de crítica à metodologia e à epistemologia historiográfica moderna e contemporânea que, mau grado o tom apaixonado e por vezes panfletário, significa uma procura epistemologicamente correcta de enquadramentos teóricos para o discurso historiográfico, e onde a par da crítica a um conjunto de historiadores do passado são objecto de crítica acerada os historiadores de «Annales». Nele se afrontam também diversas epistemologias «marxistas». A sua leitura impõe-se. Trata-se de O FEUDALISMO — UM HORIZONTE TEÓRICO, escrito por Alain Guerreau e editado pelas Edições 70.

É também proveitosa e acessível a crítica aos historiadores de «Annales» contida no artigo ASCENSÃO E DECADÊNCIA DA ESCOLA DOS ANNALES, publicada na Revista Trimestral de HISTÓRIAS E IDEIAS, Porto, 1979, n.º 3-4.

Para se fazer uma ideia e criar as bases informativas acerca da evolução da História Económica, veja-se EVOLUÇÃO DA HISTÓRIA ECONÓMICA E POSIÇÃO ACTUAL DOS PROBLEMAS, que é a primeira parte da obra de Vitorino Magalhães Godinho — INTRODUÇÃO À HISTÓRIA ECONÓMICA, Lisboa, Livros Horizontes, s. d.

vos ou passivos de transformações, que podem ser de mero carácter quantitativo, mas que serão, em algum momento, de carácter qualitativo, e cuja análise fornecerá os elementos para o conhecimento da sua realidade profunda, digamos da "trama" de elementos estruturais, de forças que constituem as sociedades e sentido do seu movimento, com ritmo próprio, no contexto de outros elementos estruturais, de outras forças de outros espaços e outros ritmos a que não são alheias. Um conceito de V. Magalhães Godinho — "complexo histórico-geográfico" — exprime com felicidade e operacionalidade esta observação (2).

São pois as transformações estruturais e conjunturais, que nos permitirão perceber e definir os ritmos de andamento das sociedades e dos seus diferentes sectores estruturais, o que, permitindo uma maior compreensão das sociedades, permitirão também o estabelecimento de cesuras temporais que são pedagogicamente indispensáveis para a sua relacionação.

Convirá, por certo, desde já e como dado introdutório, estabelecer as grandes cisuras temporais, que a experiência historiográfica nos oferece.

Uma primeira cisura vem já indicada pela estrutura destas notas: começamos por dividir a História Económica da Europa em duas grandes épocas: a Pré-Industrial e a Industrial. É por meados do século XVIII que devemos situar a cisura entre as duas grandes épocas, observando todavia que a passagem de uma para outra não só não foi simultânea em todas as zonas e sociedades europeias, nem implicou o mesmo ritmo e igual tipo de transformações nas diferentes estruturas económicas, sociais, políticas e culturais do espaço europeu e dos demais espaços do mundo económico sobre os quais as sociedades europeias actuavam hegemonicamente.

O que acabamos de dizer sugere-nos, de imediato, duas importantes observações:

1) Quando tivermos de estabelecer ritmos temporais no devir dos factos económicos e sociais da Europa, sempre será absolutamente necessário distinguir na Europa espaços económicos, sociais e políticos estruturalmente ou conjunturalmente diversificados, com ritmos por isso mesmo diferentes, numa intercomunicação que os coloca em ordem (numa "hierarquia" de *influência* ou mesmo de *dependência)* que será necessário definir e cuja natureza será preciso caracterizar.

---

(2) Cf. GODINHO, Vitorino Magalhães — COMPLEXOS HISTÓRICO-GEOGRÁFICOS, in DICIONÁRIO DE HISTÓRIA DE PORTUGAL, dir. Joel Serrão, ed. Iniciativas Editoriais.

2)    Algo de semelhante será preciso estabelecer no que se refere aos factos económicos e sociais da Europa cuja natureza implicam relações com espaços económicos e sociais extra-europeus, caso que é sobremaneira evidente a partir do século XV, quando pelo contacto directo e imediato das economias europeias com as de outros e vários continentes, a história económica europeia iniciou a marcha criadora do que pode ser considerado hoje um sistema de economia mundial. A evolução das relações da Europa com os espaços extra-europeus conheceu transformações, com incidências diversas nos diferentes espaços europeus, que puderam desempenhar um papel activo nessas relações, e com incidências fundamentais nas próprias transformações económicas e sociais europeias, nos seus ritmos e no seu ordenamento de influência e de dependência.

Se porém a história da Europa só é possível conhecê-la e compreendê-la pelo seu papel no mundo — mormente depois do século XV —,  se as suas transformações e os seus ritmos dependem da sua relação com todos os espaços económicos e sociais de todo o mundo, em relação aos quais passou a desempenhar um papel hegemónico e de dominância, não se pretende aqui esboçar sequer uma História Económica do Mundo, que, para o ser, exigiria a definição das transformações activas e passivas de cada um dos grandes espaços económicos e sociais, de todos os continentes, o que efectivamente está fora de causa.

Cada uma das grandes épocas, a pré-industrial e a industrial, poder-se-ão dividir em períodos devidamente caracterizados pelo ritmo dos movimentos dos factores económicos ou de outros factores que sobre aqueles actuavam decisivamente, ou lhes criavam particulares condições de êxito ou de fracasso.

Entre estes, outros factores não directamente económicos têm de ser considerados, por exemplo, factores de ordem geográfica, factores de organização política e até factores de ordem cultural e de transformação tecnológica.

Entre os factores de ordem estritamente económica teremos de considerar prioritàriamente os factores de produção e oferta, de demanda e consumo, factores de permuta, troca, compra e venda, factores monetários. Em todos eles haverá que atender aos seus processos de desenvolvimento ou de expansão, de involução e de estagnação.

A interacção de todos estes factores, no tempo e no espaço, conduziu à criação de unidades económicas, unidades orgânicas de produção e de trocas, com redes ordenadas e hierarquizadas de ligações de factores económicos, realizados geograficamente e que acabam por representar espaços económicos autónomos, capazes de se bastarem em suas necessidades fundamentais e de influenciarem outros espaços. Fernand Braudel e Immanuel Wallerstein chamam-lhes *"economia-mundo"*.

Nestas unidades económicas espaciais podem encontrar-se diversidades de sistemas políticos, culturais e sociais, mas uma certa unidade económica (que aliás pode não ser toda a economia do conjunto desse espaço) logra articular as partes distintas e as diferenças, que podem corresponder a impérios e a civilizações diferentes. A "economia-mundo" (que não é "economia mundial", porque não é universal) cria pois uma realidade histórica, de carácter predominantemente económico, que sobrepassa outras realidades históricas, estruturas e sistemas (conjuntos coerentes de estruturas).

É possível desenhar os contornos e as características das "economia-mundo", porque correspondem a uma duração temporal que não é breve e obedecem a um certo número de regras típicas. Assim:

1) A "economia-mundo" corresponde a um espaço bem delimitado, cujas fronteiras são significativas e variam com lentidão. As suas fronteiras tocam fronteiras de outras "economia-mundo"; mas são geralmente áreas menos activas e até economicamente inertes.

2) No interior da "economia-mundo", um centro — um espaço central — geralmente uma urbe, funciona como catalizador e animador da vida económica, onde os agentes e os instrumentos económicos se multiplicam, aonde afluem e donde refluem: negociantes, mercadorias, capitais, créditos, encomendas, pagamentos, etc.

3) Uma série de outros centros ou polos secundários, acompanham, como satélites, a urbe central, que funciona como metrópole, onde normalmente incidirá a variedade cultural, social, religiosa, política e económica do conjunto da "economia-mundo", metrópole que por tal razão tem de se dotar de espírito de abertura e tolerância, sem o que a capacidade centralizadora se deteriorará.

4) As urbes dominantes de "economias-mundo", ao longo do tempo perdem o papel hegemónico, em favor de outros novos centros, por razões que nem sempre são caracterizadamente eco-

nómicas, mas que são sempre razões poderosas, correspondendo a transformações profundas no interior da unidade, com modificações nos tipos de dominação, pela utilização de novos instrumentos de domínio.

Nem sempre as urbes dominantes têm à sua disposição todas as armas de dominação económica e por isso o tipo de dominação é relativo e variável como é variável o seu enquadramento político.

5) Uma "economia-mundo" não é apenas constituída por uma série de centros hierarquizados, mas também por *um conjunto de zonas* económicas, "um conjunto de múltiplas coerências" polarizadas num centro. Tais zonas situam-se a níveis diferentes, pelo menos a três níveis: uma *zona central,* mais estreita, dominante, zonas de segunda ordem *(semi-periféricas)* e zonas largas, marginais *(periféricas).* São as características das economias, das sociedades, do avanço técnico, cultural e da organização política e respectiva hierarquização, que definem as posições das zonas na unidade.

Historicamente parece que certas zonas terão de ser consideradas neutras, fora do alcance das economias-mundo, mas historicamente desapareceram, perdendo o seu isolamento, sob o crescendo da dominação histórica dos grandes centros de domínio económico, cuja evolução conduz à luta pela hegemonia dos sistemas económicos integrados num sistema único, universal, de economia-mundial.

A noção de "economia-mundo", deve entender-se como uma ordem em face de outras ordens, e as fronteiras não se correspondem necessariamente no espaço.

Assim, por exemplo, uma economia-mundo não tem de corresponder a um Estado, nem as zonas hierárquicas daquela têm de corresponder às de este, muito embora, por vezes, as coincidências possam ser reais. Um Estado pode apresentar-se com uma estrutura similar à de uma economia-mundo, ou até com uma economia-mundo a seu nível, com a sua capital, a sua província e as suas colónias.

A ordem social e a ordem cultural, em seus tipos e valores, também se distribuem geograficamente com estruturações semelhantes de *zonas centrais, semi-periféricas* e *periféricas.*

No entanto o império dos factores económicos foi-se reforçando com o tempo e foi estabelecendo uma verdadeira *divisão internacional do trabalho* de que as demais ordens com lentidão se libertam.

Parece no entanto confirmado pela análise histórica que a formação e a consolidação dos Estados Europeus, desde o século XVI, tem algo que ver com as unidades económicas. Potências económicas e potências políticas foram coincidindo. As necessidades políticas chegaram a originar intervenções directas nos factores propriamente económicos, a criar doutrina económica e política económica.

Já porém, segundo Wallerstein, os impérios, os Estados-Imperiais não foram capazes de comandar eficazmente uma economia-mundo: a política de tipo imperial tem exigências e constrangimentos que estrangulam o desenvolvimento de uma economia-mundo ([3]).

---

([3]) O que se diz sobre Economia-Mundo está mais extensivamente nos seguintes textos: BRAUDEL, Fernand, LE TEMPS DU MONDE, Paris, Armand Colin, págs. 12-34, e Wallerstein, Immanuel, THE MODERN WORLD-SYSTEM, tradução espanhola: EL MODERNO SISTEMA MUNDIAL, ed. Siglo Veintiuno, 1979.

# 2 — AS ECONOMIAS-MUNDO ATRAVÉS DO TEMPO

O historiador não pode prescindir de perceber e distinguir os ritmos do movimento histórico das "economia-mundo". Uma tal tarefa não é porém fácil, porque os movimentos de uma economia-mundo são de longa duração, o que restringe a precisão das datas a fixar como cesuras, também porque na caracterização dos movimentos e na definição da sua natureza é necessário ter em conta não só os ritmos das transformações *estruturais,* mas ainda os das flutuações *conjunturais* e estas são por natureza de curta duração, e sendo mais fáceis de detectar e interpretar, a sua duração curta e a complexidade da sua multiplicidade nem sempre deixam perceber a coerência com a qual devem caracterizar a natureza dos movimentos longos.

Vejamos sumariamente os ritmos económicos que os historiadores vêm fixando:

— O movimento *sasonal,* o mais curto, que nas economias modernas pouco representa já, mas cuja importância outrora era decisiva.

— os ciclos de *Kitchin,* correspondendo a flutuações curtas de entre 3 a 4 anos.

— os ciclos de *Juglar,* que correspondem a flutuações intradecenais, de entre 6 a 8 anos.

— Ernest *Labrousse* propõe um *interciclo* ou um *ciclo interdecenal,* correspondendo a flutuações de entre 10 e 12 anos, que correspondem à fase descendente de um ciclo de Juglar (3-4 anos) e mais um ciclo Juglar completo, que se comportaria em horizontalidade, sem movimento ascencional.

— *Kuznetz* propôs um *hiperciclo* de cerca de 20 anos, correspondendo à flutuação de dois ciclos Juglar.
— os ciclos de *Kondratieff* que alcançam meio século e mais ainda.

Para além destes *ciclos* os historiadores só puderam detectar o *trend* secular ([4]).

Todos são sincrónicos e é sempre possível tecnicamente privilegiar qualquer deles, para pôr em relevo a especificidade de uma conjuntura.

O que é problemático é saber se estes ciclos, que foram descobertos nas flutuações económicas das economias modernas, corresponderão a realidades das antigas economias pré-industriais e se haverá legitimidade em os procurar nessas economias. Algumas tentativas existem que parecem justificadas. Pierre Chaunu encontrou ciclos de Kitchin nos tráficos do porto de Sevilha, no século XVI. Um historiador alemão detectou nas curvas de preços de cereais e do pão da cidade de Colónia, entre 1368 e 1797, os ciclos de Kondratieff ([5]).

Se o avanço da historiografia pudesse vir a confirmar, nas economias passadas, flutuações análogas às da modernidade, garantiria para elas regras de funcionamento que indicariam a continuidade dos mecanismos económicos.

As flutuações conjunturais das economias pré-industriais são geralmente observadas através das flutuações dos preços, particularmente os dos cereais. A compensação entre as flutuações desses preços em várias regiões afastadas na Europa revela que uma certa sincronia as conduz numa ondulação geral e parece mostrar que, desde cedo (do séc. XV), os vários espaços europeus têm ligações que conduzem já a uma certa "unidade conjuntural da Europa" (Braudel). Qualquer acidente grave (uma bancarrota financeira, por exemplo) é temida pelas suas consequências em regiões afastadas. Desde o século XVI os ritmos da "conjuntura europeia" vão além das fronteiras da sua economia-mundo. É o caso de preços de mercados russos e otomanos, de mercados brasileiros e da Nova-Espanha. Por certo sinal da influência dominadora estabelecida pelo centro europeu, através dos instrumentos monetários. (Braudel) ([6]).

---

([4]) Sobre os Ciclos Económicos vejam-se mais elementos adiante, nas págs. 233-243.

([5]) BRAUDEL, Fernand, LE TEMPS DU MONDE, pág. 57.

([6]) Id. ib., págs. 58-60.

O *trend* secular, que pouco interesse tem merecido aos economistas, sempre mais preocupados pelas conjunturas curtas, está ainda mal estudado e mal definido, e parece significar um processo *cumulativo*, como se o conjunto das actividades económicas, apesar de todas as suas vicissitudes, seguisse lentamente numa mesma direcção, levantando-se sem cessar até que, atingindo o máximo num dado momento, se pusesse inversamente em descida constante.

A historiografia actual aponta para a existência na economia europeia de quatro grandes ciclos seculares:

1)  1250 + (1350) + 1507 — 1510
2)  1507 — 1510 + (1650) + 1733 — 1743
3)  1733 — 1744 + (1817) + 1896
4)  1896 + (1974) + _____?

As datas entre parêntesis seriam as correspondentes aos pontos culminantes, onde as tendências seculares se invertem e se inicia a crise.

As datas indicadas, não podem ser mais que indicativas. A data de 1250 é talvez a mais criticável. Talvez toda a expansão económica e social do século XII devesse já ficar incluída no ciclo. A falta de dados sobre preços impede maior rigor e precisão na análise.

As datas correspondentes aos pontos culminantes dos ciclos podem ajudar, como ponto de mira, a entender estas grandes vagas seculares.

À volta de 1350, a crise demográfica, social, política, económica, vem lavrando a economia-mundo europeia que então compreendia além da Europa terrestre, central e ocidental, as terras ribeirinhas do Norte e do Mediterrâneo. A Cristandade deixa de expandir-se. O Islão resiste e avançará. As feiras de Champagne, entre o Mediterrâneo e o mar do Norte, declinam (1300). A grande rota da seda, via do comércio livre entre Veneza e Génova e as longínquas paragens da Índia e da China — a rota mongol — é interrompida (1340). Os comerciantes de Veneza e Génova têm de dirigir-se aos postos do Levante, à Síria e ao Egipto. A Itália começa a industrializar-se (1350), fabrica agora os tecidos trazidos do Norte e que apenas tingia. Florença com a sua Arte della Lana vai revelar-se. O sistema europeu vai centrar-se em Veneza, cuja economia-mundo, de relativa prosperidade, não evita a regressão europeia.

Por 1650 a prosperidade de "longo século XVI" termina. A Espanha e a Itália, demasiado encadeadas aos problemas suscitados pela avalanche de metais preciosos da América, e pelas finanças do império dos Habsburgos, arruinam-se e arruinam o sistema mediterrânico. Toda a Europa está em regressão. Mas Amsterdam vem conquistando o centro do sistema, relegando a zona mediterrânica, definitivamente, para lugar secundário.

No segundo decénio do século XIX é já a ordem económica universal, cujo centro é a Inglaterra, que vacila. Todos os grandes centros económicos sentem a crise. Falta o metal monetário, com a revolução do México (1810). A França sofre as consequências da sua Revolução e da experiência napoleónica. A Inglaterra e os Estados Unidos entram em inversão de tendência [7].

Sobre a tendência secular se passam os ciclos mais visíveis de *Kondratieff*, que, quer na ascensão, quer na baixa, reforçam ou atenuam o sentido do "trend". A leitura conjunta dos dois esclarece melhor a realidade. Os pontos culminantes de um trend e de um ciclo de Kondratieff, em duas vezes, coincidem numa. É o que acontece talvez em 1650, em 1817 e em 1973-74. Mas o interesse pela percepção e definição dos longos ciclos não entusiasma a generalidade dos historiadores. Nos ciclos curtos as diferentes problemáticas da história dos homens têm maior relevo, sentem-se mais [8].

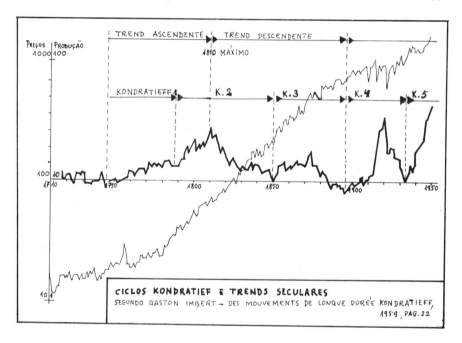

---

[7] BRAUDEL, o. c., págs. 61-63.
[8] Id. ib., págs. 64-65.

# 3 — ALGUMAS CARACTERÍSTICAS GERAIS DAS ECONOMIAS PRÉ-INDUSTRIAIS

Antes de se iniciar o discurso descritivo da evolução das economias pré--industriais europeias, parece não ser pedagogicamente despropositado abordar algumas das mais importantes característica dessas economias, sob a perspectiva de algumas das concepções elementares dos mecanismos económicos, como sejam a *Procura* (População consumidora — necessidades — procura efectiva — tipos de procura — procura privada — procura pública — procura exterior), a *Oferta* (A Produção — factores de produção — o trabalho — o capital — recursos naturais — organização produtiva — a produtividade), a *Moeda* e o *Crédito*, o *Crescimento* e *Desenvoivimento* económico.

Fá-lo-emos pela mão de Carlo M. Cipolla, em quem nos inspiramos, e de cuja obra — "História Económica de la Europa Pre-industrial" — extraimos abundantes notas para este capítulo ([9]).

### A — A Procura Privada

A procura de bens corresponde genericamente à necessidade de satisfação dos homens. Depende portanto da massa demográfica das suas necessidades absolutas e relativas.

---

([9]) CIPOLLA, Carlo M., HISTORIA ECONOMICA DE LA EUROPA PREINDUSTRIAL, ed. Biblioteca de la Revista de Ocidente, Madrid, 1979, 2.ª ed., págs. 21-140.

O seu conhecimento impõe portanto o conhecimento das transformações demográficas e das transformações sociais e culturais.

As necessidades da população correspondem quer à totalidade da própria população, quer à sua estrutura, por idades, sexos, profissões, quer a factores geofísicos, quer a factores socioculturais.

Todavia nem sempre a *Procura Efectiva* corresponde à totalidade das necessidades da população, posto que estas estão sujeitas ao poder aquisitivo das pessoas, ao seu *poder de compra,* na hipótese de *a produção* poder corresponder plenamente aos níveis do poder de compra.

O poder de compra pode provir de rendimentos correntes ou de rendimentos acumulados (o património), segundo a sua participação na *produção.* Para isso costumam dividir-se os rendimentos em três grandes grupos: — os salários — os benefícios e interesses — e os rendimentos da terra.

A estrutura da Procura efectiva dependerá do nível dos rendimentos, da sua distribuição e do nível e estrutura dos preços.

Durante séculos o rendimento da maioria da população era baixíssimo. O nível dos salários em relação ao nível dos preços ( = salário real) era muito baixo; a produtividade muito baixa era uma das causas, mas também a desigual distribuição de rendimentos o era. C. M. Cipolla apresenta alguns números esclarecedores sobre Pistoia e Volterra, em 1427-1429, sobre Lião em 1545 e sobre Erfurt em 1511:

| Pistoia | | Volterra | | Lião | | Erfurt | |
|---|---|---|---|---|---|---|---|
| Pop. % — Riqueza % | | Pop. % — Riqueza % | | Pop. % — Riqueza % | | Pop. % — Riqueza % | |
| 10 — | 59 | 7 — | 58 | 10 — | 53 | 7 — | 66 |
| 20 — | 27 | 21 — | 31 | 30 — | 26 | 17 — | 24 |
| 70 — | 14 | 72 — | 11 | 60 — | 21 | 76 — | 10 |
| 100 — | 100 | 100 — | 100 | 100 — | 100 | 100 — | 100 |

Segundo análise de De Roover sobre documentos fiscais, que oferecem pouca segurança, em Florença, em 1457, a população podia dividir-se assim:

— Ricos — 2%

— Classe Média — 16%

— Pobres — 54%

— Miseráveis — 28%.

Em Veneza, em meados do século XVII, os nobres representavam 4% da população e recebiam 66% dos alugueres de casas da cidade.

Em Pavia, em 1555, 2% das famílias detinham 45% das reservas de trigo, 18% das famílias detinham outros 45%, 20% das famílias só detinham 10% das reservas e 60% da população não detinha nenhuma reserva.

Em Florença, em 1551, 5% das famílias tinham mais de 5 serviçais, 18% tinham entre 2 a 4 serviçais, 23% tinham um serviçal, 54% não tinha serviçal.

Em Inglaterra, em 1688, segundo estudos de G. King, 5% da população controlava 28% dos rendimentos, enquanto 62% da população controlava 21% dos rendimentos ([10]).

Chamamos pobres aos que não tinham rendimento autónomo e suficiente para as necessidades primárias. Ou não participavam directamente na produção ou, se participavam, não obtinham dela rendimento suficiente. Nesse caso a sobrevivência exigia que houvesse um trespasse de rendimento, uma forma de *distribuição*, por via voluntária (doação) ou por imposição pública (fiscalidade). Hoje é predominantemente por via fiscal que se opera uma certa redistribuição dos rendimentos. Na sociedade pré-industrial só excepcionalmente — e para recorrer a excepcionais necessidades públicas, isto é, da Corte Real, ou em casos de guerra — se recorria à imposição fiscal. Era por via da *doação* que se minoravam as clamorosas diferenças sociais. Geralmente eram as Igrejas e instituições eclesiásticas que funcionavam como lugares intermédios entre os grandes detentores de rendimentos e os pobres. Os primeiros doavam à Igreja, esta detinha para si (em épocas de crise as instituições eclesiásticas inflavam de membros) uma parte apreciável e distribuia o resto. Não existem ainda estudos que quantifiquem esta distribuição.

Grande parte de *serviços* aos mais carenciados foram sendo implementados por *doações* (caridade): hospitais, asilos, crianças abandonadas (a Roda). Correspondia a um imperfeito sentido da justiça distributiva.

A Sociedade Industrial transformou, em parte, a mentalidade e o sistema de distribuição de rendimentos.

Os rendimentos obtidos, quer por participação directa na produção, quer por qualquer forma de distribuição, permitem um certo nível de Procura.

---

([10]) CIPOLLA, ib., págs. 33-36.

A Procura pode ser: — de bens de consumo — de serviços — de capitais. Cada uma destas poderá ainda ser ou Procura privada interna, ou Procura pública interna, ou Procura externa.

A Procura Privada Interna de bens de consumo e de serviços é tanto maior, em percentagem, dirigida para bens de primeira necessidade, quanto menor fôr o rendimento disponível. A percentagem de gastos em alimentação sobre o total de gastos aumenta quando diminuem os rendimentos e diminui quando aumentam os rendimentos. A mesma lógica se dá, entre o gasto global de alimentos e os alimentos "pobres", particularmente farináceos.

A procura de farináceos representava na sociedade pré-industrial uma enorme percentagem dos rendimentos de grande maioria da população, por vezes absorvendo-os completamente. A produção de cereais, na falta de meios técnicos, conhecia um nível de produtividade baixo, estava completamente sujeita às variações atmosféricas e o seu mercado era pouco elástico: os transportes eram lentos. Consequentemente os preços dos cereais conheciam uma extrema variabilidade. A grande maioria da população vivia em fome endémica.

O vestuário e a habitação eram depois da alimentação os capítulos mais importantes da Procura de bens.

As cidades da sociedade pré-industrial tinham problemas de habitação hoje quase inimagináveis. Em Milão em 1576, nos bairros mais infestados pela peste, 4.066 famílias viviam em 1.563 casas. Em 1590 o Tribunal de Saúde de Milão proibia: "os moços de corda, cardadores, sapateiros e gente similar, quer homens, quer mulheres, quer forasteiros, quer do lugar, por baixos e pobres que sejam, não podem ter mais de duas camas em cada quarto, nem durmam mais de duas ou três pessoas em cada cama"...

As epidemias dizimavam os pobres, a maioria.

C. M. Cipola, calcula assim a incidência da alimentação sobre o total do gasto familiar, para o século XVI-XVII:

— de 13 a 35% para os ricos.

— 35 a 50% para os remediados.

— 70 a 80% para a maioria ([11]).

Mas estas percentagens não são comparáveis. Enquanto os 70-80% da maioria se refere à totalidade dos rendimentos, os 15-50% dos ricos e reme-

---

([11]) CIPOLLA, ib., pág. 52.

diados referem-se só ao total dos seus consumos. A diferença reside em que nos primeiros coincidem rendimentos e consumo. Nos ricos e remediados os rendimentos superavam o consumo, e tendo ainda em conta que, pelo menos entre 10-30% do seu consumo total era absorvido por exibição sumptuária, onde também havia certa forma de entesouramento (compra de jóias). Aquecimento, iluminação, mobiliário, jardinagem, etc.,eram fontes de consumo dos ricos. Outra fonte era constituída pela procura de serviços domésticos, procura de serviços legais e notariais, de instrução para os filhos, serviços religiosos, serviços artísticos, de divertimento, serviços médicos, etc.

A totalidade dos rendimentos não era gasta pelos ricos. Uma parte era poupada, quer segundo um conjunto de factores psicológicos e socioculturais (o espaço dos avaros e outros tipos de acumuladores mais inteligentes), segundo os níveis de rendimento e a distribuição dos mesmos.

C. M. Cipola compara a estrutura de gastos de três famílias da classe burguesa e principesca dos sécs. XVI-XVII [12]:

| | I | II | III |
|---|---|---|---|
| | % | | % |
| alimentação | 47 | 36 | 34 |
| vestido | 19 | 27 | 8 |
| casa | 11 | 3 | 27 |
| | 77 | 66 | 69 |
| domésticos | 1 | | 10 |
| higiene e medicina | 2 | 1 | 3 |
| diversões | 6 | 5 | |
| joias e obras de arte | 2,5 | 27 | |
| impostos | 1 | | isentos |
| caridades | 0,5 | | 6 |
| vários | 10 | 1 | 12 |

Gregory King calculava que as famílias ricas de Inglaterra, em 1688, poupavam 13% dos seus rendimentos anuais. A sua poupança anual repre-

---

[12] CIPOLLA, ib., pág. 55.

sentava 72% da poupança nacional. Segundo o mesmo autor, em Inglaterra, a finais do séc. XVII, a poupança rondava os 5% ([13]).

Claro, o nível nacional de poupança não é necessariamente coincidente com o nível médio de rendimentos. Uma sociedade muito pobre pode ter um nível de alta poupança por alta concentração de riqueza.

Julga-se que as sociedades europeias pré-industriais obtinham uma poupança de entre 2 a 15% dos seus rendimentos, em anos normais. Uma sociedade industrial deve obter uma poupança de 5 a 20%, em anos normais. A expressão "anos normais" é uma exigência das sociedades industriais, com pouco sentido para as sociedades anteriores, muito variáveis.

Nos gastos ainda há a observar que eles constituem novos rendimentos na forma de salários, benefícios, e outros réditos dos que produzem os bens e serviços vendidos. Gera-se assim uma corrente circular rendimento-gasto-rendimento.

Todavia esta corrente para não quebrar necessita que nem todo o rendimento poupado fuja do circuito, mas seja gasto em alimentar o circuito. De outro modo a poupança vai absorver toda a energia do circuito e este desaparece. Um entesouramento, sem investimento, mata a actividade económica.

É necessário *produzir* antes de consumir e a produção só é possível pagando-a antes de o seu preço ser compensado no acto de venda, para consumo.

Pode acontecer que o *produtor* não disponha, com anterioridade, dos meios para produzir. Se não houver mecanismos que permitam recaudar poupanças e pô-las à disposição dos produtores, a vida económica estiola-se.

A sociedade europeia pré-industrial favorecia mais o entesouramento estéril que o investimento, o que desacelerava a vida económica até que mecanismos anormais viessem a provocar desentesouramento. Razões: 1) faltavam mecanismos que recolhessem as poupanças e as dirigissem para operações produtivas, de crescente produtividade. 2) As moedas que alimentavam os circuitos económicos eram de metal precioso, de valor intrínseco, que se valorizavam constantemente e que ofereciam a tentação da segurança plena e do prestígio.

Em 1445, ao morrer em Pavia o rico comerciante Pasino degli Etruschi deixava um património no valor de 119.153 ducados de ouro, dos quais

---

([13]) CIPOLLA, ib., pág. 57.

76,6% em moeda, e 10,3% em terrenos, em gado 0,1%, 4,2% em imóveis, 1,9% em joias, 1,3% em roupas, 0,4% em móveis e utensílios e finalmente 5,2% apenas em renda capitalizada. Parece ser um caso de falta de oportunidades de investimento em Pavia.

Em contrapartida o rico genovês Vicenzo Usodimare, um industrial da seda, não possuía em moeda líquida mais de 4% do seu património.

A verdade também obriga a constatar que o entesouramento generalizado em elementos das classes dominantes corresponde a certos períodos, aos quais se sucedem períodos de desentesouramento, quer voluntário, quer involuntário. Lutas sociais e políticas estão neste último caso ([14]).


## B — A Procura Pública


Até ao século XVIII a distinção entre sector público e sector privado só muito lentamente se operou. Com o desenvolvimento dos Municípios e dos Estados Nacionais, com a especialização e multiplicação das suas tarefas específicas e a montagem dos seus quadros burocráticos, a distinção se foi efectuando. Dificilmente os monarcas e as suas cortes diferenciavam o património real privado e o património e tesouro do Estado. Ao lado do Estado a Igreja, dominando também um considerável património e movimentando fortemente as economias nacionais e internacionais, como deverá considerar-se: pública ou privada?

A Procura Pública dependia, quanto ao seu nível e estrutura, quer dos rendimentos do poder público, quer das necessidades a satisfazer pelo poder ou pela comunidade, quer ainda da estrutura dos preços.

Os rendimentos públicos podem provir de várias origens: podem provir de benefícios de bens que constituam o Património Público, da transferência forçada de rendimentos privados, por imposição fiscal, e ainda de manipulações monetárias.

Desde a Idade Média a imposição fiscal foi constantemente aumentada, por exigências progressivas dos Estados e também correspondendo ao crescimento da população, dos rendimentos e dos preços.

---

([14]) CIPOLLA, ib., págs. 45-62.

*31*

Em todos os países a documentação refere ao longo dos séculos as queixas constantes dos povos pelas excessivas imposições. Efectivamente, os Estados pré-industriais sacrificavam quase exclusivamente as camadas mais activas da população, porque os grandes detentores dos rendimentos, a nobreza e os eclesiásticos, eram favorecidos por imunidades. Calcula-se que os Estados europeus recaudariam cerca de 5 a 6% dos rendimentos.

Os rendimentos públicos na sociedade pré-industrial dispendiam-se, primeiramente em gastos militares, depois na administração civil, na vida da corte e em festividades. Os gastos militares absorviam entre 30 e 50% dos rendimentos públicos. Os gastos administrativos eram primordialmente gastos de representação, de embaixada.

Nem todas as despesas públicas eram improdutivas. Algumas constituíam verdadeiros investimentos: assim o ensino, as construções (fortes, palácios, pontes, hospitais, etc.), indústria militar e outras indústrias que por vezes os Estados ou monopolizavam ou procuravam desenvolver com capitais seus, e ainda certo tipo de obras com reflexos directos na produção, como abertura de canais, secagem de pântanos, plantações, etc. ([15]).


### C — A Procura Eclesiástica

Em todas as sociedades europeias pré-industriais as instituições eclesiásticas — paróquias, mosteiros, canonicatos, mesas episcopais, colegiadas, etc. — representavam uma realidade económica específica e de tal magnitude que merece referência, à parte.

Cerca de 1530 os rendimentos dos mosteiros na Inglaterra eram o dobro dos rendimentos da Coroa. Durante toda a época pré-industrial, os rendimentos eclesiásticos em Portugal calcula-se que representariam uma terça parte dos rendimentos nacionais. Em fins do século XVIII no Reino de Nápoles, 70% das terras eram de instituições eclesiásticas.

Estes rendimentos correspondem à retribuição por serviços religiosos prestados ou a prestar e a benefícios logrados pela administração do património acumulado ao longo dos séculos. Estas transferências de rendimento têm como origem um tipo de cultura colectiva, profundamente religiosa e

---

([15]) CIPOLLA, ib., págs. 62-70.

insegura, que assim se reforçava transferindo para as instituições eclesiásticas os meios materiais e a consequente força económica e de prestígio social que permitiam reproduzir e impôr os fundamentos culturais de origem e reprimir as tentativas de transformação.

A acrescentar a esta origem, voluntária, de transferência de bens, acrescia uma transferência por imposição — os dízimos —.

Tão avantajada força económica, em aumento constante, desde sempre ia provocando nos Estados, ou aos Príncipes, sérios problemas de equilíbrio de poder, pelo que, em momentos politicamente favoráveis, os poderes políticos sempre procuraram meios de controlar ou de dominar totalmente os rendimentos eclesiásticos secularizando-os, o que foi acontecendo por toda a Europa, particularmente desde o século XVI e com maior amplitude durante o século XIX, pela necessidade económica de inserir no mercado tão grande património dele marginalizado.

Concomitantemente as profundas transformações culturais e políticas operavam uma transferência para o Estado ou para organizações laicas de muitas funções e serviços até aí prestados à colectividade pelas instituições eclesiásticas, reduzindo assim as transferências de rendimentos para estas ([16]).

### D — A Procura Externa

Històricamente nenhum espaço político ou social autónomo pode funcionar como um sistema económico isolado. Redes de intercâmbio de bens e serviços, de transferência de riqueza, de movimentos de capital e de metais monetários, entre espaços económicos distintos, em transformação ao longo do tempo, constituem o cerne da história económica da Europa.

Quanto possível dever-se-ia quantificar a importância do comércio exterior de cada economia para lhe perceber o significado e explicar a natureza económica do espaço em referência. A importância do *comércio exterior* determina-se pela soma dos valores das *importações* e *exportações*. A relação do total com o Produto Interno Bruto dá-nos essa importância:

$$r = \frac{E + M}{Y} 100$$

M = importações; E = exportações; Y = Produção interna Bruta.

([16]) CIPOLLA, ib., págs. 70-74.

Certamente que terá de relacionar-se o quantitativo obtido com outros dados do espaço económico em questão, por exemplo a magnitude geográfica e o volume da população. Têm significado e expressão diferente as percentagens do comércio externo de países como os Estados Unidos e o Luxemburgo. Em época recente, o daqueles era apenas 5% do Produto Interno Bruto e o deste 160% do P. I. B. Aqueles, pela sua extensão geográfica, cheia de potencialidades e com uma mão de obra abundantíssima, não podem ter uma economia com dependência em relação ao exterior comparável à do Luxemburgo, país de pequena dimensão, recursos limitados e populações escassas.

Infelizmente a História Económica não tem tido a possibilidade de quntificar o comércio exterior dos espaços europeus senão em relação à modernidade, por falta de documentação.

A Inglaterra é todavia um espaço privilegiado (era-o economicamente) em que a documentação permite visionar a evolução histórica do seu comércio externo desde o século XVI:

| Ano | Exportações* | Reexportações* | Total* | Importações* |
|---|---|---|---|---|
| cerca de 1490 | 0,3 | | | 0,3 |
| »      » 1600 | 1,0 | | | |
| »      » 1640 | 2,8 | 0,1 | 2,9 | |
| 1660 | 3,2 | 0,9 | 4,1 | |
| 1685 | | | 6,5 | |
| 1700-1709 | 4,5 | 1,7 | 6,2 | 4,7 |
| 1740-1749 | 6,5 | 3,6 | 10,1 | 7,3 |

★ — em milhões de libras esterlinas.
N. B. — Entre 1500 e 1700 o nível médio de preço aumentou cerca de 40% [17].

Globalmente considerado, o comércio exterior, é uma necessidade do desenvolvimento económico, quer do universo, quer dos diferentes espaços económicos de autonomia relativa. Todavia, para que nestes represente um factor positivo de desenvolvimento autónomo, dependerá da estrutura do

---

[17] CIPOLLA, id., pág. 76.

comércio e dos efeitos que possa ter na produção interna e na formação de capital produtivo. A história regista numerosos casos em que o comércio externo conduziu à criação de fortes dependências opressivas e a degradação das condições sociais. Assim por exemplo o intenso fornecimento de cereais da Polónia à Europa ocidental, nos séculos XVI e XVII, criou condições para uma involução agrária-feudal. Algo parecido ocorreu em Itália com enorme demanda de seda bruta e azeite, no século XVII, por parte dos seus parceiros do norte.

## E — A Oferta — A Produção

**O sistema produtivo deve ser considerado a dois níveis: —os** *factores de produção* (input) e a *produção* (output) conseguida.

Nos factores de produção, tradicionalmente se considerava a trilogia terra, capital, trabalho, em correspondência à tradicional divisão social: proprietários da terra (aristocracia), classe média (capitalistas-burgueses), massa trabalhadora. Na mesma linha se dividiam os rendimentos em: rendimento da terra, interesses e benefícios e salários.

Esta divisão simplista, de certa maneira, correspondia à sociedade europeia pré-industrial. Devemos todavia sujeitá-la a análise para clarificar muitas ambiguidades nela contidas.

## TRABALHO

Este factor de produção é constituído por aquela parte da população que intervém na produção, posto que uma parte não produz e é meramente consumidora.

Historicamente é preciso definir qual a população activa e produtora, o que dependerá dos níveis de fertilidade, de mortalidade, de esperança de vida, de emigração e imigração.

As sociedades pré-industriais europeias caracterizavam-se por uma alta fertilidade, alta mortalidade infantil, curta duração de vida. As pirâmides de idade tinham pois uma larga base e um vértice muito agudo.

Com alguma arbitrariedade, pode considerar-se população activa a maioria da população entre os 15 e os 65 anos. Calcula-se que nas sociedades pré-industriais essa população representaria pouco mais de 60% da população, enquanto a população com menos de 15 anos representaria cerca de um terço. Numa sociedade industrial, a população entre os 15 e 65 anos, representa dois terços da população o que é pouco mais que nas sociedades pré-industriais.

A grande diferença situar-se-á na população dependente, não produtiva.

Nas sociedades pré-industriais os indivíduos começavam a trabalhar desde muito cedo, ainda na infância, trabalhavam quase até à morte e de sol a sol. A população dependente podia dizer-se diminuta. Os indivíduos do sexo feminino produziam, quer nas tarefas domésticas, quer na agricultura, quer nas manufacturas. Em Florença, em 1604, 62% dos tecelões da lã eram mulheres, e em 1627, eram mulheres 83% ([18]).

A população activa divide-se em três tipos de produção: — do sector primário (agrícola, pecuária, florestal) — do sector secundário (manufactureiro — industrial) — do sector terciário (produção de serviços: transportes, banca, seguros, comércio, etc.).

As sociedades pré-industriais caracterizam-se pela predominância do trabalho do sector primário.

Supõe-se que oscilaria entre 65 e 90% a população activa desse sector. Só existem elementos estatísticos do século XVIII em diante. Em meados do século XVIII, a população inglesa do sector primário correspondia a 65% da população activa, a população francesa correspondia a 76%, a sueca e a veneziana correspondiam a 75% da população activa ([19]).

A estrutura do trabalho correspondia à estrutura da Procura. Os sectores da alimentação, dos texteis, vestuário e construção, absorviam a maioria da população activa, entre 55 a 65%.

---

([18]) CIPOLLA, ib., pág. 90.
([19]) Id. ib., pág. 92.

Uma comparação estabelecida por C. M. Cipolla entre a distribuição percentual da população activa de 6 cidades europeias, dos séculos XV--XVII é elucidativa:

| Sectores \ Cidades | Verona | Como | Francfurt | Monza | Florencia | Veneza |
|---|---|---|---|---|---|---|
| Anos | 1409 | 1439 | 1440 | 1541 | 1522 | 1660 |
| | % | % | % | % | % | % |
| Alimentação e Agricultura ............. | 23 | 21 | 21 | 39 | 39 | 17 |
| Texteis e vestuário...... | 37 | 30 | 30 | 25 | 41 | 43 |
| Construção ............. | 2 | 4 | 8 | 1 | 6 | 4 |
| **Total parcial** .......... | (62) | (55) | (59) | (65) | (60) | (64) |
| Laboração de metais ... | 5 | 8 | 8 | 10 | 7 | 5 |
| Laboração de madeiras | 5 | 4 | 5 | 2 | 2 | 8 |
| Laboração de coiros .... | 10 | 7 | 4 | | 7 | 7 |
| Transportes ............. | 2 | 3 | | 1 | 1 | 9 |
| Vários ................... | 6 | 17 | 22 | 21,5 | 21 | 2 |
| Profissões liberais ...... | 10 | 6 | 2 | 0,5 | 2 | 5 |

N. B. 1) — O menor número de trabalhadores agrícolas e do sector da alimentação e o maior número dos do sector dos texteis; deve-se ao facto de se tratar de população urbana.

2) — Os sectores texteis e vestido e construção efectivamente abarcavam ainda maior percentagem de trabalho dos que aí indicados, já que parte dos trabalhadores que laboravam coiros pertenciam ao sector do vestido e parte dos trabalhadores que laboravam a madeira pertenciam ao sector da habitação ([20]).

Um dos sectores de serviços não especificados e que era muito significativo, era o dos serviços domésticos, que por outro lado mostra como a Procura não é apenas em função dos rendimentos, mas também (por vezes, sobretudo) em função da sua distribuição e do nível e estrutura de preços e salários. Certas camadas de indivíduos e instituições não extremamente ricas tinham forte procura de serviços domésticos. São conhecidos casos de mosteiros com mais trabalhadores domésticos do que monges.

---

([20]) CIPOLLA, ib., pág. 94.

Nas grandes cidades, entre os séculos XV-XVIII o pessoal do serviço doméstico representava cerca de 10% da população total, ou seja cerca de 17% da população activa.

O serviço religioso abarcava também uma porção significativa da população activa, que nas sociedades pré-industriais europeias andava entre 1 e 3%.

As profissões liberais - notários, juristas, médicos - representavam também um sector significativo (relativamente), tanto maior quanto mais economicamente expansiva se apresentava a sociedade, sobretudo em relação a notários e juristas. Notável nesse aspecto era a situação das cidades italianas dos séculos XIII-XIV. Milão, em 1288, tinha 250 notários, 20 juristas e 5 médicos por cada milhar de habitantes [21].

As numerosas jornadas festivas, as condições atmosféricas, e as condições físicas dos trabalhadores reduziam muito o tempo efectivo de trabalho nas sociedades pré-industriais [22].

## CAPITAL

Aqui o termo *Capital* tem o sentido genérico de o conjunto de bens produzidos e reproduzíveis.

Entre eles há que distinguir o *capital humano*, o *capital físico*, o *capital financeiro*.

O capital humano corresponde ao trabalho. O capital financeiro corresponde aos meios de pagamento disponíveis - em liquidez - com que activar a produção, adquirindo capital humano e capital físico.

Tem ineresse particular uma análise do *Capital Físico*, que é o conjunto de todos os bens físicos que o homem utiliza no exercício da actividade económica. Nela há que distinguir bens que não são reprodutíveis, tais como *a terra* e os *recursos naturais*, e os *bens reprodutivos*, ou *Capital Reprodutível*.

O *Capital Reprodutível* divide-se ainda em *Capital fixo* e *Capital Circulante*.

---

[21] CIPOLLA, ib., pág. 99.
[22] Id. ib., pág. 105.

O Capital Fixo é constituído por aqueles bens económicos produzidos pelo homem e que permanecem em uso ao longo dos diferentes ciclos de produção: são as instalações, as máquinas e todos os instrumentos utilizados em permanência, na produção.

O Capital Circulante é constituído essencialmente por reservas, quer de matérias primas, quer de produtos semi-elaborados, quer de produtos terminados.

O Capital de um comerciante é essencialmente circulante, embora não dispense o capital fixo, como seja armazéns, meios de transportes, etc.

A produção artesanal usava também fundamentalmente capital circulante.

Costuma dizer-se, por vezes, que a Revolução Industrial deu-se quando o capital fixo ocupou o papel central na produção. É certo que algo de verdade tem esta asserção, mas não pode pensar-se que era diminuto o papel do capital fixo das economias pré-industriais. Alguns casos servirão para o provar.

Na produção agrícola o capital fixo era muito importante: as casas dos colonos, rendeiros, etc., outras construções para guarda da produção, celeiros, adegas. lojas, cortes de gado, et., os instrumentos (arados, sachos, forquilhas, toneis, carroças), lagares, moinhos, condutas de água, etc. Certo gado terá de considerar-se capital fixo, assim o gado equino, bovino e ovino. A sua importância era incalculável por várias razões:

— fornecia trabalho, adubo, alimentação, transporte e matérias primas fundamentais para as indústrias de base

— desempenhava um papel fundamental na actividade militar.

— era um capital muito vulnerável.

O gado equino, bovino e ovino representava indubitavelmente um capital essencial na economia pré-industrial, quer na produção agrícola, quer na produção industrial, quer na actividade político-militar.

A eventual escassez de gado comprometia a vida económica e a vida política.

No sector dos transportes também o capital fixo era fundamental, quer por via terrestre, quer por via fluvial, quer por via marítima, compreendendo gado, carroças, abertura de estradas, construção de pontes, barcos, etc.

No sector manufactureiro já o capital fixo não era tão importante. Apesar de alguns exemplos notáveis, de elevada utilização de capital fixo, geralmente as instalações, instrumentos e maquinaria eram reduzidos. Em Inglaterra, no início do século XVIII, foi instalado um moinho de produção de seda, que era imitação de moinhos utilizados em Bolonha, e que compreendia 25586 rodas e 97.746 peças, produzindo 73.726 jardas de fio de seda em cada volta da roda motriz.

Os sectores mineiros e de construção naval exigiam já um capital fixo importante.

Os quatro estaleiros navais ingleses mais importantes em 1688, com as suas instalações, usavam um capital fixo equivalente a quase 0,2% do Rendimento Nacional. Gregory King que assim nos faz pensar, avalia também a distribuição pelos distintos sectores económicos do capital então existente na Inglaterra:

Capital fixo: construções — 54 milhões de esterlinas
          gado       — 25   »   »   »
          maquinaria —
Capital circulante: reservas — 33   »   »   »
Capital Total: ................. —112   »   »   »    [23]

No volume de capital fixo, no capital das construções, pesava enormemente o conjunto de construções do sector religioso, sobretudo igrejas.

Um exemplo: Pavia, no Séc. XV, tinha mais de 100 igrejas para 16.000 almas. Atravessando qualquer centro antigo das cidades eutropeias, constatamos o facto, que a todas era comum. Muito menos relevância tinha o capital fixo por construções de hospitais, estradas e pontes.

Isto quer dizer que a *distribuição* do capital fixo sofre a influência de factores sócio-culturais e não só a de factores estritamente económicos. (Noutros termos, poderá dizer-se que o ''económico'' e os ''factores económicos'' só podem entender-se na sua variedade, segundo as condições sócio-culturais variadas que produzem). Assim poderiam construir-se magníficas catedrais e palácios e simultâneamente diminutos e miseráveis hospitais. Nestes, não haveria muitas camas, mas havia por vezes adornos e obras de arte dispendiosos. Os rendimentos disponíveis pelo Estado — uma parte diminuta dos rendimentos nacionais — distribuiam-se segundo os critérios do Estado, em que os objectivos militares eram prioritários, seguidos geralmente pelos gastos de representação.

Em poucas palavras, o Investimento era determinado pela estrutura da Procura.

---

[23] CIPOLLA, ib., págs. 116-17.

O capital circulante na Europa pré-industrial era percentualmente, em relação ao capital total, muito mais elevado que na actualidade.

O consumo máximo possível corresponde à soma da produção com o volume das reservas. A importância económica destas depende das flutuações da oferta e da elasticidade da procura. Ora na época pré-industrial a oferta era muito flutuante e a procura pouco flexível. Porque:

1) As colheitas agrícolas sofriam violentas variações.
2) Os transportes eram inseguros e lentos e consequentemente os aprovisionamentos, quer de produtos alimentícios, quer de matérias primas, podiam interromper-se facilmente.
3) O custo dos transportes era elevado, provocando elevadas subidas de preços a mercadorias pobres, que tinham de percorrer longas distâncias.

Assim, quer os indivíduos, quer os negociantes, constituiam reservas de alimentos, de matérias primas e de produtos acabados. Reservas que eram tanto mais elevadas quanto menos elásticos eram os sectores da procura, como os sectores da alimentação.

A este tipo de reserva poderia chamar-se o *investimento do medo*. Absorvia enormes recursos. A cidade de Pavia, em 1555, tinha em reserva, mais de 13% do seu consumo anual, em época próxima de colheita. Assegurava, portanto, uma reserva permanente de mais de 10% do consumo anual.

As reservas custam duplamente. Além do custo do produto, este é acrescido do custo da armazenagem e da parcial deterioração do produto e dos juros correspondentes ao capital financeiro nelas empregado (quer esse capital seja obtido por empréstimo, quer seja capital próprio, que perde o custo-oportunidade, isto é a ausência de benefício activo).

Além de tudo isso o capital circulante tem, ao contrário do capital fixo, um alto grau de volatilidade. Enquanto este, em face de depressão económica, só minimamente é desinvestido (amortização falida), aquele sofre desinvestimento maciço. Uma máquina parada, não produz mas permanece, enquanto as reservas esgotam-se.

Este carácter "volátil" do capital circulante representava, na economia pré-industrial, um elemento de instabilidade, sobretudo no sector manufactureiro, na sequência das grandes flutuações do volume desse capital.

*41*

## RECURSOS NATURAIS

Entende-se por Recursos Naturais, o que costuma chamar-se *Capital não reprodutível*, conjunto de bens que se esgota pelo uso, sem possibilidade de reprodução. Compreende *a terra*, a água (e seus cursos) e demais recursos como jazidas mineralíferas, de carvão, de petróleo, etc.

Até à Revolução Industrial a *terra* foi o recurso fundamental da economia e ainda para os teóricos clássicos da Ciência económica — Malthus e Ricardo — a terra era um factor tão determinante que se considerava condicionante, quer na distribuição da produção, quer dos limites do crescimento populacional.

A relação terra/população era o factor determinante do nível de rendimento das sociedades pré-industriais.

A evolução dos salários reais, desde o século XIII até à Revolução Industrial caminhava na relação inversa ao aumento da população ([24]).

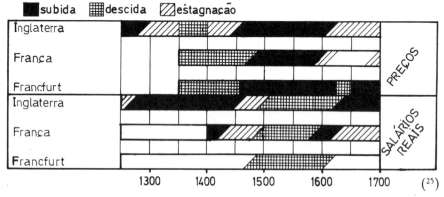

([25])

Se a terra e os recursos minerais e energéticos que ela contém constituem um capital não reprodutível, exigem da parte do homem um tipo de comportamento que rentabilize o mais possível o seu uso, de dois modos: 1) racionalizando o seu aproveitamento ou exploração; 2) investindo na procura de potencialidades desconhecidas (novas jazidas ou novos processos de utilização renovada dos recursos).

Desde a Idade Média, ainda que lentamente, a procura de novas fontes de energia está na origem de significativas transformações na produção. O aproveitamento da energia hidráulica e da energia eólica libertaram mas-

---
([24]) CIPOLLA, ib., pág. 123.
([25]) Id. ib., pág. 194.

sas de escravos e permitiram aumentos de produção, ao mesmo tempo que situaram em certas zonas geográficas, para isso privilegiadas, os centros motores de transformação económica.

A Revolução Industrial necessitou posteriormente de outros tipos de fonte energética, como o carvão, o petróleo e o urânio, e está actualmente exigindo novos tipos de utilização da força hidráulica e da força eólica, que são renováveis e inesgotáveis, enquanto aqueles o não são.

Não deve considerar-se um recurso natural o *Bosque* ou a *Floresta*, porque são capital reprodutível, embora as sociedades pré-industriais na sua generalidade se tenham comportado como se o não fossem, dizimando inconsideravelmente o seu património florestal.


## ORGANIZAÇÃO PRODUTIVA

As sociedades pré-industriais distinguiam-se das sociedades industriais pelas formas como se organizava a produção, isto é, pela forma como organizavam *as relações do capital e do trabalho*. A densidade do capital investido e a sua concentração, com a concentração do capital humano e a sua progressiva especialização, criaram na sociedade industrial uma distância entre capital e trabalho que não existia na produção da sociedade pré-industrial. Estas diferenças eram sobretudo visíveis nos sectores secundário e terciário da produção.

A unidade da produção da sociedade industrial — a fábrica — concentrando grande volume de capital humano, implica que o capital não seja da propriedade do trabalhador e que este seja sujeito a uma disciplina, a um ritmo, sobre que não tem controle, e tenha uma tarefa de tal modo especializada, que a sua participação no produto final é escassa. Na sociedade pré-industrial a unidade de produção era a oficina, de reduzido capital e de reduzido número de trabalhadores, em que o capital era propriedade do trabalhador, que controlava o modo de produção e dominava todo o processo produtivo de tal modo que o produto acabado era plenamente obra sua.

Este perfil extremo irá aparecendo, ao longo dos séculos, com formas de transição correspondentes às transformações que se operavam nos processos técnicos de produção, no alargamento dos mercados, dos tipos de produção e das exigências culturais.

*43*

Nas sociedades pré-industriais a organização da produção centrava-se predominantemente em dois lugares: *a oficina* do artesão, que sem grande capital e não assumindo riscos, satisfazia apenas encargos, e o *armazém* do comerciante, que possuindo capital fixo e circulante comprava e armazenava matérias primas, encomendava o trabalho ao artesão, a quem fornecia a matéria prima, armazenava e colocava no mercado o produto acabado.

As flutuações do volume das reservas do armazém são os melhores indicativos das flutuações do dinamismo económico. Os períodos de prosperidade correspondiam a fluidez das reservas, e crescentes encomendas aos artesãos.

### F — A PRODUTIVIDADE

A Produtividade é a relação entre uma certa quantidade e qualidade de produto e a quantidade e qualidade de um ou dos vários factores de produção, (isto é, da combinação dos ''inputs'' resultam distintos ''outputs'', em quantidade e qualidade).

O problema da Produtividade tem, em economia, zonas algo vagas e imprecisas, porque nem sempre a produtividade é meramente fruto do simples jogo dos factores de produção; outros elementos intervêm, por vezes, modificando quantitativa e qualitativamente a produção, que, por hipótese, deveria obter-se só com a presença dos factores de produção (dos ''inputs''). Daí os economistas falarem da existência de um ''resíduo'', isto é, de uma diferença entre quanto se produziu efectivamente e ''quanto devia ter sido produzido se...''. A natureza e as origens desse ''resíduo'' eventual ainda permanece difícil de ser precisado e definido para os economistas. Para o explicar aduzem-se, como intervenientes, elementos diversos como: — diversificação e aumento da divisão do trabalho entre indivíduos ou economias distintas — produção macissa — maior eficiência dos factores de produção — melhorias tecnológicas — maior instrução — creatividade — ambiente sócio-cultural.

Efectivamente, a história regista um certo número de factores de aceleração ou desaceleração que escapam a qualquer tentativa de quantificação e de precisão mecanicista, como pretenderiam fazê-lo ciências modernas que para tudo pretendem obter modelos simples.

"Entusiasmo místico", "ideologia política", "nacionalismo", "libertação de peias e restrições", "gosto", "brio creativo e profissional", são como muitos outros, termos explicativos de "resíduos" de produtividade, positiva ou negativa, que historicamente influiram quer no trabalho, quer na formação de *capital*.

A inovação tecnológica tinha um papel fundamental na evolução da produtividade, mas condicionado a outros factores, como a libertação de capital para experimentação.

A falta de experimentação e de investigação, por falta de capitais disponíveis, por baixo nível de instrução e outros factores sócio-culturais, impediam que revolucionárias ideias científicas e tecnológicas, fossem procuradas. Notáveis progressos dos séculos XI a XVIII não foram suficientes para provocar o crescimento da produtividade. O factor *trabalho* era condicionado na sua produtividade pelos limites impostos pela baixa produtividade agrária, sua fonte energética, pela falta de instrução, finalmente por falta de capitais em disponibilidade.

Vejamos, com alguns exemplos, o que se passava nos sectores mais importantes:

— O rendimento médio por unidade de sementes de trigo, centeio, cevada e aveia em diversos países europeus, entre 1200 e 1699, segundo Slicher von Bath era o seguinte:

| Períodos | Inglaterra | França | Alemanha | |
|---|---|---|---|---|
| 1200-1249 | 3,7 | — | — | |
| 1250-1499 | 4,7 | 4,3 | — | |
| 1500-1699 | 7,0 | 6,3 | 4,2 | ([26]) |

C. M. Cipolla aduz outros exemplos de Inglaterra e de variadas regiões de Itália, até começos do séc. XVIII. Só muito excepcionalmente, a média de rendimento de unidade de semente excedia as 7 unidades.

Sem plantas seleccionadas, sem adubos, sem antiparasitas, sem alfaias, a produtividade tinha de ser escassa.

Mal alimentados, homens e animais careciam de energia.

---

([26]) VAN BATH, Slicher, YIELD RATIOS, pág. 16. Cf. CIPOLLA, ib., pág. 134.

No séc. XIV na Inglaterra um homem à jorna não conseguia obter mais de 130-180 litros de trigo, por dia, em época de ceifa.

Um cavalo suportava, na Inglaterra do séc. XVI, uma carga de 200 Kgs.

A vaca dava uma média de 500 litros de leite, com baixo teor de gordura, por ano. Hoje, pode produzir 3.000 litros com alto teor de gordura.

Já porém no norte da Europa, terra de bons pastos, no séc. XVI, um boi podia atingir entre 150 a 200 Kgs. e uma vaca oscilava pelos 100 Kgs., quando abertos e limpos para alimentação.

Todavia uma comparação com as possibilidades de hoje é significativa: na zona de Montaldeo na Itália do Norte, no século XVII, o gado bovino atingia os seguintes pesos comparados com os de agora:

| Anos | idade do gado | peso em Kgs. | peso actual-Kgs. |
|------|---------------|--------------|------------------|
| 1684 | 5 meses | 32,5 | 113 |
| 1690 | 1 ano | 58,6 | 245 |
| 1686 | 2 anos | 108 | 400 |
| 1675 | 3 anos | 146 | 500 |
| 1675 | 4 anos | 215 | 600 |
| 1675 | 5 anos | 255 | 700 |

Nas cidades do norte de Itália, entre os séculos XV-XVII um tecelão de seda não produzia mais de meio metro de veludo por dia.

Na Inglaterra, no século XVII, na fundição de Brenchley, produziam-se 200 canhões de ferro por ano, — 200 dias de trabalho — ou seja a média de um canhão por jornada laboral. Na Suécia, na mesma altura conseguia-se entre 100 e 150 toneladas anuais de canhões fundidos em cada forno.

Na Itália, também no século XVII, as fábricas de papel, com uma ou duas tinas, produziam por tina, diariamente, no máximo, 4.500 folhas de papel, num total de 50 Kgs. de peso.

Estes dados são apenas indicativos, cujo valor deve ser devidamente relativizado e ponderado, e que não podem exprimir quase nada sobre a qualidade de produção, sobretudo da produção artesanal [27].

---

[27] CIPOLLA, ib., págs. 137-138.

## G — CRESCIMENTO E DESENVOLVIMENTO

Juntamente com a ideia de Produtividade, os homens do século XX, trazem associada a ideia de evolução (de produção, de produtividade) num sentido de *Crescimento* e de *Desenvolvimento*. Apesar de serem ideias e concepções modernas com importância e significado em economia prospectiva, não parece descabido que tais ideias e as teorias sobre elas elaboradas possam ser utilizadas para melhor percepção das sociedades económicas do passado, onde deve ser possível descobrir as origens dos rasgos característicos das economias modernas.

Os fenómenos de Crescimento e Desenvolvimento das economias são observados sob perspectivas diversas.

Na linha de pensamento dos economistas clássicos — Adam Smith, Malthus, Ricardo — o crescimento e desenvolvimento económico são uma consequência natural de dois factores e da dialéctica entre eles: o crescimento demográfico e o progresso técnico. Assim um aumento de benefícios, aumenta os investimentos e portanto o capital total, o que encoraja o progresso técnico e aumenta os salários. O crescimento demográfico acelera-se sem que a produtividade agrícola a possa acompanhar, provocando rendimentos decrescentes da produção agrária, aumento de custos do trabalho, baixa de lucros e em seguida novo ciclo de baixa de investimentos, paralisação da tecnologia, diminuição do fundo de salários, queda demográfica. Só a queda demográfica irá diminuir os custos do trabalho e aumentar os lucros.

O modelo económico marxista e socialista recusa globalmente a economia em que esta perspectiva de Crescimento e Desenvolvimento surgiu, isto é o sistema Capitalista. Defende que um tal sistema se destruirá por si mesmo, em consequência das suas contradições internas. Defende ainda que os fenómenos de crescimento no sistema capitalista se devem fundamentalmente a novas possibilidades de aproveitamento e exploração do trabalho.

Constatando embora que esta última observação tem a sua parte de verdade, e tendo em conta o facto de necessitarmos de uma compreensão mais operacional do sistema económico capitalista, que é o real do mundo actual, temos de deitar mão de explicações, certamente parciais e parcelares, por certo também insatisfatórias, mas que fornecem alguma luz.

É o caso da teoria de W. W. Rostow sobre as cinco etapas do crescimento da sociedade industrial: — a etapa da sociedade tradicional, a etapa da sociedade criando as condições prévias para o arranque, a etapa do progresso para a maturidade e finalmente a etapa do consumo de massa. Segundo

Rostow quatro factores intervêm como motores do crescimento: os progressos técnicos, a expansão geográfica, invenção de novas fontes monetárias, a guerra ([28]).

Esta teoria foi criada para explicar as actuais sociedades industriais e a eventual passagem à industrialização de sociedades que ainda lá não chegaram. Embora não aceitemos os objectivos teóricos de Rostow, que seria dar uma explicação cabal e uniforme de toda a evolução económica de qualquer sociedade, e embora vejamos nela um escamoteamento do fenómeno da exploração do trabalho e da divisão do trabalho à escala universal, parece-nos que pode ajudar-nos a encontrar em épocas anteriores à Revolução Industrial elementos explicativos da sua transformação.

## H — A MOEDA

O que é a moeda?

Seguindo Pierre Vilar diremos que com a palavra *Moeda* se exprime três coisas diferentes:

1) *Um objecto-mercadoria.* Algo que pela sua matéria, pelo peso, pela sua procura, pela sua raridade, pelo custo da sua produção, possui um valor comercial realizável em qualquer parte do mundo. Esta função podia ser cumprida por qualquer produto que se conservasse sem alteração e que fosse divisível em partes equivalentes, o que aconteceu de facto. Mas nenhum produto, historicamente, se comportou nesta função como o ouro.

2) *Moeda-Sinal,* ou "moeda fiduciária". Corresponde a um sinal que se recebe por um certo valor que não corresponde ao valor intrínseco do objecto-sinal (papel moeda ou peça de moeda) mas corresponde a uma certa capacidade de pagamento, afiançada por um poder que emitiu o sinal, ao qual o público faz confiança. A confiança do público fundamenta-se na capacidade de reembolso por parte da autoridade emissora, no caso da moeda ser convertível em ouro, ou

---

([28]) Parece-nos que fica salvaguardada a atitude meramente pedagógica com que se utiliza a teoria das Etapas do Crescimento Económico de W. W. Rostow. Mais elementos sobre a problemática do Desenvolvimento e a teoria de Rostow serão mencionados adiante nas págs. 183-187.

então na estabilidade do poder de compra que a moeda representa, se por ventura ela não é convertível em ouro. Neste último caso o valor da moeda--sinal acompanha o movimento do seu poder de compra, isto é o movimento dos preços.

3) *Moeda de Conta* — é uma *expressão de valor* que não corresponde a nenhuma efectiva peça monetária. É apenas *medida de valor*.

A sua origem provém da conservação de um hábito de contagem em relação a uma moeda desaparecida.

Por exemplo: Durante séculos a contabilização do dinheiro na Europa fazia-se em relação à *libra* que era uma *libra de peso* de prata, que por falta de operacionalidade ficou fora de uso, mas que continuou a ser considerada uma *unidade de preço* de referência, na situação aparentemente paradoxal de, sendo uma libra-peso um múltiplo da *onça* (-peso), a onça de prata passar a valer várias ''libras''. A moeda-medida tinha-se separado completamente da inicial moeda-mercadoria.

Este facto serviu para que os poderes públicos manipulassem a moeda, mudando-lhe a equivalência legal entre as moedas em circulação e a Moeda de Conta.

Os problemas monetários que acompanham as economias europeias, desde a Idade Média, resultam sempre do jogo entre estas três espécies de moedas, do jogo com falta de correspondência entre elas.

Porque o ouro tem sido sempre, ao longo dos séculos, a moeda-mercadoria com melhores características de referência e de pagamento universal, os problemas monetários aparecem sempre relacionados com o problema do ouro, mesmo quando, sob sistemas bimetalistas, a Moeda era preferentemente a prata.

Nem sempre o ouro e a prata foram os metais-moeda. O papel de prestígio destes metais fazia com que os povos procurassem trocar toda a espécie de produtos por ouro e prata, para usarem estes metais, quer como ornamentos, quer como tesouros — símbolos de poder. Assim quantidades desses metais eram retirados da circulação e desapareciam nos túmulos. As guerras funcionavam então como instrumentos de redistribuição de massa monetária.

Aquando da reorganização do Império Romano, sob Constantino. no século IV, a unidade monetária europeia era o ''aureus solidus''( = ouro maciço) — *o soldo de ouro,* que continha 4,48 gramas de ouro fino. Havia o *meio-soldo, o terço de soldo* e outras moedas de prata e cobre cuja referência ao *soldo* era estabelecida pela autoridade imperial.

Com as invasões bárbaras (sécs. V-IX) o ouro vai desaparecendo da circulação e as moedas que são cunhadas contêm cada vez menos ouro e cada vez mais uma liga de inferior qualidade — era uma desvalorização por "mutatio in materia" ou "mutatio in proportione" —. O terço de soldo — "triens" — que com Constantino continha 1,51 gramas de ouro, no tempo de Carlos Magno não continha mais de 0,39 gramas.

Carlos Magno mudou o sistema monetário. Como não havia necessidade de cunhar muita moeda, nem moeda pequena, porque as prestações de bens se faziam por trabalho e produtos e as transacções entre a massa da população eram escassas e porque não havia autoridade suficiente para fazer circular uma moeda fiduciária de cobre, o imperador estabeleceu como unidade monetária uma moeda de prata (conveniente para transacções médias) — o *dinheiro* — equivalente a 1/12 do soldo de ouro. Como este valia 1/20 da libra-peso de prata, a *moeda de conta* ficou assim: 1 libra = 20 soldos; 1 soldo = 12 dinheiros.

Naturalmente a desvalorização irá continuar e o próprio dinheiro conterá cada vez menos prata.

Deixou de se cunhar moeda de ouro em toda a Europa ocidental, salvo em caso excepcional.

O ouro havia sido drenado para o Oriente, para pagamento de produtos raros e preciosos (tecidos, especiarias). No Oriente, Bizâncio conseguia fazer circular algum desse ouro, cunhando o seu *soldo*, o *besante*.

Na segunda metade do século VII os muçulmanos atingem grande parte do Oriente e do Mediterrâneo Sul e podem também controlar grande parte do ouro existente, criando a sua moeda — o *dinar* — segundo o modelo do soldo, concorrente do *besante* e com um sub-múltiplo de prata o *dirhem*. Cunhavam ouro nos califados de Bagdad, do Cairo e de Córdova. A origem deste ouro era tríplice: 1) extra-económica, da pilhagem de tesouros persas, de túmulos egípcios e de igrejas sírias — 2) de minas da Núbia — 3) das caravanas que através do Sahara, o traziam do Sudão e do Ghana para o Maghreb e para o Egipto. O ouro das caravanas africanas será o dos *morabitinos* ou *maravedis* da península ibérica.

O ouro muçulmano circulará em toda a Europa, para pagar escravos, armas, estanho e peles e passará a Oriente, onde comprará produtos caros. Não circulará senão pelas mãos de poderosos senhores laicos e eclesiásticos. Segue para Oriente por dois caminhos: — pela Itália, isto é por Veneza, ao norte, e por Amalfi, ao sul — e através das estepes eslavas, desde a Escandinávia ao Mar Negro. Rodeia a Europa e não a penetra. O que porventura não toma o caminho do Oriente é entesourado nas Igrejas ou é pilhado pelos Normandos. Até meados do séc. XIII a Europa não tem ouro, nem parece precisar dele.

No século XIII as relações da Europa com os muçulmanos começam a inverter-se: por transferências extra-económicas (conquista, tributos) e sobretudo porque o desenvolvimento de novas economia-mundo europeias lhes dão hegemonia económica que aspira o metal monetário e impulsiona a sua circulação na Europa. Florença, Génova, Perusa, Luca, Veneza, Milão, Marselha, cunham moeda de ouro na segunda metade do século XIII, por razões económicas. Está a chegar o momento em que o grande comércio destas cidades atravessará Gibraltar e unirá regularmente e directamente o comércio do Mediterrâneo com o do Atlântico, do Mar do Norte e do Báltico. A balança comercial excedentária das grandes cidades mercantis e industriais europeias aspira a moeda e movimenta-a: os florins de Florença e os de Veneza tomarão o papel dos besantes e dos dinares.

A crise económica geral do século XIV também se traduziu em crises monetárias. A crise demográfica, com menos compradores, menos transacções, cria tendência para a baixa de preços, mas a falta de mão de obra provoca subida de salários. Os Senhores e os Estados são levados a multiplicar a moeda corrente, alterando a boa moeda, modificando a relação entre moeda real e moeda nominal. São manipulações que correspondem às inflações modernas e correspondentes desvalorizações. Torna-se possível aumentar os salários nominais e parecer aumentar os salários reais, diminuir as dívidas e fazer concorrência, exportando a mais baixo preço. Estas vantagens são porém momentâneas.

Os movimentos profundos da vida económica acarretarão movimentos monetários, e estes por sua vez também actuarão sobre aqueles e relacionar-se-ão com problemas sociais de igual monta.

De 1450-1475 até 1500-1525, o aumento demográfico e consequente aumento de expansão agrícola e de invenções técnicas é acompanhado por uma queda de preços, sobretudo em relação ao ouro. Valorizam-se os metais e produtos preciosos. Portugueses e Espanhóis encontram ouro e prata. Inverte-se a tendência dos preços.

De 1500-1525 até 1598-1630: desenvolvimento da Europa e revolução de preços. O mercado europeu estende-se ao universo; a economia-mundo europeia implica-se com outras economias-mundo. Progridem economias nacionais e a política económica mercantilista nasce. O ouro, a prata, e o crédito circulam em abundância. Enquanto o afluxo indirecto de metais preciosos anima a economia da Inglaterra e da Europa continental, o seu afluxo directo e maciço mata a economia espanhola.

De 1598-1630 até 1680-1725: recuo relativo da economia europeia, e do afluxo de metais monetários. Prata e ouro tornam-se mais caros. Dá-se uma relativa baixa de preços. Mas as situações são variadas nas diferentes zonas económicas europeias e os seus ritmos não são idênticos.

De 1680-1725 até 1812-1817: novo impulso económico europeu. Novo afluxo de ouro (do Brasil) e de prata (do México). As moedas europeias estabilizam e os preços tendem para a subida.

De 1812-1817 até 1914-1920: triunfo do capitalismo industrial na Europa. A fidelidade ao estalão-ouro impõe-se. Períodos de alta e períodos de estagnação de preços sucedem-se, entretanto. Novas minas de ouro surgem na Califórnia, na Austrália, na África do Sul.

De 1914-1920 até 1945-1965: época das crises mundiais (guerras de 1914-1918 e 1939-1945 — crise de 1929), com seus aspectos monetários, ainda pouco esclarecidos [29].

Ao longo dos séculos a moeda tem sofrido uma progressiva deterioração intrínseca, fundamentalmente provocada: 1) pelo aumento, a largo prazo, da procura da moeda, em consequência do aumento da população e/ou dos rendimentos e/ou do nível de monetarização da economia.

2) pelo aumento dos gastos públicos e da dívida pública.

3) pela pressão de grupos sociais interessados na inflação de benefícios.

4) pelo desiquilíbrio da balança de pagamentos [30].

---

[29] VILAR, Pierre, OR ET MONNAIE DANS L'HISTOIRE, Paris, ed. Flamarion, págs. 23-47.

[30] CIPOLLA, ib., pág. 187.

# II — PRIMEIRAS ECONOMIAS-MUNDO EUROPEIAS — DO SÉCULO XI A MEADOS DO SÉCULO XV

## 1 — EXPANSÃO EUROPEIA DOS SÉCULOS XI A XIII

Desde o século XI as fronteiras exteriores e as "fronteiras interiores" expandem-se. As antigas fronteiras do império romano foram despedaçadas e com todos os povos "bárbaros" foi creado um espaço de "cristandade", pelo Oriente europeu, pelas terras escandinavas, pelas ilhas britânicas, e que ocupava e explorava os mares circundantes, unindo-os numa inter-comunicação que será aceleradora do processo unificador da Europa e das suas Economias-Mundo. Esta expansão das fronteiras exteriores tem o seu relevo mais significativo com a lenta reconquista cristã dos espaços e dina-mismos económicos da bacia do Mediterrâneo.

As fronteiras interiores também cedem. Florestas e pântanos são domi-nados e os espaços vazios são ocupados por uma população que cresce e que se move, estabelecendo relações entre regiões longínquas e estranhas, e que para sobreviver aumenta a produção agrícola, utilizando novos meios técni-cos, rodas, moinhos, atrelagens de animais de tracção.

À volta dos castelos e das catedrais, a população concentra-se e as cida-des nascem. A Europa enche-se de cidades. Só a Germania cria mais de 3.000. A maioria são pequenas, mas muitas abrigam muitas dezenas de mi-lhares de habitantes.

As cidades são um mundo novo: lugar onde os pequenos camponeses e os grandes senhorios (laicos e eclesiásticos) levam o excedente do seu traba-lho ou dos censos e direitos feudais. Para lá se dirigem os veios da economia agrária. De lá irradia a troca e a moeda. A Europa passa do consumo agrícola directo para o consumo agrícola indirecto (¹) pela circulação dos excedentes da produção rural. A cidade concentra a produção artesanal e monopolisa a venda de artefactos. As cidades criam ligações entre si, que as desprendem do mundo rural e as levam a criar uma textura económica de economia de mercado.

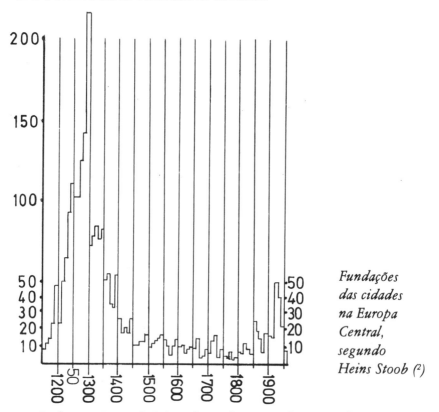

Fundações das cidades na Europa Central, segundo Heins Stoob (²)

Onde estará a verdadeira origem desta transformação da Europa? Sem dúvida relaciona-se com a expansão demográfica. Esta será a causa ou efeito da adopção de novas técnicas agrícolas (aperfeiçoamento da charrua, afolhamento trienal com adopção do "openfield" para a criação de gado) que permitiu aumento de produção e melhoria de alimentação? Há quem atribua um papel preponderante aos progressos das transações comerciais com Bizância e com o Islão, que criaram fortes motores de economia monetária,

---

(¹) BRAUDEL, Fernand, LE TEMPS DU MONDE, pág. 75.
(²) VAN BATH, J. H. Slicher — THE AGRARIAN HISTORY OF WESTERN EUROPE, A. D. 500-1850, 1966, pág. 24 — cit. BRAUDEL, o.c., pág. 77.

que se estendeu pela Europa (Maurice Lombard). As cidades medievais seriam fruto da moeda, do comércio. Para George Duby, Roberto Lopez, Lynn White, elas seriam consequência da sobreprodução agrícola e da redistribuição dos excedentes.

Este novo mundo económico situa-se num polígono entre as cidades de Bruges, Londres, Lisboa, Fez, Damasco, Azof, Veneza, dentro do qual se situam 300 praças comerciais, cujas relações mútuas ficaram bem documentadas. Talvez se deva alargar este espaço até Bergen e Novgorod ([3]).

Este conjunto só pôde ter coerência interna quando as economias-mundo do norte de Itália e dos Países Baixos se ligarem, criando o espaço das Feiras de Champagne, onde se encontraram por caminhos terrestres, no século XIII. O norte de Itália, renovando um dinamismo comercial de grandes tradições mediterrânicas, herdadas de Bizâncio e do mundo muçulmano, os Países Baixos, nascendo de realidades demográficas completamente novas, mais industriosas. As duas zonas complementavam-se. No resto da Europa, cidades, feiras, rotas, desenvolvem-se orientadas para aquelas duas zonas polares ou para o eixo que as ligará, inicialmente por terra, posteriormente por mar.

As duas zonas hegemónicas serão concorrentes. Até ao século XVI, o norte de Itália, dominando o Mediterrâneo, dominará a economia europeia. No século XVII, o norte da Europa, à volta de Amsterdam como grande mercado da economia-mundial nascente, oceânica, relegará o Mediterrâneo, definitivamente, para plano secundário.

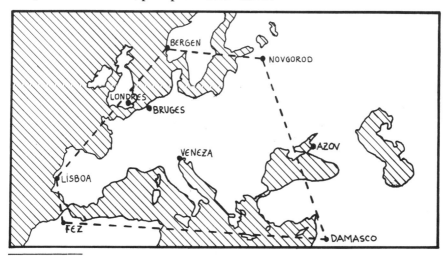

([3]) BRAUDEL, ib., págs. 77-78.

## 2 — A ECONOMIA-MUNDO DOS PAÍSES BAIXOS — O CENTRO COMERCIAL DE BRUGES

A zona económica dos Países Baixos, envolvendo as cidades de Liège, Lovaina, Malines, Antuérpia, Bruxelas, Ypres, Gand, Utrech, focos do seu dinamismo industrial e comercial, nasceu durante o império carolíngio. A capital carolíngia de Aix-la-Chapelle deve ter sido um factor propício para o seu aparecimento. As invasões normandas do séc. IX perturbaram-lhe o desenvolvimento. Finalmente a paz do século X, a expansão demográfica, a produção agrícola, da proliferação de cidades conduziram à proliferação de artesãos têxteis. As suas relações crescentes com o interior germânico e com o norte (futuro hanseático) animam a zona. A procura da lã para a fabricação dos têxteis, leva os comerciantes flamengos até à Inglaterra e das relações com a Inglaterra são estabelecidas relações com regiões de França, sob domínio inglês: o trigo normando e o vinho de Bordéus interessam-lhes. Pesadas "cogas" hanseáticas ali chegam com cereais e madeiras.

Bruges destacar-se-á das demais cidades flamengas, como centro animador dos circuitos internos e externos.

Em 1277 ali chegam os mercadores genoveses e começarão a estabelecer relações regulares e dominantes, com os produtos caros que trazem do Levante, para trocar pelos produtos artesanais flamengos. Mas não trazem apenas produtos caros (especiarias), trazem sobretudo capitais e técnicas experimentadas de comércio e de contabilidade.

Bruges torna-se assim o lugar de confluência da economia do Mediterrâneo, das costas atlânticas de Portugal e Espanha, da Inglaterra, da Renânia e ainda da Hansa. Em 1340 Bruges tem 35.000 habitantes, em 1500 sobe para 100.000.

Por 1309 a sua Bolsa é um enorme centro de comércio de dinheiro.

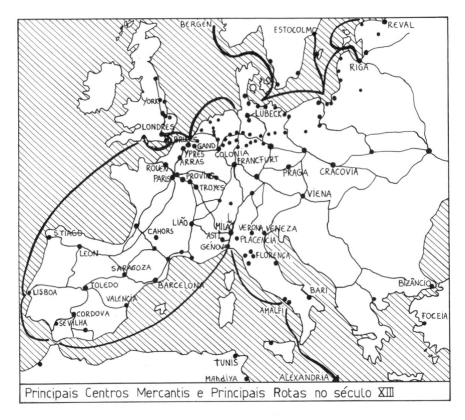

Principais Centros Mercantis e Principais Rotas no século XIII

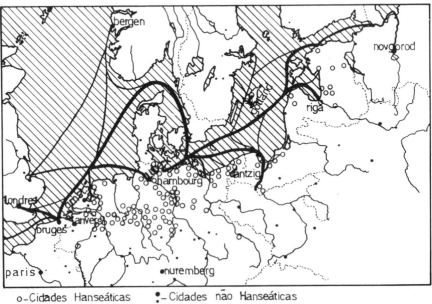

o – Cidades Hanseáticas    • – Cidades não Hanseáticas

# 3 — A LIGA HANSEÁTICA

A palavra "Hansa" ( = grupo de mercadores) aparece escrita pela primeira vez em 1267, num documento real inglês, mas referia-se a uma realidade muito anterior, dos séculos IX e X. Uma nebulosa de mercadores germânicos, com seus navios, que percorrem todos os mares, de Londres até Riga e Reval e pelo norte, pela Finlândia, Suécia e Noruega. Em Riga e Reval terminam as rotas que vêm de Novgorod. Trocam matérias-primas e alimentares dos países que saem para o Báltico com os países ocidentais.

Correspondendo inicialmente à proliferação de cidades nas regiões do Mar do Norte e do Báltico, e corresponde à expansão germânica por essas paragens, só lentamente se vão agrupando. A primeira associação conhecida e dominante era a de Gotland. Nos primeiros decénios do século XIII (1227), Lubeck, pela posição privilegiada na passagem do Báltico para o Mar do Norte, privilegiada ainda pelo apoio imperial (a única cidade além de Elba com o titulo de imperial), toma a hegemonia das cidades hanseáticas. O império germânico não era, porém, suficientemente forte para controlar os mercados hanseáticos. Nenhum Estado se lhes sobrepôs.

Apenas a solidariedade de interesses e a origem cultural comum estruturou laços entre dezenas de cidades hanseáticas, tantas vezes rivais, mas acabando por se concertar, porque o tipo de negócio — mercadorias de baixo preço e de grande volume, onerosas e arriscadas — com uma taxa de lucro não superior a 5%, impunha mais solidariedade que rivalidade. A conveniência de a oferta e a procura se concentrarem numa única mão conduzia a que os mercadores hanseáticos chegassem a acordo no estabelecimento e orientação de um único entreposto hanseático em cada mercado. O entreposto hanseático nos países do Norte, fornecedor de cereais às regiões dele carecidas (Noruega, por exemplo), impõe-se como dominador.

A fundação de Estocolmo deve-se-lhe em parte. O desenvolvimento de

Bergen deve-se também parcialmente à Hansa. As carnes salgadas, o bacalhau, as peles, a madeira, as gorduras, o alcatrão, obtêm-no em posição dominante.

No Ocidente, a Hansa também conquista privilégios. Em Londres, onde os "esterlinos" (mercadores do Báltico) tiveram de se entender com seus rivais de Colónia, criando em 1281, um único entreposto, a "Hansa da Alemanha" — o Stalhof — que obteve excepcionais privilégios, com isenção de impostos, com organização judicial autónoma, com espaço territorial e guarda de uma das portas da cidade. Em Bruges, então o grande eixo comercial, também a Hansa se instala com poder de obter privilégios. Em 1388, numa situação conflituosa com a cidade, o bloqueio imposto pela Hansa obriga Burges a ceder aos interesses hanseáticos. Era já o apogeu da cidade de Lubeck, quando os hanseáticos haviam logrado dominar o reino da Dinamarca e ocupado fortalezas sobre os estreitos dinamarqueses para assegurar a liberdade de movimentação.

Nas suas "cogas" (que servirão de modelo às "naves" do Mediterrâneo) capazes de transportes pesados, substituídas posteriormente pelas "hurcas", de fundo chato, para cargas mais pesadas e incómodas, como madeiras, barricas de vinho, cargas de sal e de cereais, a liga hanseática expandiu-se sem cessar até que veio a sofrer, ainda mais tardiamente, e por reflexo, as consequências da crise do século XIV: os preços dos cereais desceram, enquanto os dos produtos industriais subiam; os mercadores hanseáticos foram os prejudicados.

O século XV será porém o século da decadência da Hansa. Por várias razões: 1) os países do interior europeu, a rectaguarda dos interesses hanseáticos, entram em fortes perturbações: senhores, cidades, camponeses, igrejas, entram em ebulição. 2) Vão surgir verdadeiros Estados territoriais que não poderão deixar de criar problemas à Hansa: Dinamarca, Inglaterra, os Países Baixos agrupados pela casa de Borgonha, a Polónia vencedora dos cavaleiros teutónicos (1466), Moscovo com Ivan o Terrível, que domina Novgorod. 3) As minas de ouro e de prata da Hungria e da Boémia decaem. 4) Os mercados hanseáticos começam a sofrer a concorrência, no seu próprio espaço, de comerciantes ingleses, holandeses, alemães do interior não hanseático. 5) A Hansa não corresponde a um Estado forte que a imponha e, correspondendo mais a uma época de primazia de cidades, decai quando estas cedem o lugar a Estados. 6) A economia da Hansa é rudimentar, hesitante entre a troca e a moeda e com pouco recurso ao crédito. Não acompanhará os centros mercantis mais avançados e acabará dominada por eles.

# 4 — AS CIDADES ITALIANAS

Pelas suas relações com o comércio mediterrânico, com o Islam e com o Oriente, por Bizâncio, algumas cidades italianas sobrelevam-se, entre esse mundo fornecedor de têxteis preciosos e especiarias para os mais abastados do Ocidente e levando deste madeiras, trigo, sal, e escravos. A Cristandade e o Islão ainda se enfrentam: italianos, bisantinos e muçulmanos compartilham os negócios do Mediterrâneo, durante séculos. Bizâncio, inicialmente, tem a primazia, mas o mundo islâmico, mais agressivo, vai superá-la. Bizâncio permanecerá, todavia, como centro privilegiado de trocas, que farão no século XII a fortuna de Veneza.

Até ao século XII a cidade italiana mais destacada, pela sua economia, era *Amalfi,* na costa sul da península de Sorrente. Como tantas outras cidades marítimas italianas, só pelo mar tem futuro e nele se lança, colocando os seus mercadores nos portos estratégicos. A sua riqueza atraiu os Normandos, que a espoliaram no ano 1100. Os mercadores de Pisa, rivais encarniçados, virão também saqueá-la em 1135 e 1137. Não teve forças para resistir às suas rivais do Norte.

Pisa, Florença, Génova e Veneza, sobressaem das inúmeras cidades italianas em febril expansão económica. Veneza vai lograr a hegemonia sobre as demais. Será favorecida pelas suas relações especiais com Bizâncio; considerada como parte do Império Romano do Oriente, terá privilégios para os seus comerciantes em Bizâncio, os quais acabarão por controlar o mercado desta capital e da sua extraordinária posição, em face de todo o Oriente. Veneza não terá necessidade de recorrer ao saque, como Génova e

*61*

Pisa. Por outro lado, a situação grográfica coloca-a em lugar de acesso mais fácil do Mediterrâneo à Alemanha, do encontro da prata alemã com o ouro bisantino. A rota do Brenner, controlada por Verona, beneficiará Veneza, que cria o Arsenal para corresponder à sua vocação e vencer as concorrentes no Adriático: Comacchio, Ferrara, Ancona, Spalato, Zara, Ragusa. Os seus homens de negócios dominam-na a partir de 1172, após o governo do doge autocrata Vital e Michiel, e criam as instituições financeiras, fiscais, monetárias, administrativas e políticas adequadas ao seu papel de potência.

Foi por fim a IV Cruzada (1202-1204) a maior oportunidade de vitória de Veneza. As condições negociadas dos cruzados com Veneza, donde a cruzada partiu, a conquista de Zara, rival de Veneza no Adriático do império húngaro, e finalmente a necessidade de conquistar e saquear Constantinopla, deixando esta capital sob o domínio prático de Veneza. A invasão mongol (1240), para cúmulo, abriu uma rota continental directa do mar Negro à China e à Índia. Genoveses e Venezianos vão poder negociar com o extremo Oriente sem intermediários. Uns e outros estabelecem-se em ilhas e costas mediterrânicas com verdadeiras colónias. Constroem no continente os seus Estados-Cidades, influem na política europeia e lutam entre si pela hegemonia. Génova, Veneza e Florença no último quartel do século XIII cunham moeda de ouro e dominando o mediterrâneo, em 1277, passam Gibraltar e vêm criar pelo Atlântico, Canal da Mancha e Mar do Norte, relações de comércio regular com as capitais económicas do norte europeu.

# 5 — AS FEIRAS DE CHAMPAGNE

Entre as duas economias-mundo, dos Países-Baixos, centrada em Bruges, e das cidades italianas, cuja hegemonia seria conquistada por Veneza, um centro económico, geograficamente situado nas regiões de Champagne e de Brie, criara o espaço do seu mútuo encontro e de encontro de outras economias dependentes que àquelas afluiam e delas irradiavam. Era o espaço das Feiras que ao longo do ano, ciclicamente, em Lagny-sur-Marne (Janeiro-Fevereiro), em Bar-sur-Aube (Março-Abril), Provins (Maio), Troyes (Junho-Julho), Provins (Agosto-Setembro), Troyes (Outubro-Novembro), formavam um mercado contínuo. Caravanas de mercadores, agrupados, afluiam ali. No primeiro mês transaccionavam-se os variados produtos: os têxteis, da região de Paris, de Provins, de Châlons, de Reims e da Flandres, as especiarias, a seda e outras preciosidades orientais provindas das cidades italianas. Rotas provindas das diversas regiões francesas, da Inglaterra, da Espanha (pela Estrada de S. Tiago de Compostela), da Alemanha, ali vinham em busca de produtos e trazendo produtos e matérias-primas. De Veneza e Génova os mercadores aportavam a Aigues-Mortes, na foz do Ródano, subiam os vales deste rio, do Sona e do Sena. Do interior de Itália, por Siena, donde partiam também mercadores, atravessando a Lombardia, onde Asti fornecia numerosos mercadores (sobretudo usureiros — "os lombardos"), atravessavam os Alpes.

Estes mercadores italianos dominavam as Feiras de Champagne não tanto pela troca de produtos como pelo comércio de dinheiro. Depois dos negócios de mercadorias, no segundo mês, faziam os acertos de contas, o pagamento das dívidas, dos empréstimos feitos a príncipes e senhores, pagamentos de letras de câmbio, e de recâmbio, assim como se iniciavam negócios, se faziam novos empréstimos e novas letras de câmbio. Grandes empresas de mercadores italianos, como a Magna Tavola dos Buonsignori de Siena dominavam os mercados monetários animadores de todos os demais mercados. Era precisamente o avanço das cidades italianas nas técnicas do negócio que as favorecia junto dos grandes produtores industriais do Norte (cujos·têxteis buscavam) que eram também os grandes consumidores, quer das preciosidades orientais, quer de moeda para negociar ou para dispender na guerra e no luxo. Através do mercado do dinheiro, por empréstimos aos príncipes e senhores, a economia agrária feudal sujeitava-se à incipiente economia capitalista dos mercadores-banqueiros italianos.

Foi assim até finais do século XIII.

Em 1277, os Genoveses abrem por Gibraltar a via marítima regular para os países europeus. Por ela virão os demais mercadores italianos. Também durante o século XIII, a Alemanha e a Europa Central prosperam, na agricultura, na implementação da indústria de fustões e sobretudo com a exploração das minas de prata e de cobre. Ora os mercadores alemães vão encontrar a sua saída preferencial em Veneza com o *Fondaco dei Tedeschi*, abrindo uma nova rota nos Alpes, mais a oriente, pelos Vales de Saint-Gothard e do Brenner. Os venezianos aspiram a prata alemã. Banqueiros italianos instalam-se através da Alemanha.

A realidade que criara as Feiras de Champagne, modificara-se. A grande crise do século XIV acabará por dar o golpe de misericórdia na possibilidade de o continente francês desempenhar um papel de relevo na economia europeia.

# 6 — AS CRISES DO SÉCULO XIV

Durante o século XIV e até.meados do séc. XV (com variantes para as diferentes regiões da Europa), a expansão económica constante do continente europeu entra em crise a todos os níveis: contracção da expansão geográfica, contracção comercial, subida de preços, queda de rendimentos, epidemias (baixa brutal da população), revoltas e finalmente a Guerra dos Cem Anos. À saída das crises a Europa era diferente.

As origens destas crises são ainda objecto de acaloradas discussões. Poderemos, talvez, sintetizá-las, como o fez Wallerstein, em três explicações: 1) Foi o produto de tendências económicas cíclicas. Alcançado o ponto máximo de expansão, tendo em atenção a limitada tecnologia da época, seguiu-se-lhe a contracção; 2) Foi o produto de uma tendência secular. Após mil anos de apropriação do excedente de produção, em regime feudal, chegara-se ao ponto de diminuição dos lucros. Enquanto a produtividade permanecia estável — ou declinava por esgotamento dos solos — sem motivações estruturadas para o progresso tecnológico, a carga que pesava sobre os produtores de excedente aumentava constantemente, pelo crescente volume de gastos da classe dominante; 3) Mudanças climatéricas europeias reduziram a produtividade do solo e incrementaram as epidemias [4].

Saturação de população, tecnologia agrária e artesanal sem evolução, escassez de comida, subalimentação, mortandade por epidemias. (A peste negra, em 1348, liquidou em certas zonas, entre 1/3 e 1/2 da população).

---

[4] WALLERSTEIN, Immanuel, EL MODERNO SISTEMA MUNDIAL, págs. 52-53.

Com a moeda estabilizada, os preços subiram e consequentemente as rendas baixaram. A Guerra dos Cem Anos (1337-1453) conduziu os reinos da Europa ocidental para uma economia de guerra, obrigando a crescente necessidade de impostos, para além dos já pesados tributos feudais. A falta de liquidez monetária obrigou ao pagamento de impostos indirectos e pagamento em espécie. A consequência foi a redução do consumo, e desta a redução da produção e redução de circulação de moeda, agravando a falta de liquidez monetária. Reis e senhores recorriam aos empréstimos. As dificuldades de solvência produziam crises de créditos, e fenómenos de entesouramento, alterando o comércio internacional, com maior repercussão na subida dos preços, menor margem de subsistência. O proprietário perdeu rendeiros, o artesão perdeu clientes. Terras aráveis eram preteridas em favor de gastos que exigiam menor mão de obra. Mas os salários aumentaram e os pequenos e médios proprietários buscavam a protecção do Poder Político contra a subida de salários. Os custos das transacções, com a queda da procura, aumentavam os preços dos produtos e reduzia o comércio ([5]).

Este é o quadro que nos pinta Edouard Perroy.

Haveria que acrescentar-lhe o clima de descontentamento social, as frequentes revoltas de camponeses. Segundo R. H. Hilton ''a sociedade viu-se paralizada pelo gasto crescente de uma superestrutura social e política, para o qual não houve um compensador incremento dos recursos produtivos da sociedade''. Não havia reinvestimento na agricultura que incrementasse significativamente a produtividade ([6]).

O despovoamento provocou vários fenómenos: desaparecimento de povoações, ''enclosures'' (cercas) das terras e emparcelamentos.

A nobreza, com a diminuição das rendas (a exploração agrária era mais custosa e os camponeses preferiam a fuga ao aumento de tributos), refugiava-se na Corte, tornando-se palaciana. As grandes propriedades dividiram-se, por venda ou por arrendamento a camponeses algo prósperos. Surge assim na Europa ocidental um campesinato médio em terras aráveis, as ''enclosures'' tornam-se a base do incremento da ganadaria.

---

([5]) WALLERSTEIN, ib., pág. 30.

([6]) HILTON, R. H., YEUT-IL UNE CRISE GÉNÉRALE DE LA PHÉODALITÉ, in «Annales», VI, 1, Janvier-Mars, 1951, pág. 255. Cit. por Wallerstein, o. c., pág. 33.

Na Europa de leste, a baixa demográfica provocou, ao invés, a concentração da propriedade em grandes possessões, que mais tarde seriam espaços de uma regressão social ao serviço da produção de cereais para exportação. Outras Consequências das crises:

Liquidação parcial do sistema feudal.
Desenvolvimento dos aparelhos centralizadores e burocráticos do Estado.

A mudança tecnológica da guerra, a substituição da cavalaria por infantaria, das armas brancas por armas de fogo, do aparecimento de exércitos regulares, impunham estruturas políticas e financeiras que nem os senhores feudais, nem as cidades--estados podiam suportar. Mais vastos conjuntos políticos, Estados-Nações, surgiam na Europa, com um aparelho burocrático (civil e militar) capaz de exigir impostos para pagar tropas e funcionários. Mas esta exigência tinha limites e outras alternativas eram necessárias para obter fundos: o empréstimo, o confisco, venda de cargos públicos, manipulações monetárias. Qualquer destas medidas tinha efeitos negativos a largo prazo, mas se enfraquecia o poder do Rei e da nobreza, fortalecia o do Estado, que implicava grupos sociais novos ou transformados, cargos institucionais (parlamentares, por exemplo) com características e interesses especiais ([7]).

---

([7]) WALLERSTEIN, ib., págs. 38-39.

# 7 — A HEGEMONIA DE VENEZA

A economia-mundo das cidades italianas sempre fora superior à das cidades do norte europeu: a balança de pagamentos pesava a seu favor. A independência daquelas torna-se maior quando, ao longo do século XIII, Florença, que apenas tingia os têxteis crus importados do Norte, desenvolve espectacularmente a sua indústria de lã. Da *Arte di Calimala* passa para a *Arte della Lana.*

Sob as infelicidades do século XIV do centro e norte da Europa, as cidades italianas resistiram no seu próprio espaço — o Mediterrâneo —. Mas nesse espaço lutam entre si pela hegemonia. A luta trava-se predominantemente entre Génova e Veneza. Cada uma delas tem seus trunfos. Evitam os golpes de força porque se tornam custosos e cada uma tem por onde se expandir.

Génova está mais avançada em técnicas capitalistas, é a primeira a cunhar moeda, no princípio do século XIII, e é a primeira, em 1277, a passar Gibraltar e a estabelecer ligações regulares com a Flandres. É de Génova que partem os Vivaldi, em 1291, à procura das Índias pelo Atlântico. São genoveses os que mais de perto acompanham os portugueses nas suas explorações oceânicas.

Todavia a cidade que teve a primasia da implementação das técnicas capitalistas foi Florença: inventou o ''cheque'' o ''holding'', a ''contabilidade de partida dobrada''; foi a primeira a estabelecer seguros marítimos sem intervenção do notário. Florença tinha uma tradição atrás. O início da Banca e da formação de empresas de crédito dera-se nas cidades de Toscana.

Veneza tinha porém seus trunfos.

*69*

Melhor implantada no Oriente, quase não sofreu com o fecho da Rota Mongol, em 1340, pelos rivais muçulmanos, nem mais tarde com a Queda de Constantinopla (1454). Os negócios exigiam paz e compromisso. Os inimigos complementavam-se nos negócios.

Veneza estava também privilegiada para as relações com a Alemanha e a Europa Central, os clientes mais firmes para os produtos orientais e os melhores fornecedores da prata para o comércio do Levante.

Com o poder assim adquirido Veneza domina o Adriático, ocupando a ilha de Corfeu, à sua entrada. Domina também todas as cidades suas vizinhas em terra firme: Pádua, Verona, Brescia, Bergamo. Milão, Florença e Génova talham também cada uma, uma região de domínio, a Lombardia, a Toscana, a Liguria. Veneza e Génova talham mesmo um império colonial, "à fenícia", constituído por entrepostos comerciais encadeados pelo Mediterrâneo. Mas o de Veneza supera, de longe, o genovês.

No primeiro quartel do século XV os rendimentos de Veneza superam, de longe, os de qualquer Estado europeu. São de 1.615.000 ducados: 750.000 da Senhoria, 464.000 do território continental e 376.000 das colónias. A sua população total não ultrapassa 1.500.000 pesoas. A França, com 16 milhões de habitantes não tem mais de um milhão de ducados de rendimento.

Veneza, na mesma data investe, anualmente, 10 milhões de ducados, que lhe produzem 4 milhões, 2 como rendimento do capital, 2 como lucro mercantil. Quer dizer, os rendimentos do comércio, anuais, sobem a 40%. É uma estimativa do seu próprio Doge Mocenigo, que distingue claramente o benefício do negócio do aluguer do capital, cada qual à taxa de 20% [8].

Veneza detém os maiores tráficos marítimos, da pimenta, das especiarias, do algodão da Síria, do trigo, do vinho, do sal. Ela controla as salinas das costas do Adriático e de Chipre. Da Hungria, da Croácia, da Alemanha vinham pelo seu sal.

A Economia-mundo centrada em Veneza cobre o Mediterrâneo e até o Mar Negro, penetra pelo interior da Europa (Augsbourg, Viena, Nuremberg, Ratisbona, Ulm, Bâle, Strasbourg, Colónia, Hamburgo, Lubeck) até aos Países Baixos e aos dois portos ingleses de Londres e Southampton.

Um eixo Veneza-Bruges-Londres, com o centro principal no Sul, anima a economia europeia.

---

[8] BRAUDEL, o. c., págs. 95-98.

Algumas medidas de política económica constituíam a força de Veneza:

1) Interdição aos seus mercadores de comprar e vender na Alemanha, obrigando assim os Alemães a dirigirem-se pessoalmente a Veneza, onde se reunem na sua "Fondaco dei Tedeschi". Todos os tráficos vindos de terra, como todos os provindos do mar, passam obrigatoriamente pelo porto de Veneza.

2) Estabelecimento do sistema de "galere da mercato". O estado veneziano detinha (desde 1314) a propriedade das galeras que construía no Arsenal, capazs de carregar nos seus porões, mercadorias equivalentes a um combóio de 50 wagons, que aluga a associações de mercadores, dando-lhes assim a possibilidade de transportes a preços reduzidos e concorrenciais.

3) Estabelecimento de um sistema de relações entre Capital, Trabalho e Estado de cunho capitalista. Desde o fim do século XII todos os instrumentos do sistema lá estão: mercados, lojas, armazéns, feiras de Sensa, casa de moeda (a Zecca), o Arsenal, a Alfândega, o Palácio dos Doges.

Todas as manhãs, no Rialto, os grandes mercadores se reuniam combanqueiros, para transaccionar sem moeda, sem esperar os pagamentos espaçados das feiras, por "scritta", por mera transferência de fundos em conta. Já lá existem até os "Banchi di Scritta" que permitem a certos clientes ultrapassar em transacções os fundos de que dispõem. Já aparecem "cedole", prenúncio de notas de banco sobre dinheiro em depósito.

Ali se fixam os preços das mercadorias, os empréstimos públicos da Senhoria, as taxas de seguros marítimos.

Os benefícios são investidos e reinvestidos. Desde o início, o negócio é ali "capitalista". As mercadorias que se embarcam são avançadas a crédito.

O empréstimo de dinheiro — o *mutuo* — sempre existiu, considerado legítimo pelos venezianos. Também existia a usura (e à taxa de 20%). Mas o "mutuo ad negotiandum" — empréstimo para negociar — ainda que com taxa elevada, não é considerado usura. Quase sempre está associado a "Colleganza" — contrato de associação — que existia desde 1072-1073. Conhecem-se dois tipos: A *Colleganza unilateral,* em que um (socius stans) avança uma certa quantia ao mercador (socius procertans) que vai viajar em negócio e que no regresso, com o reembolso do capital emprestado, entrega ao primeiro três quartos do lucro obtido, reservando para si apenas um quarto. Na *Colleganza Bilateral* o capitalista avança três quartos da quantia e o sócio itinerante, além do trabalho, aposta o outro quarto. A divisão dos lucros faz-se por metade.

A "colleganza" corresponde à associação que nas outras cidades italianas chamam "comenda" e que assim chamavam em toda a Europa.

Este tipo de empréstimo, toda a gente o pratica em Veneza, desde cedo, mas a curto prazo. Não é comparável ao empréstimo aventureiro do capitalismo Florentino na Inglaterra. Tem a vantagem de conseguir meios líquidos abundantes para toda a espécie de mercadores, de fazer participar nos negócios todos os membros da sociedade, activando pequenas e grandes poupanças e dividindo os riscos.

A *Letra de Câmbio* só aparece no século XIII e difunde-se com lentidão. Permanecerá um instrumento de crédito de curto prazo, de ida e volta entre duas praças comerciais.

As *Companhias*, sociedades de grandes recursos e grande estruturação, não são típicas de Veneza. São-no de Florença. Talvez porque a sociedade veneziana é muito estável. Movimenta muitos capitais, mas com rapidez, em seis meses, num ano.

O *Trabalho* em Veneza, numa população de entre 100.000 e 140.000 habitantes, tem de ser considerado em dois sectores: 1) o dos trabalhadores não qualificados, uma diversificada população, não enquadrada em nenhuma organização, e disposta a qualquer tipo de tarefa, geralmente tarefas relacionadas com os transportes marítimos e com o embarque e desembarque, e também uma população dedicada a tarefas pesadas das indústrias da seda e da lã; 2) o dos trabalhadores qualificados dos diversos artesanatos, organizados nas *Arti*, as corporações de ofícios, e em *Scuole*, isto é confrarias.

Calcula-se para Veneza uma divisão do trabalho que, para além de 10.000 pessoas pertencentes ao grupo dos privilegiados ( = 7-8%), os trabalhadores constituiam cerca de 25% do total, o que é demasiado, se calcularmos que a cada trabalhador corresponde um agregado familiar de 4 pessoas. Daqueles trabalhadores dois terços estavam organizados e um terço não.

A intervenção do Estado e dos grandes mercadores é mais forte que a força corporativa das *Arti* venezianas.

A Arte della Lana, por exemplo, em pleno século XVI, funcionava em *verlagssystem* ( = putting-out system = trabalho a domicílio) sob controle de mercadores estrangeiros. O Estado interveio nela para exigir normas de qualidade, processos de fabrico e materiais, a fim de manter a reputação adquirida no Levante.

Até a construção naval era dominada pelos mercadores armadores, que adiantavam capital e matérias primas.

Dominado, pelo estado e pelos financiadores, o mundo de trabalho em Veneza não teve perturbações. Nem o Arsenal estatal com seus 3.000 operários trouxe perturbações graves. A pena capital impunha ordem. Ao contrário de Florença, nunca as Arti participaram no Governo.

Como qualquer das grandes cidades europeias do século XV e XVI, Veneza é um poderoso centro de produção industrial, mas esta é de algum modo tardia e sempre dominada pelo capitalismo mercantil, intervindo sobretudo como compensação em época de crise. Assim a ''Arte della Lana'', iniciada tarde, interrompida até meados do século XV, só na última parte do século XVI atinge o apogeu.

Em 1475 a tomada de Caffa, na Crimeia, pelos Turcos, fechando o mar Negro e a ocupação pelos mesmos da Síria e do Egipto, vão dificultar a vocação de comércio de Veneza com o Levante. Veneza irá sentir uma quebra. Mas para ela o mais grave será a mudança do eixo geográfico da economia europeia, provocada pelos países ibéricos, conduzida para o contacto directo com outros continentes e para a exploração directa dos seus tão ambicionados produtos.

# 8 — A SUPERAÇÃO DAS CRISES

Pelo menos em meados do século XV, a expansão demográfica refazia-se das quebras do século precedente. Com maior estabilização dos preços, mesmo com relativa subida dos cereais, os salários reais aumentaram. Foram seleccionadas terras, diversificada a produção, melhorada a alimentação.

Uma nova fase de expansão económica começa entre 1450-1470. Mais cedo ainda nos países mediterrânicos, na Alemanha e na Inglaterra, movidos pelos sectores secundário e terciário.

Em Itália foram particularmente os burgueses mercadores que animaram o sector primário: comprando terras à Igreja e aos nobres e dirigindo a produção agrícola para o mercado.

Algo de idêntico se começa a processar um pouco por toda a parte. Na península ibérica chega-se a proibir aos camponeses o mercado da aldeia, para orientar as transacções para a cidade.

Aumenta a especialização das culturas.

O vale do Pó transforma-se, bem como se transformam as colinas da Toscana: ao lado dos cereais, plantam-se oliveiras, vinhas, árvores de fruta, amoreiras. É uma época de ofensiva vinícola. Procuram-se vinhos licorosos para suprir os orientais, sob domínio turco. (Genoveses e florentinos criam o vinho do Jerez...). Aparecem as culturas para a indústria: o pastel em Alexandria, o açafrão na Toscana, na Alemanha o lúpulo, o linho, também o pastel e o vinho.

Cresce a ganadaria. É maior a necessidade de carnes, de produtos lácteos, de cabedais.

A nobreza entra também nesta invasão do mercado pelo sector primário.

Na Inglaterra aumentam as "enclosures" para a produção de carneiros, longe dos portos e das cidades.

Na Provença, nos Pirinéus e no sul da Itália e da Península Ibérica, alargam-se os latifúndios. Em Castela, a *Mesta*, dominada por grandes senhores, apropria-se de terras para pastagens e para movimento dos seus rebanhos transumantes, em aumento. Os pastores arredam os agricultores. É favorecida a produção têxtil e aumenta a mão de obra disponível, despovoando-se os campos. Na Irlanda, na França, na Alemanha, algo se passa de semelhante com o linho e o cânhamo.

No sector secundário, são melhorados os processos técnicos, apesar da resistência das Corporações de Ofícios. No têxtil, a roda de fiar é melhorada, para permitir bobinar automaticamente o fio. Difunde-se o pisão. É na produção de seda que as melhorias são espectaculares, em Luca e Florença, com maquinaria apropriada, e com o uso sofisticado de corantes (indigo, pau brasil, cochinila arménia, etc.). A solicitação de têxteis de luxo aumenta.

A produção têxtil flamenga vê-se concorrenciada fortemente pela produção inglesa e italiana. A resistência das suas Corporações à inovação e à produção rural não a favorece. Gand, Bruges, Ypres, Lille, Saint-Omer, Arras, Amiens... são obrigadas ao fabrico de têxteis de qualidade média e a procurar novas especialidades, como o cânhamo em Lille e a tapeçaria em Arras. Alastra pelo norte dos Países Baixos a produção: Malines, Bois-le--Duc, Maastricht, Leyde...

Nos demais países, centros regionais de produção têxtil surgem. Aparece a seda em Lião e Tours. Aparece o tecido de algodão, no norte de Itália e no sul da Alemanha, sob impulso dos Fugger.

Progride a indústria vidreira, para utensílios, para as janelas e para as estufas. De *Murano*, em Veneza, espalha-se pela Boémia.

Mais importante foi a evolução no domínio da metalurgia e da imprensa.

A metalurgia beneficiou de melhorias de processos nas técnicas mineiras, com poderosos guindastes movidos por água ou por tracção animal, que permitiram abrir poços mais profundos, com mais galerias. Melhorou também o tratamento dos minerais. Tais progressos realizaram-se sobretudo na Europa Central. A produção de prata foi multiplicada por 5, atingindo as 85 toneladas. A produção de ferro multiplicou por 4. Iniciou-se a exploração do célebre alumen de Tolga, na Itália.

A procura era crescente, para utensílios e instrumentos de trabalho, nos sectores primários e secundários, e também para a guerra.

As forjas multiplicáram-se e aumentaram de capacidade. As forjas catalãs, nos Pirineus, produziam cada uma 15 toneladas anuais. Na Europa Central apareceram forjas com 45 toneladas de produção anual.

Foi inventado o alto-forno (1400). Como não era ainda usado o carvão mineral, o alto consumo de lenha dos altos fornos preocupava. Todavia, em 1500, eles estavam implantados em toda a Europa.

A invenção da imprensa, consequência dos progressos da metalurgia, cujo alcance foi incomensurável para a propagação de conhecimentos e transformação mental, tem ainda relação estreita com a fabricação do papel, que por sua vez é consequência dos progressos da indústria têxtil do linho, do cânhamo, do algodão.

Uma inovação importante no sector secundário refere-se à própria estrutura do sector, que vinha sendo dominado inicialmente pelas Corporações de Artesãos e depois pelos mercadores-financeiros. Com efeito, da produção industrial citadina dominada pelas Corporações e suas regras, foi-se passando, por efeito de aumento da procura, por agressividade dos homens de negócios, à indústria rural, controlada por estes últimos, que adquiriam a matéria prima, pagavam o trabalho e colocavam o produto no mercado, em posição concorrencial dominante.

As novas indústrias criam problemas novos: exigem maior volume de mão de obra concentrada, instalações e utensílios mais custosos. Na indústria mineira estes problemas agravam-se. Só a junção de capitais de várias origens e agora dominados pelos técnicos da produção específica, pode resolver os novos problemas. Surgem as prefigurações das sociedades anónimas capitalistas. O capital e o trabalho separam-se completamente. Surgem também associações de trabalhadores, sobretudo nas minas, espécies de sindicatos operários, que já chegam à greve como meio de pressão.

A grande burguesia comercial e financeira ofereceu resistência a esta nova realidade, temia, com razão, ser dominada pelo capitalismo industrial. Os Estados foram chamados a intervir, porque os industriais de várias regiões começavam a relacionar-se (prenúncio do capitalismo internacional). A cidade de Barcelona, no último quartel do século XV, para atrair capitais e favorecer novos tipos de produção, revogou todos os privilégios das Corporações e quebrou-lhes o monopólio. Possìvelmente prenunciava-se já o que viria mais tarde a exigir dos Estados uma doutrina e uma política específica — o Mercantilismo.

No sector terciário há a destacar o crescimento de sociedades de comércio, ao lado do grande número de mercadores individuais, e sobretudo a sua implicação em negócios de Banca e de produção industrial. Na Itália, na Hansa, na Alemanha do Sul. As florentinas são as mais evidentes, abrindo o sistema de sociedades com filiais. Os Medicis são exemplo disso. Cosme é o principal sócio de uma dezena de negócios, em que o seu nome nem sempre figura: na banca, na indústria de lã, comércio de seda. Dirige seis filiais, em Veneza, Milão, Avinhão, Genebra, Bruges e Londres. O único laço entre todos os empreendimentos é a ligação directa aos membros de uma só família, os Medicis.

Na Alemanha, o banqueiro de Augsbourg, Jacob Fugger, estendendo os seus braços por múltiplos negócios, embora algum tempo depois (sec. XVI), é outro exemplo. A maioria destes grupos de sociedades estruturam-se no interior de uma família. Mas aparecem já sociedades anónimas, particularmente em Génova.

As companhias significam, por outro lado, maior sedentarização do comércio, modificando de alguma maneira o carácter das feiras internacionais, que nem por isso perderam dinamismo, embora tenham mudado de geografia, deslocando-se do interior do reino da França.

O quantitativo dos tráficos aumentou, modificando-se todavia a sua geografia. O tráfico do vinho, de entre os tráficos alimentares, foi por certo o mais notável. O das regiões mediterrânicas, particularmente, pela sua força. O sal começou a ser procurado pelos hanseáticos nas costas francesas (entre Loire e Gironda) e portuguesas.

Se a Inglaterra diminui as explorações de lã, em contrapartida, os seus "Marchands Aventuriers" exportam, por Londres, Southampton e Bristol, com mais lucros, têxteis ligeiros e sólidos, que invadem a Europa até à Rússia. Em 1500 chegam a exportar 80.000 peças por ano. A lã espanhola vem fornecer as indústria que se abasteciam da lã inglesa.

Cresce enormemente o tráfico de matérias corantes, o do açúcar (Sicília e Algarve), da seda da Calábria, cuja produção se implanta no ocidente para compensar as dificuldades das feitorias no Levante.

A Flandres, embora concorrenciada na sua produção têxtil, não perde o seu dinamismo, pelo contrário; o aumento das suas funções na economia-europeia e o alargamento da sua irradiação modificarão o eixo do espaço económico europeu, de tal modo que Bruges não oferecerá as condições de Antuérpia.

A Liga Hanseática vai ser detida na sua potência expansiva, porque outras regiões e outras potências lhe farão concorrência e a dominarão. Por um lado o extraordinário desenvolvimento da Alemanha do Sul, com produtos metalúrgicos, os têxteis de linho, os fustões, que deram pujança a Nuremberg, Augsbourg, Constança e Ravensbourg, dirige-se para sul, para Veneza. Para lá encaminham a Boémia e a Polónia. Por outro lado a Inglaterra e a Holanda tornam-se potências navais e vão concorrenciar os hanseáticos no Báltico. Nem a guerra beneficiou a Hansa. A paz de Utrech, em 1474, o confirma. A Holanda como a Inglaterra criam as suas indústrias têxteis. Os portos holandeses de Amsterdam e Rotterdam ascendem de plano.

Os países ibéricos beneficiaram da rota mediterrânica para o norte. Marinheiros, mercadores, financeiros genoveses e florentinos participam no desenvolvimento mercantil ibérico. Participam nos objectivos da expansão oceânica e nas produções coloniais: açúcar no Algarve e na Madeira, pastel nos Açores. Os ibéricos libertar-se-ão dos italianos e, no último quartel do século XV, provocarão modificações na vida económica da Europa (⁹).

---

(⁹) FOURQUIN, Guy, UNE CONJONCTURE DRAMATIQUE?, in HISTOIRE ÉCONOMIQUE ET SOCIALE DU MONDE, Paris, Armand Colin, vol. I, págs. 326-342.

# 9 — O PRÉ-CAPITALISMO MEDIEVAL

Ninguém poderá razoavelmente pensar que a economia da Europa durante a Idade Média era capitalista, por mais lato sentido que se pretenda dar ao adjectivo "capitalista".

Também é razoável ver nos factos até agora apontados certos tipos de comportamento social e económico, a nível de individualidades, de grupos e de Estados, que têm o carácter dos comportamentos do sistema social e económico que denominamos por Sistema Capitalista, o que poderemos tomar como prenúncios de capitalismo ou pré-capitalismo. Vejamos.

O Capitalismo de hoje é primariamente industrial, caracterizado por altos níveis de concentração de capital e de mão de obra. Este tipo não existia na Idade Média e a organização da produção, no seio das Corporações, oferecia resistência às iniciativas individuais, à inovação, à concorrência, à produção em grande quantidade, e forçosamente à reunião de numerosa mão de obra. Todavia, nos dois últimos séculos, em certas regiões, o panorama foi-se modificando. Estaleiros navais na Itália, na Inglaterra, na Holanda, na Hansa, na Bretanha, eram já verdadeiras empresas. Em Veneza tinha 3.000 trabalhadores. A concentração de capital que exigia, fazia com que, neste sector, o capitalismo industrial superasse o mercantil, embora os mercadores-financiadores tivessem nele um papel relevante. Por outro lado, na indústria têxtil, a iniciativa individual, o espírito de concorrência, a abertura a inovações técnicas, provocou a fuga da produção industrial para os meios rurais, para escapar ao controle das Corporações. É certo que esta modificação fez cair toda a produção industrial nas mãos do capitalismo comercial, mas conduziu também a maior separação entre capital e trabalho.

As novas indústrias — a vidreira, a metalúrgica, a imprensa, do papel, etc. — onde as inovações conduziam a progressivo aumento da produção e exigiam, por natureza, grandes meios financeiros, levaram à constituição de sociedades do tipo das sociedades anónimas, cujas participações eram já negociadas especulativamente. Aí também a separação entre capital e trabalho se vincou: os trabalhadores, inicialmente participantes nas sociedades de produção, vendiam as suas partes a homens de negócio, tornando-se meros assalariados.

Onde este processo foi mais avançado foi na extracção mineira, que exigia enormes capitais recolhidos em todas as camadas da população, e cuja direcção (— gestão) ficava nas mãos de técnicos. Os trabalhadores agrupavam-se e discutiam os salários e as condições de trabalho, usando a greve como meio de pressão.

Uma tendência para generalizar a várias regiões os problemas de trabalho, que levava, na Alemanha Central e na Renânia a unificar as regulamentações dos ofícios e a criar organismos inter-urbanos — ''Kreis'' (círculos) — é um prenúncio da ''internacionalização'' dos problemas da produção industrial.

A intervenção dos Estados, quer para favorecer o pré-capitalismo financeiro e comercial, quer numa linha prémercantilista — para favorecer um pré-capitalismo industrial, como foi intenção de Luís XI na França, prenuncia as preocupações dos Estados em face da evolução que levava a vida económica e das suas repercussões na vida política.

# III — DE MEADOS DO SÉCULO XV A MEADOS DO SÉCULO XVIII

## 1 — PORTUGAL À CABEÇA DA MUDANÇA DA ECONOMIA EUROPEIA

O pré-capitalismo medieval tendia a evoluir para uma transformação estrutural da sociedade europeia que pode sintetizar-se, como o fez Wallenstein, por "uma nova forma de apropriação do excedente" da produção. Esta apropriação não seria já *directa* da produção agrícola, sob a forma de tributos (como na economia de impérios) nem sob a forma de rendas feudais; começava a apropriação de um excedente baseado em mais eficiente e ampla produtividade — quer na agricultura, quer na indústria — por meio dos *mecanismos de um mercado mundial*, com a assistência "artificial" dos aparelhos de Estado, sem que nenhum deles controlasse totalmente o mercado mundial ([1]).

Para que tal fosse possível, a economia europeia tinha de estender-se pelo contacto directo com outras economias-mundo e criar outros sistemas de produção, como também aparelhos de Estado capazes de suster as novas formas económicas e sociais.

O papel de Portugal foi então de primordial importância: na extensão geográfica da economia europeia, na descoberta do acesso directo a produtos de procura fundamental noutros continentes, na criação de novos processos de relação com a produção e na organização do Estado que se adaptasse às novas necessidades. Este papel poderia ter-lhe oferecido a hegemonia da transformação económica e social da Europa. Assim não aconteceu e Portugal teve de servir apenas de intermediário ocasional.

---

([1]) WALLERSTEIN, Immanuel — o. c., pág. 53.

Em 1415 os Portugueses instalavam-se em Ceuta e começavam a controlar Gibraltar e todas as zonas ribeirinhas, europeias e africanas, de ligação do mediterrâneo com o Atlântico, a ocupar e explorar a costa africana, a explorar os meios técnicos que lhe permitissem aventurar-se aos oceanos. No final do século tinha aberto caminho para o Índico, possibilitado a descoberta da América por Colombo, a descoberta do Brasil, a instalação de numerosos postos estratégicos na costa africana e o monopólio dos mares do Atlântico Sul. Durante toda a primeira metade do século XVI terá também o monopólio dos mares do Índico e chegará até ao Pacífico.

Para quê tão aventurosa e custosa expansão de um país que não era uma grande potência?

Alguns dos produtos explorados pelos portugueses na sua expansão eram os de maior procura europeia: ouro, calorias, energia.

O *ouro*, para base monetária da circulação dos tráficos, não só de produtos de consumo de luxo, como também de alimentos e fontes de energia. A Europa necessitava crescentemente de calorias e combustível. O aumento da produção de prata na Europa Central a partir de 1460 (após o bloqueio da produção das minas da Sérvia e da Bósnia, sob ocupação turca), que quintuplicou, a expansão pelas estepes russas procurando cereais e madeiras, já que grande parte das terras ocidentais, muito produtivas, se aplicavam à produção agrícola destinada à indústria, a procura de açúcar como fonte de calorias, substituto das gorduras, e para produção de álcool, a procura das especiarias e do sal, por causa da procura da carne, para sua conservação, a procura de peixe, das madeiras, dos corantes, de têxteis.

Ora a expansão portuguesa teve exactamente a preocupação de encontrar estes produtos.

As pescas estão na origem do seu desenvolvimento naval e da sua experiência dos mares, como da descoberta das ilhas. Estas tornaram-se em produtores de açúcar — como o Algarve —, de cereais, de pastel.

Ceuta era o caminho dos cereais, do ouro das caravanas africanas, da malagueta. As costas africanas davam acesso às pescarias, à malagueta e aos escravos (para acudir à escassez de mão de obra). O ouro foi encontrado na Mina (Ghana) em quantidade significativa (até 700 Kgs. anuais). O açúcar da Madeira invadiu a Europa. No século XVI serão as especiarias da Índia, sobretudo a pimenta e a canela, e o pau brasil, que entrarão no mercado europeu sem concorrência possível, enquanto a Espanha o invadira com o ouro e prata das Américas.

Esta expansão correspondia a uma procura efectiva do mercado e correspondia a necessidades sociais e políticas que minavam os Estados. Os nobres feudais viam reduzidas as rendas das suas terras e tinham de obter compensações: ou novas terras ou novas ocupações rentáveis, cargos públicos, militares e de administração colonial. A burguesia necessitava também de novos terrenos de produção altamente rentável nos mercados internacionais. Os capitais iniciais não faltavam, quer pelo empenhamento da Ordem Militar de Cristo, sob o comando do Infante D. Henrique, e posteriormente da própria coroa e de capitais genoveses.

A situação geográfica de Portugal era privilegiada, já que a sua costa era o natural ponto de partida e de chegada dos ventos que circulavam no Atlântico. Aos marinheiros portugueses só foi preciso, além da coragem e da perseverança, a teimosia da experiência e da descoberta dos meios técnicos para captar as rotas com maior rentabilidade: a caravela e a navegação astronómica.

Com eles a Europa abriu-se ([2]).

---

([2]) Para os temas deste capítulo devem ser leitura imprescindível: GODINHO, Vitorino Magalhães — A ECONOMIA DOS DESCOBRIMENTOS HENRIQUINOS, Lisboa, Sá da Costa, 1962; ainda: OS DESCOBRIMENTOS E A ECONOMIA MUNDIAL, em reedição na ed. Presença.

## 2 — ANTUÉRPIA, CAPITAL DO NOVO MUNDO ECONÓMICO (1500-1557)

Não foi Lisboa que se tornou na capital do novo mundo económico que os portugueses abriram. Foi Antuérpia. Antuérpia sucede a Veneza. Porque ([3]):

1) Em fins do século XV e princípios do século XVI, a expansão económica da Flandres sobe mais para norte, para o Brabante. Antuérpia fica mais central que Bruges, as suas águas são mais profundas. Simultâneamente os hanseáticos perdem terreno em favor de ingleses e holandeses, os barcos da Zelândia e da Holanda batem já em concorrência os da Hansa no Báltico. Ora o seu porto é a foz do Escalda — Antuérpia. Os ingleses fazem de Antuérpia um entreposto favorito para a sua indústria de têxteis ligeiros, ali tingidos e dali distribuídos pela Europa Central.

2) Antuérpia está assim, na foz do Escalda, em melhor posição de ligações com a Europa Central, onde começam a instalar-se os mercadores da Alemanha com os vinhos do Reno e sobretudo com o cobre e a prata que deram fortuna aos mercadores banqueiros de Augsbourg.

Entre eles estavam os Welser e sobretudo os Fugger.

3) Em 1501 chegam a Antuérpia os portugueses com o primeiro carregamento de pimenta e noz moscada trazidas directamente da Índia. Depois, com regularidade, os portugueses ali vão deixar as especiarias para o mercado europeu. Em 1508, D. Manuel, funda ali a *Feitoria de Flandres* que é uma sucursal da *Casa da Índia*. Isto é, Lisboa prescindia de se tornar o mercado obrigatório das especiarias. Poderia tê-lo feito? A verdade é que o

---

([3]) BRAUDEL — o. c., pág. 118-129.

grande mercado da pimenta e das especiarias era constituído pelas populações do norte e do centro da Europa e que se abastecia, através da *Fondasco dei Tedeschi*, em Veneza. Os que poderiam controlar esse mercado consumidor, pela distribuição, eram os que podiam abrir créditos aos retalhistas e os que poderiam participar nos investimentos iniciais. As viagens à Índia exigiam grossos capitais, por muito tempo imobilizados, não só com as embarcações, com o pessoal, com a compra de produtos para revenda, mas também em liquidez. Portugal não tinha estruturas financeiras para tanto. Em Antuérpia os mercadores alemães pagavam a pronto, encarregavam-se da distribuição e revenda. Assim foi quebrado rapidamente o monopólio de Veneza. O cobre e a prata foi-se desviando de Veneza para Lisboa, por Antuérpia.

Em 1502-1503, só 24% do cobre exportado pelos Fugger chegava a Antuérpia, em 1508-1509 a exportação subia a 49%. Em 1508 calcula-se que a prata que por Antuérpia vem para Lisboa atingia os 60.000 marcos. Os maiores comerciantes-banqueiros alemães aumentam os seus capitais: de 1488 a 1522 os Imof aumentam 8,7% cada ano, os Walser aumentam 9% entre 1502-1517, os Fugger aumentam 54,5%, entre 1511-1527. Simultâneamente banqueiros venezianos vão à falência, os Frescobaldi em 1518, os Gualterotti em 1523.

Apesar disso, Antuérpia não se converte em mercado de moeda, não se integra completamente nos circuitos de letras de câmbio e de créditos de todas as grandes praças europeias que os emitiam (Lião, Génova, Medina del Campo).

Entre 1521 e 1529, as guerras entre os Valois e os Habsbourg perturbarão o comércio internacional, e Antuérpia verá o seu incipiente mercado de moeda também perturbado. O mercado da pimenta e das especiarias deteriorou-se.

Dois novos acontecimentos intervieram: 1) com o declínio das minas de prata alemãs, desde 1535, começa a invadir a Europa o abundante metal monetário americano, através de Sevilha. É lá que Portugal tem de o procurar. 2) Veneza recompõe-se, entre 1530-1540 e pode comprar no Levante pimenta de melhor qualidade que a portuguesa, ainda que mais cara. Portugal não conseguira monopolizar o seu fornecimento à Europa.

Em 1549, Portugal fecha a sua Feitoria da Flandres.

4) Os Habsbourg, por Carlos V, (com o dinheiro dos Fugger por detrás) são senhores do Império, da Espanha, dos Países Baixos e até de parte da Itália. As despesas são enormes para qualquer das partes do seu domí-

nio. Moeda não falta. Ela entra em abundância, por Sevilha. Mas quem a domina? Os grandes banqueiros alemães que a adiantaram para a conquista do eleitorado imperial (1519), para as guerras dispendiosíssimas e permanentes, que teve de sustentar. Os Welser e os Fugger, cuja praça é Antuérpia, cujo mercado de moeda se construiu entre 1521-1535, e onde os empréstimos ao Imperador chegavam à taxa de 20%.

Além disso, para que a prata chegasse a Sevilha, a Espanha tinha de investir: madeiras (para construção), alcatrão, barcos, trigo, cevada, do Báltico e ainda produtos manufacturados dos Países Baixos, da Alemanha, para reexpedir para a América, em enormes quantidades. Em 1553 saem de Antuérpia para a Espanha e Portugal mais de 50.000 peças de tela. É de Antuérpia que tudo isso vem. A Espanha envia para lá a sua lã, sal, vinho, frutos secos, azeite, corantes, açúcar das Canárias. Mas só com a prata consegue equilibrar a balança de pagamentos. Antuérpia absorve a prata americana. Entre 1535-1557 Antuérpia agiganta-se. Tinha entre 44-49 mil habitantes em 1500, terá mais de 100.000 antes de 1568. O seu luxo é notório, mas também o é a miséria. Uma distância social cava-se entre ricos, muito ricos, e pobres cada vez mais pobres, porque crescem preços e salários. As novas tarefas e novas procuras atraem gente, mão de obra não qualificada de proletários, que rompem as restrições das Corporações. Surgem manufacturas novas: refinação de açúcar e sal, fabrico de sabão, tinturarias, que empregam, com salários equivalentes apenas a 60% do de um operário especializado, trabalhadores sem qualificação.

A vocação industrial será até a que salvará Antuérpia de uma inesperada crise: a bancarrota de Espanha, em 1557, que arrasta os países do Império, e que vai desviar de Antuérpia o fluxo de prata de Sevilha. A Inglaterra, sob Isabel, entra em crise, que se agrava com a recuperação da Hansa, e desvia para Hamburgo o seu entreposto de têxteis em Antuérpia. Depois são as revoltas religiosas, a repressão espanhola, a guerra. As ligações com Espanha serão quebradas. Mas os capitais sem emprego no comércio, nem nos empréstimos públicos, aplicar-se-ão na produção industrial. A hegemonia de Antuérpia foi relativamente curta, mas estabeleceu no desenvolvimento das técnicas do negócio capitalista uma inovação importante:

Antuérpia durante o século XV nunca teve um banco onde os mercadores registassem os créditos e os débitos. Estes não poderiam, portanto, fazer empréstimos, vendendo uma letra sobre um correspondente noutra praça. Todavia tinham de encontrar um processo fluido de negociar sem numerário, com moeda fiduciária. Foi o que obteve com a prática de paga-

*89*

mento e de obtenção de crédito por *cédulas obrigatórias,* emitidas ao portador. Assim, se um negociante necessitasse de dinheiro, vendia uma célula assinada por si,a alguém que lha aceitasse. Este podia passar a célula a outrem a quem devia uma soma igual. Dívidas e créditos iam assim circulando na praça até se anularem, isto é, quando a cédula assinada por um comerciante devedor, voltava a este como meio de pagamento. Com a vantagem de resolver facilmente o problema da taxa de desconto, isto é, do aluguer do dinheiro: a compra ou a venda de uma cédula não era efectuada segundo o montante inscrito na cédula, mas segundo o montante acordado entre comprador e vendedor. Evidentemente a cédula valia mais, no final da sua carreira. Este sistema teve curso em várias praças, tais como Rouen, Lisboa e Londres.

## 3 — GÉNOVA A SUCESSORA DE ANTUÉRPIA (1557-1627)

Génova é uma cidade congenitalmente vivendo dos outros. A sua situação geográfica está na origem do facto, e a história demonstra-o: Génova navega para os outros, fabrica para os outros, investe em casa dos outros. Sobretudo investe. Aventura e risco calculado são a sua experiência secular. Famosa pelos seus banqueiros desde o século XIII, viveu sempre aos sobressaltos das crises monetárias internacionais. Frágil portanto. Também politicamente frágil, sem defesas, aberta, quer nos montes que a circundam, quer do mar. Pelos montes chegaram por vezes os exércitos dos grandes senhores, pelo mar os piratas de várias origens ([4]).

No entanto, a agressividade comercial e militar de Génova tudo superava. As suas galeras atiravam-se contra os muçulmanos e contra os seus rivais de Pisa e Veneza. Instalam-se em Constantinopla (1261), penetram à vontade no Mar Negro, antes dos Venezianos. Controlam a Sicília (1283) e aí triunfam com o Reino de Aragão. Dominam o rei e a nobreza com os empréstimos de dinheiro, e controlam um produto precioso da ilha, o trigo, com o qual obtêm dos muçulmanos o ouro, que do interior de África chega a Tunis e Tripolis. São os genoveses que iniciam a produção de açúcar na Sicília. A partir de Messina dominam o mercado da seda da Sicília e da Calábria.

A concorrência que Veneza lhe faz é feroz, mas os genoveses não cedem, penetram em toda a parte, são por vezes os pioneiros. Assim a partir de Chio exploram os alúmenes de Foceia e o tráfico do Mar Negro; são os

---

([4]) BRAUDEL, ib., págs. 130-144.

*91*

primeiros a atravessar Gibraltar e a levar as suas carracas até Inglaterra e Bruges. Durante os séculos XV e XVI perdem as posições orientais, mas logo se instalam na África do Norte, em Sevilha, em Lisboa, em Bruges. Acompanham os portugueses nas suas explorações atlânticas. Um dos seus, Cristóvão Colombo, chega à América.

Em 1557, são os genoveses que na bancarrota espanhola salvam Filipe II.

Praça mercantil e financeira de primeiro plano, só pela bancarrota espanhola ela hegemoniza a economia europeia. Mesmo assim, não é pelos seus navios, pelos seus marinheiros, pelos seus industriais, mas pelo seu dinheiro e pelo seu génio em o manipular.

O imperador Carlos V, desde 1528, solicitava empréstimos aos genoveses. Mas com a bancarrota de 1557 terminava o reinado dos Fugger e demais grandes banqueiros da Alemanha do Norte. Os genoveses ocupam-lhes o lugar no fornecimento regular de fundos, contando com as fontes irregulares das importações de prata e das prestações fiscais. A tarefa excedia algo as suas possibilidades, porque quer receitas quer despesas de Filipe II aumentavam incessantemente. Os genoveses mobilizavam para o Rei todos os depósitos de Espanha e de Itália (que atraíam). Os seus lucros eram consideráveis. Os secretários do rei calculavam-nos a 30% sobre o dinheiro emprestado, certamente com exagero. Menos de 10% não deveriam ser.

O importante era porém, muito para além das massas incalculáveis de dinheiro que Génova manipulava, o poder que lhe advinha — Génova arbitrava as fortunas da Europa — da capacidade de mobilizar o crédito. Como?

1) Controlava a prata que chegava a Sevilha pelos (''asientos'') contratos com Filipe II.

2) Controlando a sua venda, particularmente às cidades italianas que dominavam o comércio com o Levante: Veneza e Florença. Então abundam novamente as especiarias em Alep e no Cairo e o comércio da seda oriental anima-se.

3) Através desta prata, vendia, controlava os circuitos das letras de câmbio e do ouro. As cidades italianas pagavam a prata com letras de câmbio sobre as praças do Norte, onde a sua balança comercial lhes era favorável. Assim as letras de câmbio italianas transformavam-se em moeda de ouro pagável nos Países Baixos.

Este controle do ouro era básico. Em 1575 Filipe II pretendeu libertar-se dos genoveses. Não pôde. Eram eles que transferiam para Antuérpia o dinheiro de pagamentos aos soldados. Bloqueado o circuito pelos genoveses, as tropas não receberam os soldos, amotinaram-se e Antuérpia foi saqueada em 1576. O rei cedeu.

A força de Génova era a fortuna espanhola da América e a força do comércio e das indústrias italianas, cujos capitais eram conduzidos para as feiras de Besançon em Placência, onde por detrás das transacções estava a incomensurável rede dos banqueiros genoveses ([5]).

Este controle genovês das finanças espanholas e das finanças europeias terminou, porém, na sequência da bancarrota espanhola de 1627. Não porque se tornasse incapaz de suportar os riscos que representavam as finanças espanholas, mas provavelmente porque acharam mais prudente efectuar uma retirada estratégica, em face da conjuntura. A coroa espanhola estava em vias de se apoiar nos financeiros cristão-novos portugueses, directamente relacionados com os capitalistas holandeses. A prata espanhola vai tomar o caminho da Holanda.

Em 1627 Génova perdia a sua hegemonia sobre a economia europeia, sem daí resultar uma crise para sua própria economia, que se voltará de preferência para investimentos na produção industrial, em Génova mesmo, em Veneza e noutras regiões de Itália.

---

([5]) As *Feiras de Besançon* foram criadas em 1535 pelos grandes banqueiros genoveses na cidade imperial de Besaçon, para fazer concorrência às feiras de Lyon, a que Francisco I lhes impedia o acesso. Foram transferidas posteriormente para Placência, conservando todavia a designação oficial da sua origem. Consistiam em reuniões de algumas dezenas de grandes banqueiros e centenas de comerciantes e cambistas, que ali faziam, quatro vezes por ano, os encontros de contas do comércio internacional, e tratavam novos negócios. Foram prósperas enquanto os banqueiros genoveses dominaram as finanças europeias.

# 4 — O METAL MONETÁRIO E OS PREÇOS

## A — NOÇÕES

A propósito da economia europeia deste período levanta-se uma questão clássica: a da chamada "Revolução dos Preços" que teria como origem principal as injecções de metal monetário que representavam o ouro e a prata trazidos por Portugal e Espanha para o mercado europeu. Antes de fornecer alguns elementos sobre essa questão convém, acompanhando Pierre Vilar, examinar as noções de "preço" e as suas relações com o metal monetário [6].

A noção de preço é complexa e exige que se distingam os preços a curto prazo, a longo prazo, preço local, preço nacional e preço internacional.

O *preço de mercado* é o preço que um artigo tem num determinado momento, num determinado lugar, pelo simples jogo da oferta e da procura nesse lugar. Inevitavelmente é variável.

O estabelecimento de séries homogéneas de preços sobre vários anos permite-nos estabelecer uma média — ou seja *o preço médio* — à volta da qual oscila o preço do mercado. Este preço varia porém a longo prazo, manifestando uma *tendência* ("trend"), a qual pode depender de condições particulares do produto, por exemplo, das condições da sua produção. Se, por exemplo, na sua produção intervêm melhorias técnicas, que aumentam

---

[6] VILAR, Pierre — o. c., págs. 53-68.

a produtividade e diminuem os custos, os preços devem baixar ( = baixa tecnológica). Trata-se do "preço natural", "o valor".

Há porém movimentos de preços que arrastam simultâneamente um conjunto de produtos, ou todos os produtos, sem depender das condições particulares de cada um.

Dependem então: 1) de variações na procura geral de todos os produtos (movimentos da população); 2) ou, sobretudo, do facto de os preços serem expressos em moeda. Um movimento geral e homogéneo de todos os preços, tem que ver com uma variação no valor da moeda.

Tratando-se de movimento de *preços nacionais* dependerá de particularidades da moeda nacional, se se tratar de movimentos de *preços mundiais*, dependerá daquilo que é comum a todas as moedas nacionais, da moeda-mercadoria com a qual se confrontam todas as moedas nacionais, no mercado internacional. É aqui que intervém a variação de valor do metal monetário precioso, o ouro ou a prata.

O problema do ouro é portanto o valor da variação relativa do valor do ouro e do valor das mercadorias no seu conjunto.

Assim a *conjuntura* ("conjunto das condições conjuntas") está muito ligada ao problema do ouro, na medida em que ela se exprime pelo movimento dos preços: abundância de ouro, raridade, circulação, descoberta, condições de produção, etc.

Todavia, a prata é por vezes um metal monetário mais importante que o ouro. Não poderá esquecer-se que os dois metais, num local ou à escala do mundo, se confrontam a uma determinada massa de mercadorias e em determinadas condições de mercado.

Daí que na análise da relação metal-monetário-preços, têm de ser precisadas: 1) as condições de produção e de difusão do metal monetário; 2) as condições de produção e de escoamento de mercadorias num determinado meio; 3) os pontos de contacto e locais de circulação em que o metal monetário se confronta com a mercadoria.

Um exemplo histórico: Earl J. Hamilton estudou o movimento dos preços e sua relação-ouro-e-prata nos reinos de Valência e Aragão, na Espanha do século XV. Recolheu todos os preços possíveis para estabelecer a sua média e estabeleceu índices, tomando por base a média de um período (entre 1421-1430) a que deu o valor 100: 1) índice de preços *nominais*, expressos em moeda local; 2) índices do *preço-prata*, calculando, segundo as mutações monetárias, o conteudo de prata das unidades locais; 3) índices do *preço-ouro*. Do conjunto resultou:

| Valência: | Preços Nominais | em Prata | Em Ouro |
|---|---|---|---|
| 1396-1400 | 104,6 | 110,1 | 112,7 |
| 1446-1450 | 102,5 | 102,5 | 95,6 |
| 1466-1470 | 94,5 | 91,5 | 85,1 |
| 1496-1500 | 89,2 | 86,7 | 67,0 |
| | | | |
| Aragão: | | | |
| 1440-1405 | 104,7 | — | 105,9 |
| 1446-1450 | 79,7 | — | 77,8 |
| 1466-1470 | 96,2 | — | 70,4 |
| 1496-1500 | 78,5 | — | 50,3 |

Estes números indicam que, no século XV, os homens se podiam dispôr de ouro compravam cada vez mais mercadorias, e que o ouro ia escasseando.


## B — O OURO ("DA MINA") PORTUGUÊS

Em 1471, o piloto Álvaro Esteves, ao serviço do monopólio que Fernão Gomes obtivera da Coroa Portuguesa, faz o primeiro "resgate" de ouro da "Mina".

Em 1481, agora já sob monopólio da Coroa, começa a construção do forte de S. Jorge da Mina, onde mensalmente aportará uma caravela para os tráficos que lhe permitirão regressar a Portugal com ouro fino:

Média anual, em Kgs., do ouro da Mina:

1504-1507 — 433,368
1511-1513 — 413,922
1517-1519 — 443,676
1519-1522 — 411,864
1543-1545 — 371,578

Mas, noutros pontos da costa africana, os portugueses recolhiam ouro por troca com os africanos, da Serra Leoa, da Gambia, do Senegal, da Mauritânia, de Marrocos. Calcula-se que em 1500 e 1520 o total das chegadas de ouro rondaria a média de 700 Kgs. anuais. Depois, até meados do século, a quantidade foi decrescendo.

A hegemonia da moeda portuguesa durante longos decénios foi clara. Desde a cunhagem dos primeiros *escudos* em 1436, e dos primeiros *cruzados*, em 1457, a moeda portuguesa manteve durante 80 anos o mesmo peso e o mesmo valor nominal. O *cruzado* contava 3,54 gramas de ouro fino.

Em 1519 os venezianos chamavam ao Rei de Portugal "il Re di l'oro". No entanto, era como "Rei da Pimenta" que ele começava a ser conhecido em toda a Europa. O ouro africano serviu sobretudo para o tráfico com o Oriente, que era prioritário.

### C — O OURO (AMERICANO) ESPANHOL ([7])

Na sequência da descoberta das Antilhas (1492) pelos espanhóis, começou a caça ao metal monetário. Os indígenas não usavam o ouro como moeda, mas como jóia. A captação deste ouro foi tarefa primordial. Pierre Chaunu calcula que em três anos os espanhóis captaram todo o ouro produzido pelos naturais antilhados durante mil anos.

Terminada esta colheita, numa segunda fase, foi necessário captar o ouro de aluvião. Os indígenas foram aí empregados como mão de obra, trabalhando de sol a sol, dizimando-se rapidamente a população, pelo desiquilíbrio da produção agrícola e portanto da produção de subsistência. As Ilhas de São Domingos, Porto Rico e Cuba ficaram em breve sem população indígena.

A partir de 1525, os espanhóis abandonarão a produção das ilhas, pela descoberta do ouro do México.

Hamilton calculou, entre 1503 e 1530, as seguintes quantidades de ouro chegado a Sevilha:

1503-1510   —   4.950 Kgs.
1511-1520   —   9.153
1521-1530   —   4.889

---

([7]) VILAR, ib., págs. 80-81.

O ouro espanhol com o ouro português, até 1530, não foi superior a 1.700 Kgs. anuais.

Poder-se-á dizer que tal quantidade terá modificado a conjuntura europeia? Parece ousadia afirmá-lo. Efectivamente, até aos primeiros anos do século XVI, os preços manifestaram tendência generalizada para a baixa. Só então se inverteu a tendência. Só na península ibérica o ouro influiu na tendência dos preços. No resto da Europa ele não teve mais importância que qualquer outro produto.

A conjuntura europeia foi preparada para grandes modificações, sobretudo por outros factores como a expansão (embora lenta) demográfica, pelo progresso nas explorações de minas de prata europeia, pelo avanço considerável das comunicações e das técnicas comerciais e financeiras, e pelo avanço na organização nacional das economias.

Em 1451 iniciaram os alemães a utilização de uma amálgama de mercúrio que permitia separar mais facilmente a prata do cobre. Até então nenhuma mina extraía mais de 10.000 marcos de prata anuais (2.300 Kgs.). Em 1530, oito minas ultrapassavam 50.000 marcos anuais ( = 92.000 Kgs.).

No entanto, o próprio facto da injecção de ouro africano e americano no mercado produziu uma baixa no valor do ouro em relação às mercadorias, isto é, uma subida geral de preços. A posterior injecção sucessiva de prata continuava essa subida. É o que se chamou a ''Revolução dos Preços''.

## D — A "REVOLUÇÃO DOS PREÇOS" E O OURO E PRATA DAS AMÉRICAS

Já desde o século XVI o facto foi objecto de discussões, à busca de uma interpretação teórica. Desde logo uma relação entre o aumento da massa monetária e a subida geral dos preços foi estabelecida e discutida.

O Conselheiro do Rei de França M. de Malestroict defendia, em 1566, que a baixa do valor do metal monetário se devia à permanente desvalorização que os príncipes operavam na moeda.

Logo em 1568 o grande humanista Jean Bodin publica uma "Resposta a M. de Malestroict", em que procura demonstrar o erro da tese daquele homem de estado. Concretiza com o preço das terras que em França, em 50 anos, teria triplicado, enquanto a desvalorização da moeda não se dera na mesma proporção. Servindo-se de vários exemplos da história, Jean Bodin explica que a maior abundância de ouro e prata provoca subida de preços. Onde indubitavelmente o problema foi visto com maior acuidade foi na própria Espanha, onde *chegava a prata do México e do Peru;* [8]

| Anos | Kgs. Ouro | Kgs. Prata |
|---|---|---|
| 1503-1510 | 4.965 | 0 |
| 1511-1520 | 9.153 | 0 |
| 1521-1530 | 4.889 | 148 |
| 1531-1540 | 14.466 | 86.193 |
| 1541-1550 | 24.957 | 177.573 |
| 1551-1560 | 42.620 | 303.121 |
| 1561-1570 | 11.530 | 942.858 |
| 1571-1580 | 9.429 | 1.118.592 |
| 1581-1590 | 12.101 | 2.103.027 |
| 1591-1600 | 19.451 | 2.707.626 |

[9]

Distinguem-se aqui 4 períodos: 1503-1530, o período do ouro; 1531-1560, em que a exploração da prata se inicia, mas em que o ouro se mantem a um nível importante, este crescendo de 72 e 70%, aquele crescendo

---

[8] Os grandes moralistas espanhóis da célebre Escola de Salamanca, em que ao lado de Francisco de Vitória (1492-1546) se destacaram Domingos Soto (1495-1566), Martinho Azpilcueta (1492-1586) o célebre Doutor Navarro, e Diego Covarrubias (1577), foram os primeiros intelectuais a formular observações e a propôr teorias sobre o movimento dos preços e sua correlação com o volume de metal monetário, além de serem também os primeiros a assentarem as bases jurídicas do «direitos das gentes» e da separação dos poderes civis e respectiva soberania em relação aos poderes religiosos. Marjorie Grace Hutchinson, na sua obra THE SCHOOL OF SALAMANCA (Oxford, 1952) mostra como, doze anos antes de Jean Bodin, o Doutor Navarro (professor em Coimbra de 1538 a 1555) expunha, ainda que rudimentarmente, a teoria quantitativa dos preços.

[9] VILAR, Pierre — ib., pág. 126.

102 e 70%; o terceiro período, 1561-1580, e o da queda do ouro e o da subida fulminante da prata; entre os anos 1581-1600, a supremacia completa da prata atinge o seu auge, com uma produção duas vezes e meia superior à dos dois decénios anteriores.

Mas é preciso ter em conta outros elementos, além da quantidade, para apreciar o valor dos metais monetários e sua influência nos preços. Assim, por exemplo, as *condições de produção*.

A relação do valor ouro-prata se é modificado não é na proporção das quantidades:

Até 1536 o ouro valia 10,11 vezes a prata,

de 1536 a 1565 valia 10,16,

de 1566 a 1608 valia 12,12.

Isto é, até 1560 o ouro representava mais de metade do valor importado, e depois de 1560 nunca representava menos de 8%.

O ouro americano, depois de esgotada a colheita das ilhas de São Domingos, Cuba, Porto Rico e Jamaica, foi procurado no Panamá e nas costas da Venezuela, com enormes despesas infrutíferas ou por vezes com resultados medíocres.

Uma segunda recolha de ouro vai processar-se no México, a partir de 1519 com o saque dos tesouros indígenas, seguido da exploração do ouro dos ribeiros, e também no Peru com a pilhagem do ouro dos incas, entre 1533-1535. Depois começa a ser mais custosa a produção pela exploração mineira, em Buritica (Colômbia) e no México. A mão de obra escrava encarecia, o seu enquadramento por europeus, o fornecimento de alimentação, vestuário, transportes, as instalações, utensílios, o pagamento de tributos, vão tornando cada vez mais custosa a produção do ouro. Esta aumentará, mas por muito mais elevado custo.

Entretanto, em meados do século, são descobertas as minas de prata, no México (Zacatecas, Guanajuato, Pachuca, Real del Monte, Sombrerete) e sobretudo a do ''Peru''. Os espanhóis chamavam Peru a toda a América do Sul. As minas de prata, principalmente as mais célebres, de Potosi, situavam-se nos planaltos andinos, entre a Cordilheira marítima, que domina o Pacífico, e a Cordilheira interior, na região correspondente à actual Bolívia.

Descobertas entre 1545-1546, estas minas criaram o que Pierre Chaunu chamou o ''ciclo real da prata'', porque tiveram a extraordinária vantagem de poder ser exploradas por tratamento com mercúrio, a relativo bom preço. Inicialmente o mercúrio vinha da mina de *Almaden* em Espanha

*101*

(controlada pelos Fugger para exploração da prata alemã) e posteriormente pela descoberta das enormes reservas de mercúrio em *Huancavelica*, a 1.500 kms. de Potosi, mas no próprio Peru. Por essa razão se compreende o salto brutal da produção da prata entre 1550 e 1580.

Sem a implantação deste processo técnico seria duvidoso o interesse financeiro das explorações. As extracções e a utilização de instrumentos técnicos implicavam tais custos materiais e sociais que só um alto rendimento os suportaria. Os custos sociais como a destruição de sociedades e culturas indígenas, a dizimação de populações, foram a ponto de um discípulo de Fr. Bártolomeu de las Casas, Fr. Domingo de São Tomé, escrever na época: "não é prata o que se envia para Espanha, mas suor e sangue dos índios". A maior parte desse metal monetário, quer pelas vias legais, quer pela fraude (mercado negro), quer pela pirataria, entrou no mercado europeu.

Como se compreende este mercado com entradas tão significativas?

Para o perceber é necessário atender:

1) Ao ritmo da sua influência nos preços.
2) À difusão da "revolução dos preços", isto é, ao momento em que ela se dá em cada zona económica.
3) Ao conjunto de várias causas que podem ter influído na "revolução dos preços".

Earl J. Hamilton quis verificar, estudando a correlação de subida de preços e de entrada de metal monetário em Espanha, a hipótese da teoria quantitativa da moeda, de que quanto mais moeda existe mais os preços sobem. Construiu assim um gráfico baseado nos dados estatísticos recolhidos, em que a sobreposição da curva dos preços à da chegada de metais monetários é impressionante. Sempre que se acelera a entrada de metais os preços sobem, quando aqueles desaceleram, estes estabilizam ou baixam [10].

Estaria assim provada a hipótese?·

As objecções são várias:

1) Hamilton dá os preços de Espanha e as chegadas de metal a Espanha. Mas a "revolução dos preços" é europeia. A relação preço/stock monetário seria válida para Espanha se todo esse

---

[10] VILAR, ib., pág. 92 — cf. HAMILTON, Earl J. — AMERICAN TREASURE AND THE PRICE REVOLUTION IN SPAIN (1500-1650), Cambridge, Massachussets, 1934.

metal permanecesse em Espanha; mas ele vai penetrar no mercado europeu e mundial e teria então de ser confrontado com os preços desse mercado.

2) Não se mediu a subida dos preços europeus, que é vária, conforme a reacção de cada zona económica e suas características. Numas a subida de preços terá excitado e dinamizado a economia, noutras bloqueou-a, como em Espanha.

Seria necessário confrontar com a massa monetária: a) a massa das mercadorias trocadas; b) o número de transacções realizadas por intermédio de moeda metálica — isto e, a velocidade de circulação da moeda; c) circuitos monetários não metálicos, como compensações contabilizadas, letras de câmbio, etc.; tudo isto num dado momento.

Por aqui se vê a complexidade que representa a interpretação do papel da moeda numa determinada economia.

Um raciocínio tal como: no século XVI a quantidade de metais preciosos duplicou, logo os preços duplicaram — raciocínio feito por Montesquieu — é simplista: a circulação do metal monetário no século XVI provavelmente foi multiplicada por 8 ou 10, enquanto que em Sevilha, lugar de chegada da moeda, ponto de maior sensibilidade à "revolução dos preços", estes só se multiplicaram por 4 [11].

3) Outras objecções de fundo foram formuladas pelos marxistas:

a) A maior parte da sociedade europeia, no século XVI, não vivia ainda dentro dos circuitos comerciais capitalistas. Enquanto nestes o objectivo é o dinheiro, e a mercadoria é o meio, nas sociedades précapitalistas o objectivo é a mercadoria, o dinheiro é apenas o meio (mercadoria-dinheiro-mercadoria). Daí que a relação entre os metais monetários e os preços deve estabelecer-se no pequeno círculo do grande comércio.

b) O valor do ouro e da prata dependem do seu custo de produção. A queda do custo de produção, e não a simples quantidade de metal, é que está na origem da subida dos preços. A análise realista deveria ser feita na origem da produção, confrontado o metal, como mercadoria, às demais mercadorias.

4) Outra objecção à apresentação de Hamilton refere-se ao ritmo da subida de preços. Hamilton apresenta a subida em termos absolutos e por

---

[11] VILAR, Pierre — ib., pág. 94.

gráficos de coordenadas aritméticas. Jordi Nadal mostra, por gráfico de coordenadas logarítmicas, erros de apreciação. Assim, pela apresentação de Hamilton concluir-se-ía que a "revolução dos preços" teria tido velocidade depois de 1550. A apresentação de J. Nadal mostra que a maior velocidade se deu antes de 1550 ([12]).

---

([12]) NADAL, JORDI — LA REVOLUTION DE LOS PRECIOS ESPAÑOLES EM EL SIGLO XVI. ESTADO ACTUAL DE LA CUESTION, HISPANIA, Madrid, Outubro-Dezembro, 1959, pp. 519-520.

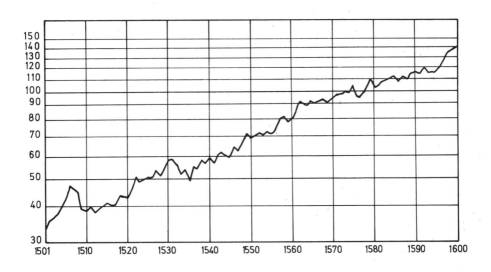

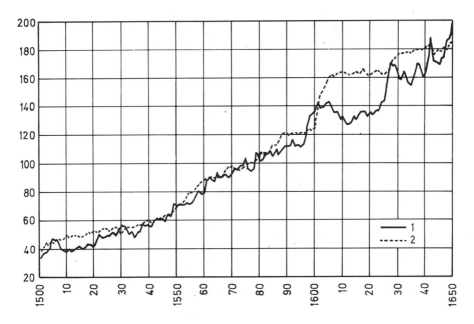

*Evolução dos Preços (1) e dos Salários (2) segundo HAMILTON.
Base 100 = 1570-1580 — Escala Aritmética.*

*Em cima: Evolução dos Preços segundo JORDI NADAL — Escala Logarítmica — Aqui
a evolução é mais rápida no princípio do século.*

# 5 — NOVA DIVISÃO EUROPEIA DO TRABALHO

O fenómeno da inflação secular que significa a "revolução dos preços" tem sido analisado em duas perspectivas de muito interesse:

1) A relação entre inflação e o processo de acumulação de capital.
2) A particular divisão europeia de trabalho ([13]).

O longo século XVI, a que nos vimos referindo, se foi um período de subida de preços, não o foi regularmente, nem o foi de igual modo em todas as zonas económicas europeias.

Com Pierre Chaunu podem considerar-se 4 períodos:

1504-1550 — subida estável.

1550-1562/63 — recessão relativa.

1562/63-1610 — expansão.

1610-1650 — recessão ([14]).

Se tivermos em conta três grandes áreas económicas europeias, como a área mediterrânica cristã, o noroeste europeu e a Europa oriental, encontramo-nos com três níveis de preços diferentes.

No início do século XVI essas três europas tinham uma relação de preços respectivamente de 100, 77 e 16. No final do século essa relação era de 100, 76 e 25. Uma diminuição da discrepância era visível, e foi-se acentuan-

---

([13]) Cf. WALLERSTEIN, Immanuel — o. c., págs. 93-183.

([14]) CHAUNU, Pierre — SEVILLE ET L'ATLANTIQUE (1504-1650), VII (2) LA CONJONCTURE (1502-1592), Paris, SEVPEN, 1959, pp. 14-25.

do ao longo dos séculos XVII e XVIII. A diferença entre o Mediterrâneo Cristão e a Europa Oriental de 6 para 1,desce a 4 para 1, em 1600, e chega a 2 para 1,em 1750. As grandes diferenças situavam-se pois entre as europas mediterrânica e oriental. Veremos que são a *"periferia"* da nascente economia-mundo europeia.

Mas a subida dos preços deve relacionar-se com outros factos:

a) *Decrescente produção agrícola*, em termos relativos. Grande parte dela foi destinada à indústria e à produção de gado cavalar. Os cereais passaram a vir predominantemente do Báltico, mais caros, pela aparente escassez, pelos transportes e pela intervenção de intermediários.

b) *Descida das taxas de juros*. Carlo M. Cipolla insiste neste aspecto. Enquanto nos finais da Idade Média a taxa de juros era da ordem de 4-5%, cresceu até 5,5%,entre 1520-1570, mas entre 1570-1620 baixou para uma média de 2%. O metal abundante tornou a moeda mais barata, mais fácil.

c) *Atraso na subida dos salários e das rendas*. Para Hamilton, em França e Inglaterra, os salários e as rendas não acompanharam as subidas dos preços, do que resultou superganâncias que constituíram, segundo ele, a fonte principal de acumulação de capital do século XVI. Esta posição de Hamilton tem sido muito contestada. Investigações mais recentes confirmam, para os salários reais, uma queda efectiva na Europa ocidental do século XVI (Inglaterra, França, Alsácia, Munster, Augusbourg, Valência, Viena, segundo Phelps-Brown y Hopkins). Esta queda deve-se a três factores estruturais que são consequência de traços de uma economia précapitalista não eliminados: 1) ilusão monetária e descontinuidade da demenda salarial; 2) fixação dos salários por costume, contrato ou por estatuto; 3) atrasos no pagamento.

A "ilusão monetária" é a incapacidade para perceber o gradual aumento inflacionário. Também a negociação do seu aumento era bastante intervalada. Muitos trabalhadores só recebiam ao ano. Os trabalhadores não tinham organizações de reinvindicação e de defesa.

Houve porém excepções: nas cidades do centro e norte de Itália e nas cidades flamengas. Aí os trabalhadores podiam resistir. Mas fizeram-se sentir as consequências: no século seguinte essas cidades decaíram como centros industriais, a favor da Holanda e da Inglaterra e, em parte, da França.

Estamos aqui, claramente, em face de mais uma manifestação de reacções de *centro* e *semi-periferia*. Em face deste centro excepcional eram as Américas e a Europa Oriental que funcionavam como "periferia" com trabalho fornecido em sistema esclavagista, ou semi-esclavagista, a baixo preço. A península ibérica, com a degradação dos seus trabalhadores, ia-se aproximando mais da Europa Oriental que do Centro. Neste, o ponto de referência pode ser a evolução do *salário real* de um operário inglês, medido pelo equivalente valor em kgs. de trigo, tal como a apresenta Slicher von Bath:

### SALÁRIO DE UM CARPINTEIRO INGLÊS

| | |
|---|---|
| 1251-1300 | 81,0 |
| 1301-1350 | 94,6 |
| 1351-1400 | 121,8 |
| 1401-1450 | 155,1 |
| 1451-1500 | 143,5 |
| 1501-1550 | 122,4 |
| 1551-1600 | 83,0 |
| 1601-1650 | 48,3 |
| 1651-1700 | 74,1 |
| 1701-1750 | 94,6 |
| 1751-1800 | 79,6 |
| 1801-1850 | 94,6 |

★ 1721-1745 = 100 ([15]).

O caso do trabalhador inglês pode servir de referência, porque é um caso de salários de uma semi-periferia em vias de transformar-se em centro, e de um tipo de salários que se expandia, na medida em que já significava um terço da população, que em meados do século XVI ([16]) já não tinha acesso directo à produção agrícola. A contracção dos seus salários reais deve-se sobretudo à *modificação dos termos de troca* entre os produtos agrícolas e os produtos industriais.

Em resumo, pode dizer-se: a inflação operou uma *redistribuição de receitas*, segundo taxas que variavam conforme a posição dos países.

A situação óptima para os investidores seria a de ter acesso aos benefícios de salários baixos nas zonas de periferia, e ainda a benefícios adicionais procedentes de salários médios, na sua própria zona. Foi a situação que

---

([15]) VAN BATH, Slicher — AGRARIAN HISTORY OF WESTERN EUROPE, a. D. 500-1850, New York, 1963, pág. 327 (trad. espanhola) — Historia Agraria da Europa Occidental, Barcelona, Peninsula, 1974).

([16]) HOPKINS, Sheila V. — ECONOMIA, XXXV, 1956, pág. 298.

favoreceu a Holanda e a Inglaterra. Salários altos, caso de Veneza, reduzidas margens de lucros. Salários demasiado baixos, caso da Península Ibérica, reduzia o mercado para novas indústrias.

Assim se foi criando, a nível de toda a Europa, uma Economia-Mundo, de tipo universal, estruturada com as respectivas divisões internacionais de trabalho, quanto à produção industrial, à produção agrícola, com especializações respectivas, com diferentes formas de controle e diferentes formas de organização política.

Assim, dentro desta Economia-Mundo, vários tipos de trabalhadores e vários sistemas de organização do trabalho conviviam em correspondência com diferentes tipos de produçaõ, distribuídos por distintas zonas, numa estruturação geral em que a rentabilidade era o objectivo fundamental.

Aqueles produtos, que não exigem mais que quantidade de mão de obra — sem qualificação —, e cuja rentabilidade reside também na quantidade de produção, ainda que de diminuta rentabilidade por cabeça, são produtos destinados à camada mais baixa das populações, *os escravos,* quando as condições sociais e políticas permitem obter, pela escravidão, mão de obra tão barata. Tais condições existem, no século XVI, na produção de açúcar, com trabalhadores africanos, em zonas periféricas.

Aqueles produtos que exigiam já uma certa produção qualificada — produção de cereais, de gado, extracção mineira — teriam de ser produzidos em condições de trabalho cujo controle fosse menos oneroso e mais compensador, como o *sistema servil* de ''tipo feudal''. Isto aconteceu com os trabalhadores da Europa Oriental e América Espanhola.

Este tipo de sistema servil era diferente do trabalho servil medieval, porque era presidido por um objectivo económico diferente: o da produção em quantidade para um mercado, não meramente local e regional, mas agora mundial, integrado num sistema estruturado.

A ''segunda servidão'' (porque tardia e repressiva em face da evolução havida no século XV) dos países a leste do Elba é de origem capitalista e não já do sistema feudal.

Durante os séculos XII-XIV, na Europa Oriental (Polónia, Boémia, Silésia, Hungria, Lituânia), um processo de concessões aos camponeses e de transformação das prestações feudais, operou-se como na Europa Ocidental. Mas enquanto a Europa Ocidental pôde evoluir para o crescimento da produção industrial, dos mercados urbanos, e do capitalismo mercantil e financeiro, na Europa de Leste a falta de um poder centralizador permitiu um desenvolvimento do poder senhorial que se aproveitou, pela exploração predominante da terra e das populações, para obter rendimentos abundantes na satisfação do crescente mercado ocidental de produtos agrícolas. A Europa ocidental, conduzida pelos seus centros, via assim satisfeita a sua procura de cereais e matérias primas, diminuída a concorrência de produtos industriais e alargado o mercado destes.

A Europa Oriental passou a abastecer o ocidente de cereais, madeiras, depois lã, peles e cera.

"Em meados do século XVI o volume de grão exportado anualmente pelo porto de Gdansk era de 6 a 10 vezes superior à média dos anos 1490-92" [17].

Na América Espanhola, quer em actividades de produção agrícola extensiva, quer sobretudo de extracção mineral, sob controle do Estado, o sistema assemelhava-se, no essencial (com certa dose de trabalho escravo), ao sistema de trabalho da Europa de Leste.

No centro da Economia-Mundo, a Europa Ocidental, há que distinguir as semi-periferias e o centro. Naquelas, a agricultura passava a ser mais intensiva, mais especializada e o controle coercitivo do trabalho era realizado sobretudo pelos mecanismos do mercado, que aqui actuavam sobre os trabalhadores, enquanto na Periferia actuavam sobre os senhores.

O Centro desenvolvia a produção industrial, montava e alargava os aparelhos e mecanismos de transacções, libertava mão de obra do sector primário, que era orientado para a variedade e para a especialização, movimentava e distribuia as produções e os rendimentos.

O Centro conduzia a produção agrícola para uma combinação de lavradio e ganadaria, em unidades agrícolas de dimensão eficiente e à base de mão de obra livre. O que explica o grande movimento de "enclosures" e aumento de "yeomen" na Inglaterra.

O trabalho agrícola nas zonas de semi-periferia tendia para situações intermédias, o que explica a predominância de sistemas de produção por contrato, "arrendamento" ou "parceria" de variadas formas.

Da libertação de mão de obra que estes sistemas produziam e que correspondia também ao aumento das populações urbanas, parte era absorvida pelas novas tarefas dos sectores secundário e terciário, parte ficava na nova divisão do trabalho, como excedente de vagabundagem, condicionando sempre as subidas de salários, como reserva disponível de mão de obra.

---

[17] HELLEINER, Karl — CAMBRIGE ECONOMIC HISTORY OF EUROPE, IV, pp. 77-78.

A produção agrícola e a produção industrial estavam fundamentalmente dominadas pelo comerciante.

A produção agrícola para o mercado internacional exigia investimentos que não estavam ao alcance dos agricultores ou dos senhores da terra, pelo que lhes eram avançados pelo comerciante, que assim controlava, com antecedência, os preços. As mercadorias ficavam compradas antes da produção, a venda não era efectuada em mercado aberto, e o comprador escolhia o momento mais oportuno para a revenda.

Este sistema era já utilizado pelos mercadores hanseáticos na Idade Média, para com os pescadores do Báltico e para com os agricultores do interior da Europa Oriental. Também o utilizavam os genoveses em Espanha e Inglaterra, sobretudo no comércio da lã.

Agora generalizava-se, por efeito do grande mercado especializado internacional, dominado por um grupo restrito de comerciantes da Europa Ocidental, simultaneamente financeiros ou associados com financeiros, das principais cidades do centro.

Assim eliminavam, junto dos centros de produção, os intermediários indígenas, estabelecendo-se relações directas entre os financiadores e os aristocratas ou burgueses detentores da terra e da produção agrícola.

Eram também comerciantes que dominavam a produção industrial, porquanto rompendo os monopólios corporativos medievais e havendo-se em grande parte ruralizado, porque no mundo rural dispunham de farta mão de obra, pretendiam uma produção em grande quantidade para um mercado mais extenso, ganhando menos por unidade produzida, e mais no volume total. Obviamente era uma produção que não se destinava a um estreito grupo social.

Este tipo e sistema de produção já nos séculos XIV e XV aparecem na Inglaterra e na Itália.

Agora sem necessidade absoluta de situar-se no campo, porque a mão de obra disponível existe, quer no campo, quer junto das cidades, este sistema de produção, pelos grandes capitais de investimento que exige — compra das matérias primas, instalações, etc. — estava dominado pelos comerciantes-financeiros.

Os seus lucros provinham agora fundamentalmente do alargamento do mercado para produção macissa. O pagamento atrasado dos salários, a efectiva baixa de juros, ganhos a crédito contra o futuro (atraso dos custos do capital em relação aos preços), foram um conjunto de pequenos elementos que puderam produzir grandes lucros e estimular a produção industrial.

# 6 — A HEGEMONIA HOLANDESA — 1600-1775 TRANSIÇÃO PARA AS ECONOMIAS NACIONAIS

## A — AS PROVÍNCIAS-UNIDAS

O século XVII aparece no quadro do desenvolvimento da Economia-Mundo Europeia e criação de uma Economia Universal, em que as diversas Economias-Mundo começam a pulsar inter-ligadas, em que a nível europeu nascem verdadeiras economias nacionais sob um mesmo sistema económico-social "capitalista", sob a hegemonia dinâmica dos mercadores holandeses, que têm como centro a cidade de Amsterdam ([18]).

Explicar as origens e as bases da força adquirida por Amsterdam é fornecer os elementos de compreensão dos mecanismos económicos e sociais da estruturação do "capitalismo" à escala da Europa e do Mundo.

A Holanda, o que foi deve-o fundamentalmente ao mar.

Território diminuto — talvez cerca de metade de Portugal — cercado de água e inundado em três quartas partes do seu território, teve de aproveitar intensamente a terra que lhe coube, aonde logrou atrair uma população densa. Não podia produzir cereais, nem vinha, nem carneiros, dispôs da terra para prados, produzindo carnes e lacticíneos. Isto é, agro-pecuária para o mercado. Depois, o desenvolvimento das indústrias conduziu-a à produção agrícola de matéria prima industrial: linho, cânhamo, "colza", lúpulo, tabaco e plantas tintureiras.

Evidentemente, não importava todos os alimentos; um aproveitamento racional do pouco espaço disponível, com técnicas de rotações de culturas, utilização intensiva de adubos naturais, e dos dejectos citadinos (e a Holan-

---

([18]) BRAUDEL — ib., págs. 145-234.

da era no século XVI a região da Europa de maior densidade populacional e mais densamente urbana) permitiam-lhe superar qualquer zona da Europa em nível de produtividade.

O seu mundo rural estava essencialmente ligado ao mercado, de carnes defumadas, de carnes salgadas, de produtos lácteos e de produtos destinados à indústria têxtil. Mundo rural onde o dinheiro corria abundante e onde os salários se aproximavam dos salários urbanos.

No século XVII metade das populações das Províncias Unidas (Holanda, Zelândia, Utrech, Gueldre, Overyssel, Frisia, Groninga) vivia em sistema urbano. Calcula-se em um milhão de habitantes a população total das Povíncias Unidas em 1500 (Portugal teria cerca de 1.200.000 habitantes), elevando-se para dois milhões em 1650 (Portugal teria então 1.400.000),data em que um milhão habitava em cidades (Portugal não teria mais de 300.000).

Durante os séculos XVI e XVII,grande parte desta população era emigrada, fugindo de guerras e perseguições religiosas, atraída pelos exércitos mercenarios holandeses, pelas suas frotas marítimas, pelos serviços das cidades, pela agricultura e pelas suas indústrias. A Alemanha e a Flandres eram as grandes fornecedoras desta mão de obra. Gente proletária, na sua maioria, mas também gente endinheirada, como eram mercadores e financeiros que fugiam de Antuérpia, protestantes fugidos da perseguição católica e marranos fugidos das inquisições ibéricas. Também técnicos de indústria textil vinham da Flandres e da Inglaterra.

Os marranos ibéricos, com o seu dinheiro, com o seu dinamismo e com a sua experiente penetração nos negócios ultramarinos de Espanha e Portugal, foram um grande trunfo da ascensão hegemónica de Amsterdam. Werner Sombart atribuiu-lhes até, exageradamente, a criação do capitalismo em Amsterdam [19].

Os mercadores fugidos de Antuérpia em Agosto de 1585, quando esta cidade caiu nas mãos de Alexandre Farnesio, vieram a constituir metade dos primeiros capitais do Banco de Amsterdam, em 1609.

Alemães, flamengos, walões, judeus, hugunotes, franceses, marranos portugueses, levaram às cidades tolerantes das Províncias Unidas um dina-

---

[19] SOMBART, Werner — DIE JUDEN UND DAS WIRTSCHAFTSLE-BEN, 1911, pág. 18, citada por Braudel, o. c., pág. 156 (nota 60 — pág. 557).

mismo, uma competência e uma experiência notáveis. Mas isso foi possível porque a própria Holanda lhes havia criado condições de atracção e eficácia.

As Províncias Unidas e as cidades governavam-se bastante autonomamente, em sistema de grande descentralização, particularmente a Província da Holanda, dominada pela sua capital, Amsterdam.

A cidade de Haia era a capital política, onde estava a sede dos Estados Gerais, constituídos por delegados das Províncias, e sede do Conselho de Estado, o órgão executivo geral. Mas o verdadeiro poder estava nas Províncias, que agiam soberanamente. Qualquer decisão importante tinha de ter aprovação dos Estados Provinciais. Os interesses das Províncias, particularmente os das províncias marítimas e os das províncias interiores, eram divergentes.

Holanda, (e a sua capital Amsterdam), detentora do poder económico, fornecedora de metade dos rendimentos do Estado, impunha em geral uma política provincial, descentralizada, em que os interesses dos negócios se sobrepunham aos demais, viu-se frequentemente em conflito com os Príncipes de Orange, que governavam como presidentes do Conselho do Estado, controlando as províncias interiores, com tendência para a centralização do poder e de instauração de um poder pessoal de tipo monárquico. A descentralização predominou, por entre épocas de crise e de lutas sangrentas.

Quer sob o domínio político de Holanda, quer sob o do Príncipe de Orange — em alternância conflituosa — o verdadeiro poder esteve sempre hegemonizado pela plutocracia de Holanda. A oligarquia dos burgueses de Holanda, que se vinha formando e crescendo desde a Idade Média, assegurou a primazia na guerra da independência (1572-1609), arruinando a nobreza e impondo uma classe política própria que dominará os aparelhos estatais das Províncias — os Regentes.

Os negócios são a prioridade da vida de Holanda. Nem problemas religiosos, nem sentimentos nacionalistas se lhes opõem.

Por critérios de lucro, é possível a companhia de negociantes holandeses contrariar rivais seus, favorecendo ou conluiando-se com estrangeiros, ingleses, dinamarqueses, suecos, franceses. Por critérios de lucro, vendem as armas aos portugueses, com as quais estes expulsarão os holandeses das costas africanas e brasileiras. Na guerra de Holanda contra a França, por critérios de lucro, não deixam de fornecer trigo às tropas francesas, sem o qual elas teriam de se render. Na guerra que lhes faz a Espanha, são barcos e mercadores holandeses que transportam o dinheiro espanhol de pagamento às tropas, sem o qual os exércitos se amotinariam.

*115*

O Estado tem de fechar os olhos, porque o interesse das Províncias é o interesse do seu comércio. "O comércio na Holanda é uma razão de Estado".

Que comércio?

Já nos referimos à produção agrícola para o mercado, que neste caso é predominantemente interno.

Teremos de nos referir adiante ao mercado exterior e suas características. Não podemos deixar de referir também a *produção industrial* que se desenvolverá junto de algumas cidades holandesas. Assim, em Leyde centralizaram-se os têxteis de lã, em Haarlem, os de seda e lavandarias, em Saardam a construção naval, o maior estaleiro do mundo, em Amsterdam, quase todas as indústrias, estofos de lã, de seda, de ouro, de prata, marroquinaria, refinarias de açúcar, indústrias químicas, etc.. As tinturarias holandesas alcançaram uma técnica que os ingleses não puderam superar, e era para a Holanda que estes enviavam os têxteis em cru, para ali serem acabados e tintos.

Mas a grande vitória económica da Holanda foi obtida pelo mar.


## B — AS PROVÍNCIAS UNIDAS E O MAR

Cercadas e inundadas pelo mar, as Províncias Unidas teriam de encontrar no mar o caminho da subsistência e do seu desenvolvimento.

Primeiramente através da pesca e do aproveitamento da pesca para o mercado. Pode dizer-se que a pesca era a "indústria nacional" holandesa. Nos mares do Norte, seus vizinhos, a pequena pesca de subsistência, nos mais afastados mares da Islândia e do Dogger Bank a pesca do arenque e do bacalhau. Finalmente a pesca da baleia.

Era a pesca do arenque a mais importante. Na primeira metade do século XVII, 1.500 barcos, com uma tripulação de 12.000 pescadores para umas 300.000 toneladas de arenque, que era preparado, salgado, e embarricado nos próprios barcos, representavam um sector económico muito importante. Arrastavam outro sector que era o da produção e comercialização do sal. Vão intervir nos circuitos entre o Báltico e o Atlântico.

A pesca da baleia era também importante. Em 1697, 128 barcos a ela se destinava, pescando 1.255 baleias com um lucro total de 2.495.000 florins.

Só na última parte do século XVII o rendimento das pescas holandesas sofreu uma quebra de 2/3, em consequência da redução dos lucros, por subidas de preços e salários e variada concorrência de pesqueiros ingleses, franceses, noruegueses e dinamarqueses.

Mas a grandeza económica da Holanda adveio-lhe sobretudo da imensa capacidade de tráfico que obteve com uma frota naval que equivalia, no século XVII, ao conjunto de todas as frotas europeias. Calcula-se que teria umas 6.000 unidades, que, calculadas a uma média de 100 toneladas por unidade, e a 8 homens, como média de equipagem, representava uma capacidade de 600.000 toneladas e um conjunto de 48.000 marinheiros.

Com os "Vlieboot", barcos bojudos, invenção dos seus estaleiros, comportando grande espaço e de manobra fácil com pouca equipagem, os holandeses não tinham concorrentes.

Os seus estaleiros navais eram também imbatíveis, pelo preço e pela técnica. Exportavam-nos para os demais países europeus.

Tão grande frota só carecia de marinheiros em abundância. Importava-os. Em 1667, 3.000 marinheiros escoceses e ingleses serviam nela.

Desde o século XV que os navios holandeses penetram no Báltico, levando peixe e sal para o mercado tradicional hanseático. A concorrência aumentará durante o século XVI. Em 1560, 70% do tráfico pesado do Báltico é controlado já por Amsterdam, porque entretanto os holandeses haviam conquistado os tráficos do Sul. Cronicamente carenciados de cereais, e mais ainda durante os séculos XVI e XVII, genoveses, portugueses e espanhóis solicitavam-nos do Báltico. Amsterdam recebi-os e redistribuía--os. Mas não eram apenas os cereais, eram artefactos industriais, da indústria naval e marinharia, têxteis, etc. Em meados do século XVI, cinco sextos das mercadorias trocadas entre o norte e a península ibérica era transportado por holandeses. À península ibérica vinham buscar sal, lã, vinho, azcite c, mais que tudo, prata, a prata de Sevilha.

Nem as inimizades e guerras puderam quebrar a complementaridade das zonas.

O Báltico e a Península Ibérica estão na origem do êxito hegemónico de Amsterdam.

Quando, no último quartel do século XVI, os genoveses começam a recusar-se a adiantar capitais para as expedições espanholas à América,e se limitam a fazer empréstimos ao Rei, os holandeses substituem-nos, fornecendo mercadorias a serem pagas pela prata do regresso. Lentamente passam a controlar o comércio da "Carrera de Indias" que legalmente era reservado a espanhóis. Com a prata espanhola, os holandeses impõem-se nos mercados do Norte.

Quando em 1627 o Conde Duque de Olivares se vê livre dos banqueiros genoveses, e estes se afastam para negócios de menor risco e de mais curto alcance, é porque o eixo da economia-mundo europeia está definitivamente deslocado para o centro-norte, por agora situado à volta de Amsterdam. Incluindo a manipulação dos meios de crédito e pagamento. Os financeiros marranos portugueses, a que Olivares recorre, giram à volta da praça de Amsterdam.

Mas a marcha dos mercadores holandeses e seus navios vai mais longe, atravessa a Europa em vários sentidos, desce o Atlântico e cruza todos os mares.

Na Europa, desce o vale do Reno, instala-se nas mais importantes feiras alemãs, como Frankfurt e Leipzig. Domina a produção agrícola dos países do leste, que conduzirá para os mercados ocidentais, domina também os mercados escandinavos. No sul, penetra no Mediterrâneo, aonde leva os produtos do norte e onde concorrencia, em cabotagem, com os mercadores italianos, chegando até às Escalas do Levante e a Istambul, que haviam sido, durante séculos, o monopólio das cidades italianas.

Em meados do século XVII a Europa mediterrânica perdia definitivamente o seu lugar entre as economias mais avançadas, criando uma realidade nova: o sul da Europa empobrece, enquanto o norte se enriquece.

O império mercantil holandês não pode, porém, confinar-se na Europa. Vai atacar os tráficos dos novos continentes. Não consegue implantar-se, nem em África, nem nas Américas, mas dominará, durante um século, nos grandes mercados do Índico e do Pacífico.

Tudo começou no período da decadência portuguesa, quando Cornelius Houtman, em 1592, faz uma viagem à Índia, como espião em barco português. Em 1595, ele repartia, agora de Roterdam, comandando quatro navios, dirigindo-se a Banten (ilha de Java) na actual Indonésia.

Inicialmente os holandeses julgam poder comercializar sem ter de se confrontar com os portugueses. Para isso evitam a Índia. Mas a criação da Companhia das Índias Orientais, em 1602, reunindo todas as companhias privadas, imporia uma política agressiva, de tipo imperial. Em 1605 destruiu o principal centro português na Insulíndia — a fortaleza de Amboina, nas Molucas. Tentaram atacar Malaca sem resultado. A instalação dos holandeses não era fácil. Opunham-se-lhes portugueses, espanhóis, ingleses e um conjunto de mercadores turcos, arménios, javaneses, chineses, árabes, persas, etc.

Estrategicamente a conquista da Insulíndia era fundamental, porque articulava as linhas múltiplas de comércio da Índia, com a China e o Japão.

Em 1619 fundavam Batavia (Djacarta), e dali começaram a construir a sua enorme teia imperial. Nesse ano contactam o Japão, em 1624 chegam à Formosa. Em 1641 expulsam os portugueses de Malaca, em 1667 submetem a ilha de Sumatra, em 1669 submetem Macassar. Nunca, porém, desalojaram os portugueses de Macau. A compra da pimenta fina de Sumatra fazia-se por troca com panos da Índia. Os holandeses são obrigados a instalar-se lá: feitorias são ali criadas, mas só penetram no Bengala na segunda metade do século; então tomarão pé em Ceilão e em Cochim. Se podiam aprisionar algumas das grandes "carracas" portuguesas, os maiores barcos do mundo, com centenas de toneladas, e fáceis de tomar, porque lentas e pouco manejáveis para defesa, os holandeses, como os ingleses, não se coibiam de o fazer. Desde 1641 e a perda de Malaca, o comércio português com o Oriente paralisa.

O grande sucesso do império mercantil holandês no Oriente consistiu sobretudo em ter construído uma estrutura de trocas entre si dos variados mercados, das diferentes economias-mundo orientais, e entre estas e a economia-mundo europeia, com previsão e com disciplina.

As especiarias finas não eram só procuradas pelo mercado europeu. A Índia consumia duas vezes mais que a Europa. Para certos mercados orientais a pimenta servia de moeda. Na Sumatra trocam-na por algodões de Surate. Estes servem também para comprar ali ouro e cânfora. Ouro, prata, pedras preciosas e laca são também trocados por especiarias e algodões no Pegu. Escolhendo os mercados e logrando neles contratos de privilégio monopolista, os lucros podem ser enormes.

As ligações marítimas, utilização de sistemas de crédito local (financiadores japoneses e de Surate), busca local de metais monetários (ouro, prata, cobre), busca de situações de controle ou de privilégio monopolista, foram as armas eficazes dos holandeses. Frequentemente, também pelas armas, impunham sistemas de monocultura de especiarias: Em Ceilão, em Macassar (Celebes), em Cochim. A fixação autoritária de preços, a vigilância permanente dos tráficos e das quantidades, eram também instrumentos seus.

Uma tal política da Companhia das Índias Orientais, era onerosa. Exigiu luta constante contra rivais europeus (inclusivamente de capitais holandeses rivais) e contra a resistência indígena.

Para os fins do século XVII e durante o século XVIII, a Companhia das Índias Orientais holandesa entrava em decadência, e com ela decaía também o papel hegemónico de Amsterdam. Dispondo de um capital inicial de 6.500.000 florins (em acções de 3.000 florins e correspondendo a dez vezes o capital da Companhia Inglesa das Índias Orientais fundada em 1600), no seu começo, em 1602, a Companhia Holandesa (a V. O. C. = Vereenigde Oost-Indische Compagnie) obtinha, entre 1612 e 1645, lucros a uma média aproximada da 441.000 florins anuais. De 1674 a 1696, subia para 826.000. A descida começa logo. Em 1724 chega a 0 de benefícios e faz empréstimos para pagar dividendos aos accionistas. Em 1788 a sua dívida atinge os 100 milhões de florins.

O enorme êxito holandês no Oriente e Extremo Oriente não teve correspondência nas tentativas para conquistar posições no continente americano. Inicialmente com tentativas de pilhagem (Baía em 1604, São Salvador — a capital — em 1625, Recife e Olinda em 1630). Mas os ataques holandeses só atingem a costa brasileira, não penetram no interior, onde os portugueses tinham criado colónias. Os barcos portugueses escapavam-se aos pesados barcos holandeses. Sem uma estrutura colonial, não era possível montar uma superestrutura comercial. Era também necessário ter acesso à mão de obra escrava africana. De 1641 a 1647 apoderam-se de Luanda, em Angola. Todavia são permanentemente acossados do interior brasileiro, desalojados da costa africana, incapazes de prejudicar seriamente as estáveis colónias espanholas. A Companhia das Índias Ocidentais holandesas não tem sucesso na América. Em 1661 já os portugueses tinham recuperado todas as suas posições brasileiras. Os holandeses limitar-se-ão ao Coraçao e Surinam, cedidas pelos ingleses, onde irão explorar a produção de açúcar e revenda de escravos.

### C — CONCENTRAÇÃO CAPITALISTA

A hegemonia de Amsterdam adveio-lhe, como vimos, da sua capacidade de centralizar os circuitos económicos das grandes economias-mundo do universo. A centralização dos circuitos implicava também *uma concentração* das mercadorias e dos meios para a sua compra, venda, para a sua atracção e para a sua distribuição. Todos os produtos do mercado internacional passavam por Amsterdam e ali estabeleciam "stock", o que se tornava anti-económico e encarecia os preços, mas nenhum mercado nacional tinha capacidade para lhe escapar.

Esta função de Entreposto e Redistribuição só foi possível porque Amsterdam pôde chamar a si o papel de operar os encontros de contas do mercado internacional. *A Banca de Amsterdam*, criada em 1609, era o entreposto dos negócios financeiros, a placa giratória das finanças europeias. Nessa função pouco inovava dos processos já conhecidos das Feiras Medievais, da Banca de Veneza e das Feiras de Besançon-Placência. Só que a Banca de Amsterdam alcançou um volume e uma velocidade na circulação monetária inimaginável antes, e à medida das novas dimensões universais do comércio europeu.

Tinha também suas particularidades específicas, a Banca de Amsterdam: 1) Recebe depósitos, mas não emite moeda. 2) As suas operações são quase só operações de escrita, utilizando uma moeda fictícia — "moeda de banca" — que corresponde à moeda corrente acrescida de uma taxa (em média 5%) para financiamento dos serviços. 3) Não fornece crédito. Todas as operações devem processar-se dentro dos limites dos depósitos efectuados pelos depositantes. Só para os fins do século XVII, certamente em concorrência e imitação da Banca da Inglaterra, começou a aplicar uma taxa sobre as operações, a fazer alguns avanços de créditos particulares e a fazer circular e a trocar notas de depósito por moeda ordinária.

A Banca de Amsterdam era pois uma Banca de Depósito, um estabilizador das relações das moedas internacionais e um suporte da função de Entreposto Universal que a economia holandesa desempenhava.

Tudo começou pelas perturbações monetárias do complexo mercado europeu aproveitado pela manipulação e especulação dos pequenos banqueiros, que pululavam. Para obviar ao problema, as Províncias Unidas criaram bancas oficiais municipais, que funcionassem como caixas gerais dos comerciantes.

A Banca Municipal de Amsterdam tornou-se no que se tornou pelo papel que desempenhava o mercado dessa cidade na Economia-Mundo europeia. Não só os depósitos dos seus próprios capitalistas — agricultores, industriais, comerciantes — como os fretes e os seguros dos serviços marítimos prestados em todas as rotas do mundo pelas frotas e marinheiros holandeses, pelos serviços de "comissão" ("comissão de compra" e "comissão de venda") que os holandeses prestavam aos comerciantes das mais diversas regiões do mundo, e dos serviços de aceitação das "letras de câmbio" de/e

*121*

sobre todas as praças da Europa, faziam fluir para Amsterdam a maior parte da liquidez europeia. A ausência de medidas mercantilistas de restrição à livre exportação de metais preciosos na Holanada (contrariamente à política económica das nações europeias da época) reforçava a confiança dos depositantes de moeda forte. A Banca de Amsterdam podia assim garantir no comércio internacional uma moeda de qualidade e segura, que mantinha uma relação regular entre as moedas circulantes e a "moeda de banco", instrumento de tráfico internacional.

Toda a espécie de capitais estrangeiros afluiam assim à Banca de Amsterdam. Nem as perturbações políticas os detinham, como no caso da guerra que Luís XIV moveu à Holanda (1672-1678), ou na subalternização política da Holanda à Inglaterra, quando Guilherme d'Orange subiu ao trono inglês, em 1688.

O declínio da Banca de Amsterdam só começará depois de 1730, mas a hegemonia económica holandesa só terminará no último quartel do século XVIII. A análise dos depósitos de capitais e da sua relação com os stoks de metais preciosos confirman-no:

| Anos | Depósitos-florins | Caixas-florins |
|---|---|---|
| 1610-1616 | — 1.000.000 | 1.000.000 |
| 1619-1625 | — 2.000.000 | 2.500.000 |
| 1616-1635 | — 4.000.000 | 3.500.000 |
| 1640 | — 8.000.000 | 5.800.000 |
| 1641 | — 8.000.000 | 8.300.000 |
| 1645 | — 11.288.000 | 11.841.000, |
| 1646-1685 | — oscilação 5.000.000 — | 9.000.000 |
| 1685 | — 7.000.000 | 6.000.000 |
| 1691 | — 13.500.000 | 12.700.000 |
| 1699-1700 | — 16.700.000 | 13.700.000 |
| 1721-1722 | — 28.000.000 | 26.000.000 |
| 1792 | — 23.000.000 | |
| 1820 | — 140.000 | |

# 7 — AS SEMIPERIFERIAS EM MOVIMENTO

## A — AO REDOR DO BÁLTICO [20]

Os países ao redor do Báltico, são muito diversificados. Alguns deles ainda no século XVII estavam fora da comunicação normal com o ocidente europeu: as regiões interiores, ou montanhosas, ou pantanosas, ou lacustres, ou florestais, escondiam uma população diminuta não atingida pela economia de mercado. É todo o Norrland e ainda zonas da Finlândia, da Lituânia e da Polónia.

Outras zonas interiores, porém, possuíam uma economia meramente agrícola mas já capaz de criar excedentes.

As regiões litorais eram as mais dinâmicas. Quer no litoral, quer no interior, algumas zonas conheciam já economias urbanas nascentes, algumas delas alargando-se de modo a constituirem verdadeiras economias territoriais — a Dinamarca, a Suécia, a Moscóvia, a Polónia e a Prússia — caminhando para se tornarem economias nacionais. Todo o tipo de economias possíveis na época ali existiam.

A Suécia, com 1.200.000 habitantes, num espaço superior a 400.000 Km², é uma economia territorial em formação. Havendo-se talhado um enorme império de 900.000 Km², que incluia a Finlândia, a Livónia, a Pomerânea, Macklembourg e os bispados de Brême e Verden, durante o século XVIII vai-se reduzindo às suas fronteiras actuais. Com uma organização política de tipo imperial, sob burocracia muito centralizada, ela não ti-

[20] BRAUDEL — ib., págs. 210-217.

nha ainda conquistado a autonomia económica, sobretudo, porque o Báltico, e consequentemente o comércio exterior, estiveram sempre monopolisa-
dos por outros. Pela Hansa até ao século XVI, pela Holanda do século XVI
aos fins do século XVIII. Estocolmo centralizava o comércio externo, mas
em direcção a Lubeck, e depois em direcção a Amsterdam. A sua frota, até
ao século XVIII, foi medíocre, de muito pequena tonelagem, para serviços
de cabotagem. Só em 1726 navios suecos se aventuravam a sair do Báltico.

A exploração económica da Suécia foi presidida directamente por mercadores holandeses que se instalaram e até se naturalizaram naquele país,
animando e controlando as principais produções: florestais e mineiras,
madeiras, pranchas para a construção civil e naval, alcatrão e resinas. A pequena distância da capital, no distrito mineiro de Bergslag, ricas jazidas de
ouro, prata, chumbo, zinco, cobre e ferro. O cobre e o ferro sobretudo originaram indústrias poderosas. Também elas, porém, dominadas por
Amsterdam.      Durante o século XVIII, aproveitando as guerras entre Holanda e
Inglaterra, a Suécia procura autonomizar-se, com uma política mercantilista, cria a sua frota e vai directamente aos postos ocidentais procurar o sal,
o vinho, os tecidos e os produtos coloniais. Desenvolve então para o mercado a sua indústria naval, e outras indústrias, mas não pode esqui-
var o controle de Amsterdam, pelos circuitos financeiros.

A Finlândia é menos acessível que a Suécia. O seu comércio exterior
refere-se à exportação de produtos florestais, particularmente do alcatrão, e
à importação de sal. São camponeses do seu interior que  vão a Estocolmo
fazer as transacções, mas em Estocolmo são mercadores alemães que os
albergam, às ordens de Amsterdam, quem orienta as compras e vendas. Em
1648 uma Companhia de Alcatrão, criada em Estocolmo, vigia mais estreitamente os preços do sal e do alcatrão. Quando nos fins do século XVIII os
preços do centeio sobem mais que os de alcatrão, o camponês da Finlândia
não tem outro remédio: devastar a floresta e alargar as culturas. A sua
liberdade é estreita. Mas existe e é preservada pelo Estado Monárquico, porque o seu voto (aliás em conformidade com sistema idêntico na Suécia)
assegura na Dieta a contenção da força da nobreza.

Gdansk foi a cidade que melhor conservou o antigo poder da Liga
Hanseática. Muito povoada e rica, tornou-se a única porta de saída e entrada da Polónia. Todo o produto que do interior da Polónia — trigo
sobretudo — se dirige ao mercado exterior, e todo o produto que do exterior se dirige ao interior da Polónia, passa pelo monopólio privilegiado do
patriciado de Gdansk. Mas tal facto provém apenas de seu conluio com o

mercado de Amsterdam, que é o mercado distribuidor e fixador dos preços. Ao serem vencidos (durante os séculos XVI-XVII) pela frota holandesa no Báltico, os mercadores de Gdansk renunciaram à concorrência com os holandeses, e estes em compensação provocaram em Gdansk um surto de produção industrial.

Gdansk tinha em relação à Polónia uma posição semelhante à de Estocolmo em relação à Suécia e à Finlândia. Posição semelhante também a da cidade de Riga em relação a todo o seu hinterland de camponeses reduzidos a nova servidão. Com a diferença de que na Suécia e na Finlândia os camponeses eram livres e nunca haviam conhecido regime feudal. Curiosamente as actividades florestal e mineira não se coadunam com tal regime, ao contrário da produção cerealífera.

## B — A HOLANDA CONTRA A FRANÇA [21]

Durante o século XVII a economia francesa estava completamente dominada pela holandesa. Navios e mercadores holandeses enxameavam todos os portos franceses. Os produtos importados, trigo e têxteis, e os exportados, vinhos, aguardentes, sal etc. passavam pelas suas mãos. Os franceses não tinham capacidade de concorrência. Se algum navio francês quisesse aventurar-se a penetrar directamente no mercado de Amsterdam encontraria obstáculos sistemáticos. Se os mercadores pretendessem resistir, os holandeses tinham alternativas: vinhos portugueses e espanhóis, aguardentes catalãs, vinhos do Reno, sal de Setúbal e de Cádiz. As manufacturas francesas de luxo eram apreciadas, mas não insubstituíveis e era possível começar a produzi-las na Holanda. Em 1669 o embaixador de Luís XIV em Amsterdam ficou irritado ao constatar que o Governador usava um chapéu de castor de fabrico holandês. Os chapéus vinham sempre da produção francesa.

Nem Luís XIV, nem Colbert, nem seus sucessores conseguem levantar obstáculos ao poder e à habilidade dos holandeses. Fechar-lhes as portas, e as fronteiras, perturbar-lhes a pesca, perturbar-lhes o comércio privado (era impossível tocar no público das Grandes Companhias das Índias) não

---

[21] BRAUDEL, ib., págs. 217-220 e 269-286.

*125*

resultava. Os comerciantes franceses não eram senão agentes, comissários, de comerciantes estrangeiros. Os holandeses estavam por detrás. O dinheiro francês desaguava em Amsterdam.

Só depois de 1720 a França começa a criar os seus capitalistas independentes. Nessa altura um conjunto de factores, que vêm facetando o espaço francês, vão preparando, ao longo do século XVIII, uma modificação de posições da França e da Holanda no sistema económico europeu.

Esses factores relacionam-se de perto com a formação de verdadeiras *economias nacionais,* por detrás das quais estão a reestruturação centralizada das relações das economias rurais com as economias citadinas, a nível de regiões, e de uma reestruturação das regiões, com certa especialização e divisão de trabalho e tarefas, hierarquização e polarização das regiões em relação a um centro, onde o Estado unifica e dinamiza o conjunto.

A formação dos mercados nacionais ao longo do século XVIII (que tem sem dúvida os seus genes em evolução lenta desde a Idade Média) e do século XIX, nas várias zonas da Europa, não é fruto de meros mecanismos económicos, mas é devida a reacções mais profundas, canalizadas por mecanismos políticos, e em reacção a um conjunto económico mais vasto, no interior do qual se forma o mercado nacional. Os Estados vão-se formando com medidas que pretendem controlar os mecanismos económicos, que envolvem os espaços em que nascem, e que os ultrapassam.

Foi ao longo dos séculos XVIII e XIX que os mercados nacionais se foram formando, criando realidades novas de espaços político-económicos diferenciados, de relativa autonomia, talvez como necessidade da própria estruturação da economia-mundo europeia, enquanto se ia tornando a animadora e transformadora das economias-mundo de todo o universo, a caminho da criação de uma economia-universal.

Nesta transformação, a França ocupará uma posição destacada, porque ao longo do século XVIII (e na sequência de uma posição política que desde Francisco I pretende hegemonizar as estruturas políticas europeias, reforçada sob Luís XIV (1643-1715), que pretendeu desempenhar na Europa o antigo papel imperial dos Habsbourg) estrutura as suas regiões e cria condições para uma unidade económica nacional de peso.

A França era constituída por regiões que constituíam espaços relativamente autónomas, bastando-se a si próprios e estabelecendo por si próprios as relações com o exterior, geralmente parcas, à excepção daquelas regiões especializadas em produção para o mercado internacional. Ao longo do século XVIII essas regiões vão abrir-se à comunicação mútua. A abertura de estradas (40.000 Kms. no fim do século), o aproveitamento de 8.000 Kms. de rios navegáveis e de 1.000 Kms. de canais, sob a orientação da primeira Escola de Engenheiros de Pontes e Calçadas (1747), vão provocar a interligação dos mercados regionais e a sua hierarquização em relação aos mercados internacionais, criando especializações estruturadas, com seus comerciantes de poder económico em ascensão, com maior domínio sobre o espaço produtor, que se torna também maior espaço consumidor, acelerando as trocas, acrescendo o numerário, e o movimento do crédito e do investimento.

Paris, como capital cultural e política, concentradora dos dinheiros públicos e consumidora de grande parte dos mesmos, torna-se a capital económica, apagando a predominância e a bipolarização de Lyon, grande praça comercial, industrial e financeira, mas sempre como intermediária das grandes capitais económicas mediterrânicas: Veneza, Florença, Génova. Lyon supera Paris como praça comercial. Em 1781 Paris não representa mais que um décimo do comércio de Lyon. Mas Paris torna-se o centro nacional do capitalismo financeiro, estreitamente ligado ao Estado, pela sua política mercantilista e depois pela sua economia de guerra, durante o reinado de Luís XIV.

Toda a primeira parte do século XVII, em França como em toda a Europa, foi de economia deflacionista. Baixa de preços, falta de numerário, desaceleração da circulação monetária e invasão dos mercados pela moeda fraca de cobre — ''bulhão'' —.

Neste período a França esforça-se por recuperar e sacudir o jugo económico holandês, sob a política mercantilista rígida de Colbert (1661-1683), desenvolvendo a produção industrial e as exportações, refreando as importações e reduzindo as despesas públicas. Assim conseguiu uma notável estabilidade. Mas no restante do século XVII e no primeiro quartel do séc. XVIII (1689-1715), pelas sucessivas guerras em que a França se enlia — Liga de Augsbourg (1689-1697) e Guerra da Sucessão de Espanha (1702-1714) —, criam-se constantes tendências inflacionárias, forte endividamento do Estado, circulação multiplicada de papéis de crédito e naturalmente modificações na relação entre a moeda circulante francesa e a moeda internacional.

É neste contexto que são feitas várias diligências por banqueiros como Samuel Bernard (credores do Estado, obtendo liquidez para a economia de guerra, através do comércio, isto é, dos financiadores holandeses e outros) junto de Luís XIV, para que criasse uma Banca Real, que tomaria a seu cargo a dívida pública, que regularia as compensações às praças comerciais, concederia créditos sobre títulos e sobre papel-moeda. Sem êxito. A burocracia pública e os comerciantes não confiavam nos novos instrumentos financeiros, apesar da fama que já tinha a Banca de Inglaterra.

À morte de Luís XIV, a regência de Filipe de Orleães, sob o peso da eenorme dívida pública, dá ouvidos aos projectos do financeiro escocês *John Law* para constituir uma Banca Geral, servindo de cúpula ao sistema de finanças públicas e ao monopólio sobre todo o comércio exterior e colonial (2 de Maio 1716). Inicialmente era uma Banca privada, mas em 1718 tornou-se Banca do Estado. Os princípios foram de retumbante sucesso. As acções valorizavam-se a um ritmo excessivo (de 500 libras para 18.000 em 4 anos). A especulação mostrou a debilidade do sistema. Um pânico generalizado deixou a Banca sem capacidade de satisfazer os seus credores. Durante 50 anos a França resistiu à criação de qualquer organização do crédito público e das formas mobiliárias da fortuna. Até 1776, quando se criou a Caixa de Desconto.

As consequências não foram todas negativas. As perdas sofridas pelos especuladores, que não se apressaram a realizar o valor das suas acções, provocaram na burguesia francesa uma procura da terra e de investimentos na terra com resultados na produção agrícola. Também a baixa da taxa de juros favoreceu todos os devedores, criando libertação de hipotecas, reembolso de dívidas, alívio das anuidades que pesavam sobre a produção agrícola. A agricultura beneficiou. A Companhia das Índias, criada por Law, constituiu o maior êxito: impulso ao comércio colonial nas Antilhas e no Canadá sobretudo, reconstituição da frota comercial e crescimento dos portos atlânticos [22].

## C — A INGLATERRA CONTRA A HOLANDA [23]

A resistência mais poderosa à hegemonia holandesa proveio da Inglaterra. Os Actos de Navegação de Cromwell, em 1651, de Carlos II, em 1660, e as guerras violentas (1652-1654; 1665-1667; 1672-1674; 1782-

---

[22] VILAR, Pierre — ib., págs. 297-301.
[23] BRAUDEL — ib., págs. 220-222.

-1783), ao mesmo tempo que procuravam proteger a produção inglesa e a sua comercialização, procuravam criar obstáculos e destruir materialmente a potência dos comerciantes holandeses. Estes resistiam: as suas filiais na Inglaterra, as suas ligações com comerciantes ingleses, abriam brechas nos bloqueios. Os holandeses são grandes compradores dos produtos coloniais ingleses, que depois armazenam em Amsterdam e Rotterdam e reexportam para o interior europeu. Com o crédito e com as compras antecipadas, dominam.

Só depois de 1730 os papéis começaram a inverter-se. Os comerciantes holandeses dão-se conta de que se transformam em meros agentes de transportes marítimos e de expedições. Os capitais começam a afluir a Inglaterra. Os capitais holandeses para lá se dirigem, participando nos empréstimos do Estado Inglês, que lhes oferece segurança, e especulando nas acções das grandes companhias, Companhia das Índias, dos Mares do Sul e da Banca de Inglaterra. A colónia de negociantes ricos holandeses cresce, os holandeses deixam-se conquistar pelo mercado nacional inglês.

Desde meados do século XVI, quando a Inglaterra acabou de perder a última das regiões que ocupava no continente eutopeu (1558 — perda de Calais) começa a forjar a sua potência em conformidade com a sua realidade de ilha. Foi assim levada a valorizar o seu próprio solo, as suas florestas, os seus rios e os seus portos. A unificação dos vários países que a constituíam era também uma necessidade. A ruptura cultural e religiosa com Roma, reforçava a nova realidade nacional. A confiscação das terras da Igreja Católica foi um trunfo económico, a abertura dos oceanos, operada pelos portugueses, abriu-lhe o espaço à sua condição insular.

Todavia, desde o século XV que a indústria têxtil inglesa, agressiva nos mercados europeus, inseria nestes os mercadores ingleses. Eram, porém, mercadores estrangeiros — italianos, hanseáticos, holandeses — que efectivamente controlavam, pela manipulação monetária, a produção e a comercialização inglesa.

O nacionalismo inglês reagiu. Foram afastados os banqueiros italianos, foram retirados os privilégios aos hanseáticos, e em concorrência com Antuérpia, Gresham criou o Royal Exchange (1566-1568). A sua frota cresceu incessantemente, perseguindo, concorrenciando, os produtos coloniais de portugueses e espanhois.

Entre 1500 e 1550 as exportações de têxteis ingleses, em Londres, tiveram um aumento de 27%. A queda da produção italiana orientou a procura dos mercados alemães — através de Amsterdam — para a produção inglesa. A deterioração da libra esterlina, entre 1522-1550, favoreceu mais esta onda propícia de exportações. Outros sectores vieram a ser favorecidos, em consequência. Mais terras se destinam a pastos. Mais se difundiu pelos campos a produção industrial. Mais cresceu o número de comerciantes. Melhorou o nível de vida ([24]).

Em meados do século XVI, produziu-se um afrouxamento deste tipo de expansão: tinha-se recomposto a produção italiana, sofrera uma quebra o poder dos comerciantes alemães em Amsterdam, Antuérpia e os Países Baixos estavam em crise, a libra esterlina revaloriza-se. Os ''shortcloths'' vendiam-se com dificuldade.

Entretanto a Inglaterra abria-se para acolher numerosos artesãos, comerciantes, e financeiros, que perseguidos do continente, ou ameaçados pelas guerras religiosas e políticas, vinham da França e dos Países Baixos, trazendo cabedais e técnicas novas. A produção de têxteis orientou-se para a ''newdrapery'' dos emigrantes flamengos. Os franceses trouxeram sobretudo as indústrias da relojoaria e da seda. A relojoaria inglesa tornou-se a mais perfeita da Europa. A indústria das armas e a siderurgia foram outros sectores do desenvolvimento inglês do século XVI, que representavam, em certos aspectos, uma pequena revolução industrial.

A artilharia de então era produzida com bronze. A Inglaterra não possuía cobre, teve de lançar-se na produção de canhões de ferro, que embora inferiores em qualidade, eram mais baratos e sobretudo mais eficazes para a marinha e para o corso. Na marinha, a Inglaterra avantajou-se também neste período, em que destroçando a pesada Armada Invencível de Filipe II, mostrou e reforçou a nova situação de grande potência em que se estava tornando.

Ainda no campo das inovações industriais, algo de revolucionário ocorreu em Inglaterra, durante o século XVI: no domínio da energia.

A expansão inglesa do século XVI dizimou-lhe as florestas: no consumo doméstico, na construção de habitações, na progressiva construção naval e particularmente na produção de carvão para os altos fornos. Na subida generalizada dos preços, os índices da subida dos preços da lenha, durante o século XVII são extremamente reveladores:

---

([24]) CIPOLLA, C. M. — HISTORIA ECONOMICA DE LA EUROPA PREINDUSTRIAL — o. c., págs. 240-248.

| Índice dos preços na Inglaterra [25] entre 1560-1670 (1630 = 100) | | |
|---|---|---|
| Anos | Índice geral de preços | Índice do preço do carvão de lenha |
| 1560 | 46 | 60 |
| 1610 | 90 | 95 |
| 1620 | 87 | 100 |
| 1630 | 100 | 100 |
| 1640 | 106 | 135 |
| 1650 | 133 | 225 |
| 1660 | 121 | 220 |
| 1670 | 102 | 250 |

A solução para tão magno problema de falta de energia combustível foi encontrada na utilização do carvão-mineral. A transformação foi espectacular. De uma produção de 210.000 toneladas de carvão em 1550, passou a 1.500.000 toneladas em 1630 [26].

O carvão passou a ser o grande combustível da indústria vidreira, da indústria de cerveja, da refinação de açúcar, da secagem têxtil, da fabricação de tijolos e naturalmente das siderurgias.

O uso de carvão mineral, aumentando a capacidade de produção, conduziu ao aumento das dimensões das empresas, da concentração de mão de obra e da concentração de capitais ("factory system").

A produção de alumínio e as concentrações navais evidenciavam-se. Naturalmente o sector comercial acompanhou esta expansão. Do começo do século XVII ao começo do século XVIII o valor das exportações inglesas aumentou seis vezes. O valor das reexportações de produtos coloniais — começou também a ser significativo e intensificar-se-á ao longo do século XVIII. Em 1640 as reexportações significavam 3,5% das exportações totais. Nos fins do século já representavam 31%, e cerca de 1773, representavam perto de 37% [27].

---

[25] CIPOLLA, ib., pág. 244.
[26] Id. ib., p. 245.
[27] Id. ib., pág. 246.

| "Import-Export" inglês de 1500 a 1750 (Valor aproximado em milhões de libras esterlinas correntes) [28] | | | | |
|---|---|---|---|---|
| Anos | Exportação | Reexportação | Total | Importação |
| cerca de 1490 | 0,3 | | | O,3 |
| »   » 1600 | 1,0 | | | |
| »   » 1640 | 2,8 | 0,1 | 2,9 | |
| »   » 1660 | 3,2 | 0,9 | 4,1 | |
| »   » 1685 | | | 6,5 | |
| 1700 — 1709 | 4,5 | 1,7 | 6,2 | 4,7 |
| 1740 — 1749 | 6,5 | 3,6 | 10,1 | 7,3 |

### Distribuição Geográfica do Comércio Externo Britânico, de 1700 a 1797 [29]

| Importações de: | 1700-1701 | 1750-1751 | 1797-1798 |
|---|---|---|---|
| Europa | 66 | 55 | 43 |
| América do Norte | 6 | 11 | 7 |
| Índias Ocidentais | 14 | 19 | 25 |
| Índias Orientais e áfrica | 14 | 15 | 25 |
| Total | 100 | 100 | 100 |

| Reexportações para: | | | |
|---|---|---|---|
| Europa | 85 | 79 | 88 |
| América do Norte | 5 | 11 | 3 |
| Índias Ocidentais | 6 | 5 | 4 |
| Índias Orientais e África | 4 | 5 | 4 |
| Total | 100 | 100 | 100 |

| Exportações nacionais para: | | | |
|---|---|---|---|
| Europa | 85 | 77 | 30 |
| América do Norte | 6 | 11 | 32 |
| Índias Ocidentais | 5 | 5 | 25 |
| Índias Orientais e África | 4 | 7 | 13 |
| Total | 100 | 100 | 100 |

[28] CIPOLLA, ib., pág. 76.
[29] DEANE, Phillis — A REVOLUÇÃO INDUSTRIAL, Rio de Janeiro, Zahar ed. 1975, pág. 72.

O centro motor de toda esta espantosa transformação era Londres, cidade de 250.000 habitantes em meados do séc. XVI, com 450.000 um século depois, e com 600.000 em 1700. Nesta altura transforma-se na capital comercial do mundo, não já apenas da Europa.

| A Marinha Mercante Inglesa entre 1572-1686 ([30]) | | | |
|---|---|---|---|
| Anos | Tonelagem | Número de Barcos entre 100-200 toneladas | mais de 200 ton. |
| 1572 | 50.000 | 72 | 14 |
| 1577 | | 120 | 15 |
| 1582 | 67.000 | 155 | 18 |
| 1629 | 115.000 | 178 | 145 |
| 1686 | 340.000 | | |

Para C. M. Cipolla, os recursos internos que permitiram aos ingleses desenvolver o seu comércio exterior foram essencialmente: 1) o capital humano de marinheiros e comerciantes capazes e dispostos a todos os riscos; 2) o capital fixo em barcos, canhões e equipamentos portuário, etc.; 3) o capital circulante; 4) uma base organizativa sob a forma de organização creditícia, comercial e de seguros; 5) um governo profundamente sensível e inteligentemente favorável às aspirações da classe mercantil.

Por sua vez o comércio internacional: a) contribuiu para a expansão da procura das manufacturas inglesas; b) permitiu o acesso a matérias primas que ampliaram a gama dos produtos manufacturados dos ingleses e baixaram o respectivo preço; c) permitiu aos países "subdesenvolvidos" da época obter o poder de compra necessário à aquisição das mercadorias inglesas; d) permitiu a acumulação de capital que redundou em favor da agricultura e do sector manufactureiro; e) criou estímulos às actividades seguradoras e de transporte; f) ajudou a criar uma estrutura institucional e uma ética profissional que, uma vez implantadas, favoreceram também o desenvolvimento do comércio interior, das actividades manufactureiras e do investimento das poupanças; g) foi uma grande escola de empresários para todos os que directa ou indirectamente tomaram parte no tráfico internacional; h) favoreceu o desenvolvimento das grandes cidades.

---

([30]) CIPOLLA, ib., pág. 248.

Com o êxito alcançado, os ingleses tomaram consciência da sua força, que foi derivando para a agressividade e para a dominação. A teoria inglesa do "mare clausum", oposta à comum teoria do "mare librum", é disso expressão. As guerras de meados do século XVII impostas aos holandeses, visando quebrar-lhes a hegemonia económica, e as guerras navais contra Espanha e França em meados do século XVIII (1744-1747) asseguravam definitivamente para Inglaterra o domínio dos mares.

Fernand Braudel, ao explicar as razões da proeminência conseguida pela Inglaterra, dá um relevo particular ao papel desempenhado pela sua moeda, a libra esterlina, pela sua estabilidade, mantida desde a reforma monetária de 1560-1561, sob o reinado de Isabel e o saber técnico do seu financeiro Thomas Gresham ([31]).

Ante a escalada dos preços e a deterioração do esterlino no mercado externo, Gresham opta pela revalorização qualitativa da libra, segundo o padrão antigo (37-40 de prata pura), posto que havia caído em apenas 25% de metal fino para 75% de liga, e pela sua estabilização a todo o preço.

Ao longo do século XVII a estabilidade da libra foi posta à prova, por falta de metal e por queda das vendas industriais (em 1621), por crises surgidas da sua política de guerra (1689) e por crises agrícolas (em 1694). A tentação de consentir na quebra da libra quase se impunha. Mas os espíritos esclarecidos de *Thomas Mun* (em 1621) e de *John Locke* (em 1696) souberam convencer os políticos — contra todas as aparências — de que a conservação da estabilidade da libra era prioritária. Em 1689 a crise, na sequência da "Revolução Gloriosa" de 1688, da subida ao poder do holandês Guilherme d'Orange e das fortíssimas dívidas contraídas, junto de particulares, muitos já holandeses, parecia dever ser resoluta pela quebra de 20% da libra, segundo preconizava William Loundes, o secretário do Tesouro. John Locke, defendia acerrimamente que, à custa das finanças públicas, era de manter a paridade da libra, para garantir os direitos dos particulares credores do Estado, a validade dos contratos, etc.

O futuro deu-lhe razão. A efectiva revalorização da libra, a médio prazo, atraíu a Londres a prata europeia para ali ser revalorizada, na *Banca de Inglaterra*, criada em 1694.

Mas foi mais longe a intervenção de John Locke. A "ratio" ouro/prata foi também revalorizada, tornada superior à que vigorava na Holanda,

---

([31]) BRAUDEL — ib., págs. 305-312 — cf. também VILAR, ib., pág. 259-273.

*134*

(1 por 15,9 contra 1 por 15). O ouro afluiu a Londres e o fluxo será mais intenso, quando em 1717 a "ratio" subiu para 1/15,21. A Inglaterra, atraindo o ouro e exportando a prata, que ia para compras em todas as direcções (Países Baixos, Báltico, Rússia, Mediterrâneo, Índico, China, Etc.), iniciava o caminho que levaria ao estabelecimento do *sistema-ouro,* regulador dos mecanismos monetários. Nos finais do século XVIII assim era na prática, embora oficialmente a proclamação do padrão-ouro como moeda monetária só viesse a realizar-se em 1816.

Este papel desempenhou-o a Inglaterra, porque além de tudo o mais, tendo sob a sua influência e domínio o espaço económico português, desde meados do século XVII, vai atrair para si, com fluidez e a menor custo, a produção de ouro brasileiro, ao longo do século XVIII.

Finalmente, todo o êxito económico inglês, a estabilidade monetária e as perspectivas da sua revolução industrial, fazendo de Londres a capital financeira da Europa, leva-a a prescindir das moedas para pagamento. O crédito fácil, a multiplicação dos meios de pagamento, a alta velocidade da circulação monetária, conduzem à utilização generalizada do papel-moeda, da moeda puramente fiduciária. Algumas dificuldades, no fim do século XVIII, na sequência das guerras anti-napoleónicas, não abalaram o sistema fiduciário implantado.

## D — A DECADÊNCIA ECONÓMICA DE ESPANHA [32]

A afluência a Espanha do ouro e da prata das Américas e a expansão da procura poderiam haver estimulado o desenvolvimento económico do país. Assim não aconteceu, mostrando que a procura de bens, conquanto seja um elemento necessário ao desenvolvimento, não é suficiente.

Globalmente, sem destrinçar a distribuição diferenciada dos rendimentos pelas várias regiões e pelas distintas classes sociais do país, a Espanha enriqueceu enormemente ao longo do século XVI, e viu aumentado o seu peso económico e político na Europa, porque o ouro e a prata abriam-lhe as portas dos mercados e de todos os serviços. De alguma maneira, de limite extremo do mundo havia-se tornado no seu centro, segundo a expressão do seu teólogo Tomás de Mercado, quando em 1569 escrevia sobre Sevilha e seu comércio.

---

[32] CIPOLLA — ib., pág. 220-222.

*135*

Mas os estrangulamentos provocados nos mecanismos de produção — falta de trabalho especializado, depreciação cultural da actividade mercantil e artesanal, expansão da produção corporativa e seu sistema restritivo — não permitiam que à crescente procura correspondesse, em Espanha, a relativa oferta e relativo incremento dos factores de produção.

Desde meados do século XVI que a procura de toda a espécie de mercadorias por parte das colónias espanholas era tão volumosa que a legislação que impedia tráfico entre as colónias e mercadores estrangeiros era ludibriada. Em 1578, Jean Bodin assegurava que a Espanha dependia fortemente da França, para a obtenção de cereais, têxteis, papel, livros, produtos de carpintaria, etc.

Aliás, o facto não repugnava à mentalidade fidalga espanhola, que sentia orgulho em comprar o que outros tinham de produzir, orgulho de sentir que as outras nações trabalhavam para Espanha.

As cortes Espanholas, em 1588-1593, manifestaram uma consciência diversa ao declarar que seus reinos poderiam ser os mais ricos do mundo e acabavam por ser os mais pobres, porque serviam apenas de ponto de passagem do ouro e da prata para outros reinos inimigos. Efectivamente, a moeda ía permitir o desenvolvimento das zonas mais industriais de Itália, Inglaterra e Holanda.

Durante o século XVII, a afluência de metal monetário da América diminui drasticamente, quer porque diminui a produção mineira, quer porque as colónias se vão autonomizando, criando os seus próprios aparelhos de produção e de mercado, diminuindo as importações europeias. Os ataques holandeses contribuiram muito para esta nova situação.

Entretanto em Espanha, a riqueza fácil produziu emigração, depressão demográfica, abandono de produção agrícola não rentável, e expansão desmesurada do proletariado urbano. Multiplicaram-se conventos e escolas, cresceu a máquina administrativa, burocrática e clerical, subocupada. Os mecanismos de produção atrofiaram-se.

## E — A DECADÊNCIA ECONÓMICA DA ITÁLIA [33]

Só por acomodação se pode falar de Itália neste período. Ainda dividida em estados-cidades e zonas económicas distintas e rivais, se em algu-

---

[33] CIPOLLA, ib., pág. 222-231.

mas delas a decadência provinha do século XV, como são os casos de Bolonha e Pavia, Florença e Veneza conheceram grandes dificuldades na primeira metade do século XVI, mas recuperaram excelentemente na segunda metade do século.

Esta recuperação era efémera, porque realizada sobre sistemas e estruturas arcaicas, quando noutras zonas da Europa transformações na produção iriam dar-lhes trunfos concorrenciais.

Nas quatro primeiras décadas do século XVI, Florença baixou a sua população de 72.000 almas para 60.000, e o número das suas indústrias têxteis de 270 para 60, com uma quebra de produção de 25.000 peças anuais para apenas algumas centenas. Mas em 1572 já produzia 33.312 peças em uma centena de indústrias.

O brilhante papel desempenhado por Génova no século XVI é já conhecido.

Veneza, se ressentiu o aumento da produção têxtil em outros centros, soube recuperar os seus antigos tráficos do Levante e do Mediterrâneo.

A conjuntura favorável da economia europeia do século XVI, que permitiu a recuperação das cidades do centro-setentrional italiano, iludia porém a sua fraqueza, já bem manifesta no decorrer do século XVII. A organização corporativa italiana, fechada, evitando a concorrência interna, mantendo artificialmente salários altos, constituía uma estrutura produtiva rígida, que lhe diminuía a capacidade de exportar manufacturas e serviços.

Um conjunto de factores, durante os primeiros decénios do século XVII, modificaram a conjuntura económica europeia: depressão demográfica, baixa da produção agrícola, baixa de preços, baixa de importação de metal monetário, anemia das trocas comerciais, baixa da produção, conflitos sociais, guerras (1618-1648 Guerra dos Trinta Anos; 1618-1623, Guerra da Boémia e do Palatinado; 1630-1635, Guerra da Suécia; 1635-1648, Guerra da Suécia e da França; 1640, levantamento da Catalunha e de Portugal; 1648-1653 a Fronda; 1667-1668, Guerra de Luís XIV contra Espanha; 1672-1678, Guerra contra a Holanda; 1688-1697, Guerra contra o Palatinado; 1603-1686, ataques dos Turcos à Europa; 1701-1714, Guerra da Sucessão de Espanha).

Numa conjuntura tal as economias marginais entravam em colapso. A economia de Itália já era marginal.

Veneza, que produzia 35.000 peças têxteis anuais em fins do século XVI, só produzia 100 peças anuais um século depois. Génova arrecadava como taxas anuais de exportações umas 25.000 liras, em 1565; em fins do século XVII essas taxas não rendiam mais de 263 liras.

Os produtos italianos foram eliminados não só dos mercados externos mas também do seu próprio mercado interno. Em todos os centros e em todos os sectores. Os produtos manufacturados e os serviços de ingleses, holandeses e franceses eram oferecidos a mais baixo preço. Eram de menor qualidade, mais ligeiros, de cores vivas, mais em conformidade com um mais vasto mercado.

A queda da produção arrastou a queda dos investimentos manufactureiros, da construção naval e das organizações de crédito, e finalmente a fuga da produção artesanal para o meio rural ou semirural. A ruralização da Itália, a queda da sua burguesia (passou a ser motivo de discriminação social praticar actividades mercantis ou artesanais) e reascensão da nobreza fundiária, com regressão cultural (desaparecem as escolas médicas de Pádua e Bolonha), representam uma regressão económica e social da Itália, que é então relegada para a zona semiperiférica.

# 8 — AS CRISES DO SÉCULO XVII

Foi Eric S. Hobsbawn, quem, num estudo publicado em 1954, chamou a atenção para a Crise Geral da Economia e da sociedade europeia durante o século XVII, atribuindo-lhe um significado tão relevante como o da "última fase da transição global da economia feudal para a economia capitalista" ([34]).

Os historiadores em geral, ao analisarem as tendências dos preços e os movimentos da produção, constatavam descida, depressão, recuo, nos dados relativos à segunda metade do século XVII e primeira metade do século XVIII.

Immanuel Wallerstein retomou, mais recentemente, o estudo da importância da eventual Crise do século XVII. Ciente das questões teóricas que andam envolvidas na definição e caracterização de uma tal crise e do seu significado, procurou aflorá-las.

Antes de mais haverá que aclarar o conteúdo da expressão "Crise". Simples mudança cíclica? De longa ou curta duração? Não parece oferecer dúvidas aos historiadores a existência de inflexões conjunturais, mais ou menos acentuadas, em diversos sectores da vida económica, social e política europeia do século XVII.

A situação torna-se diferente quando "Crise" quer significar mutações estruturais de longa duração, indicando os "momentos históricos em que os mecanismos de compensação, que habitualmente actuam dentro de um sistema social, se mostrem tão ineficazes, do ponto de

---

[34] HOBSBAWN, Eric J. — THE CRISIS OF THE SEVENTEENTH CENTURY, in PAST AND PRESENT, 1954. Também in CRISIS IN EUROPE, 1560, Londres, T. Aston ed. 1956, pp. 5-58.

vista de um tão grande número de agentes sociais, que se torna necessária uma reestruturação de todo o sistema económico, e não apenas uma redistribuição das vantagens dentro do sistema'' ([35]).

Com este significado, a expressão ''Crise'' envolve-se na questão de saber se em Economia têm existência real as ''tendências seculares'', e como se repercutem nas estruturas políticas e culturais.

As respostas — e elas são variadas — a tais questões conduzem a visões globais da história europeia diversificadas e a cronologias díspares.

Assim, por exemplo, Shicher van Bath vê desde 1150 até cerca de 1850 uma única fase longa de ''crescimento agrícola indirecto'' ([36], em que os diferentes ciclos não são mais que sequências parciais. Para G. Imbert cada conjunto ascendente e descendente (A + B) de ciclos económicos, desde a Idade Média até à actualidade, corresponde a um tipo de economia diferente ([37]).

As perguntas surgem imediatamente: quando termina o Feudalismo, quando começa o Capitalismo, quando e como se processa a transição? Mas como se caracterizam o Feudalismo e o Capitalismo, como sistemas económicos, como sistemas sociais, como sistemas políticos e culturais? Até que ponto estruturas de um e outro sistemas coexistiam? Poder-se-ão estabelecer momentos de ruptura entre os vários sistemas? Quando?

Todas estas questões têm ocasionado polémicas numerosas de que não cabe aqui fazer uma explanação, porquanto bastam as divergentes visões ideológicas do mundo para produzir inconciliáveis respostas.

É possível todavia aceitar, sem incoerência, diferentes perspectivas que podem ser sintetizadas como se segue:

Três datas são comumente apontadas como significando rupturas na evolução das estruturas económicas e sociais europeias: 1450-1500, 1620-1650, 1780-1800. A primeira data significa para muitos o nascimento do sistema capitalista, a criação de uma economia mundial capita-

---

([35]) WALLERSTEIN, Immanuel — Y-A-T-IL. UNE CRISE DU XVII SIÈCLE? in ANNALES, 1, Janvier-Février, 1979, pág. 127.

([36]) SLICHER VAN BATH, B. H. — THE AGRARIAN HISTORY OF WESTERN EUROPE, Nova Iorque, 1963, p. 206.

([37]) IMBERT, G — LES MOUVEMENTS DE LONGUE DURÉE KON-DRATIEFF, Aix-en-Provence, 1959.

lista, radicalmente diferente dos sistemas económicos anteriores, e por isso seria a data fundamental. A segunda data, correspondendo ao aparecimento dos primeiros Estados capitalistas (Inglaterra e Províncias Unidas) e da implantação sistemática de uma Política Económica com bases teóricas definidas (o Mercantilismo), significa a época em que o sistema capitalista conseguiu vencer os grandes obstáculos que as estruturas tradicionais (feudais) lhes levantavam, e logrou criar as condições do seu auto-desenvolvimento. Finalmente a terceira data, corresponde à Revolução Industrial, marca para certos autores a ruptura fundamental do sistema económico capitalista.

Carlos Cipolla representa esta última posição, Hobsbawn representa a segunda posição, enquanto para Immanuel Walerstein é a primeira data a fundamental ([38]).

Há, porém, que esclarecer o que deve entender-se por *Capitalismo* e como se operou a transformação da sociedade de modo a poder chamar-se capitalista. Isto é, importa esclarecer as características do capitalismo e da sociedade capitalista, ficando assim também esclarecidas as características da sociedade pré-capitalista.

Vejamos separadamente as diferentes questões. Comecemos por observar duas formas distintas de visualizar os dados conjunturais da ''Crise'' do Século XVII.


- AGRICULTURA:

— A terra sofreu diminuição de procura. Contraiu-se o espaço cultivado ([39]).

— O rendimento médio dos cereais esteve em baixa, em toda a Europa, ao longo do século XVII. Baixa mais nítida para a aveia e a cevada que para o trigo; a do centeio é mais sensível na Europa central, do norte e oriental, que na Europa ocidental ([40]).

---

([38]) WALLERSTEIN — id. ib., pág. 127.

([39]) Cf. SLICHER VAN BATH — id. ib., pág. 18. CHAUNU, Pierre — LA CIVILISATION DE L'EUROPE CLASSIQUE, Paris, 1966, pp. 272.

([40]) SLICHER VAN BATH, in YIELD RATIOS, 810-1820, A. A. G. Bijdragen, n.º 10, 1963, pág. 17.

— Os terrenos cerealíferos diminuem, enquanto são alargados os terrenos de pastagens, nas regiões frias, e da vinha nas regiões a ela favoráveis ([41]).

— Nas terras aradas a produção de cereais cede o passo à produção de forragens e de certas culturas intensivas ou comerciais, como o linho, o cânhamo, o lúpulo, o nabo silvestre, o pastel, a "ruiva dos tintureiros" ([41]).

— Os cereais caros — o trigo e centeio — são preteridos pela cevada, pela aveia e pelo trigo sarraceno ([41]).

— O recurso ao estrume, para fertilizar a terra, é menor ([41]).

— As condições Sociais da Produção Agrícola evoluem de modo a degradar a vida do camponês: confiscação de terras aos camponeses, pelos proprietários, usurpação de bens comunais onde os camponeses tinham direito de pastagem e apanha de lenha ([42]). Pequenos agricultores e rendeiros, viam-se sem terras e obtendo pouco ganho de trigo. A exploração agrícola tendia a aumentar, mas não progrediam as melhorias em equipamentos. Pequenos agricultores e rendeiros eram então mais desfavorecidos que jornaleiros, criados e artífices ([43]).

O Comércio Cerealífero sofreu, em meados do século XVII, uma viragem fundamental, conhecendo uma modificação dos termos de troca desfavoráveis aos cereais. Slicher Van Bath regista uma contracção absoluta do comércio cerealífero entre 1600 e 1750. Para ele, desde a época carolíngia, os termos de troca dos cereais determinam as fases de expansão ou de contracção agrícola da Europa ([44]). Kristof Glamann fixa em meados do

---

([41]) ROMANO, R. — TRA XVI e XVII SECOLO, UNA CRISI ECONOMICA: 1619-1622, in Rivista Storica Italiana, 1962, 3, pp. 512-513. SLICHER VAN BATH — LES PROBLÈMES FOUNDAMENTAUX DE LA SOCIÉTÉ PRÉINDUSTRIELLE EN EUROPE OCCIDENTALE: UNE ORIENTATION ET UN PROGRAMME, A. A. G. Bijdragen, n.º 12, 1965, pp. 15, 33, 39.
WALLERSTEIN — Id. ib., pág. 130.
([42]) DE MADDALENA, Aldo — LA EUROPA RURAL (1500-1750), in HISTORIA ECONOMICA DE EUROPA, vol. 2, dir. Carlo Cipolla, Barcelona, ed. Arriel, 1979, pp. 214-276.
([43]) MEUVRET, Jean — LES MOUVEMENTS DES PRIX DE 1661 A 1715 ET LEURS RÉPERCUSSIONS in Journal de Statistique, 1944, p. 116.
([44]) SLICHER VAN BATH — DIE EUROPAISCHEN AGRARVERHALTNISSE IM 17. UND DER ERSTEN HALFE DES 18. JAHRDUNDERTS, in A. A. G. Bijdragen, n.º 13, 1965, p. 144.
A evolução da relação entre os preços dos cereais e os de outros (agra-pecuários, como a manteiga, o queijo e a lã — agro-industriais, como

século XVII a grande viragem do comércio cerealífero este-oeste. A Europa ocidental e meridional bastam-se em cereais, porque em época de estagnação global da população, o crescimento geral da produção de víveres, na segunda metade do século, provoca excedentes ([45]).

- INDÚSTRIA:

— Pouco se sabe, com segurança, sobre a produção industrial ([46]).

— Supõe-se que perdeu a força de aceleração. Segundo Domenico Sella, as flutuações foram débeis, os salários reais haviam baixado onde a população aumentara durante o século XVI. Segundo o mesmo autor, o efectivo aumento de rendimento "per capita" depois de 1650, e consequente aumento de consumo individual, deveria ter sido corrigido pela quebra da expansão demográfica. Os preços dos alimentos desciam, enquanto os salários se mantinham ([47]).

— A sua localização geográfica sofreu modificações: a indústria têxtil e novas indústrias relacionadas com a produção cerealífera (produção de cerveja, distilação e produção de massas) ruralizaram-se: o baixo custo da mão de obra rural e o diminuto capital fixo necessário favoreciam a transferência ([48]).

- PREÇOS — SALÁRIOS — TROCAS:

— O estudo dos preços nesta época é dificultado pelo problema da relação dos preços metálicos. Pierre Vilar assegura que internacionalmente os preços expressos em prata, decaíram por volta de 1660, passaram por um primeiro mínimo durante a década de 1680 e por outro mínimo em

---

o linho, a colza, o tabaco, o vinho — industriais, como os têxteis — ou entre o trigo e a renda) no tempo logo, é que é importante, segundo Slicher Van Bath.

([45]) GLAMANN, Kristof — EL COMERCIO EUROPEO (1500-1750) — in Historia Economica de Europa, vol. 2, dir. Carlo Cipolla, o. c., págs. 363 e ss.

([46]) HOBSBAWN, C. J. — o. c., pág. 9.

([47]) SELLA, Domenico — LAS INDUSTRIAS EUROPEAS (1500-1700) in Historia Economica da Europa, vol. 2, dir. Carlo Cipolla, o. c., pág. 287.

([48]) WALLERSTEIN, Im. — o. c., pág. 131.

1720-1721, precisando todavia que houve subidas de precos, fora da França, entre 1683-1689 e entre 1701-1710 [49]. A razão está na descida da massa monetária em circulação, desde 1620, que com a descida do crédito, explica a invasão de má moeda nos mercados europeus [50].

— A descida dos preços dos cereais beneficiou os assalariados, por significar subida dos salários reais. Todavia o benefício favoreceu apenas os assalariados que puderam conservar os seus postos de trabalho. Foi sensível a contracção do mercado de trabalho, na Europa, entre 1625 e 1750 [51].

— A evolução secular do comércio intercontinental, analisada por Frédéric Mauro, leva-nos a concluir que a evolução do comércio europeu e do comércio mundial são paralelas, ao longo dos séculos XVI, XVII e XVIII, e que um e outro, durante o século XVII, permanecem estáveis, entre os dois séculos de expansão que foram os XVI e XVIII [52].

O conjunto destes dados parece inculcar a imagem conjuntural dos anos 1600-1750, como a de um planalto em relação ao período 1450-1500. Portanto a expressão "crise" teria assim um sentido bastante relativo. É a visão de Immanuel Wallerstein.

Algo diferente, mais dramática, é a vista de ERic J. Hobsbawn [53].


- CRISE GLOBAL:

1) O Mediterrâneo deixou de ser um centro principal de influência económica, política e cultural, transformando-se em zona de influência estagnada e empobrecida.

2) Alemanha, Polónia Báltica, Dinamarca e liga Hanseática declinam.

---

[49] VILAR, Pierre — OR ET MONNAIE DANS L'HISTOIRE, o. c., pág. 246.

[50] PARKER, Geoffrey — EL SURGIMIENTO DE LAS FINANZAS MODERNAS EN EUROPA, in Historia Economica de Europa, vol. 2, dir. Carlo Cipolla, o. c., págs. 412-413.

[51] GLAMAN, Kristof — id. ib., pág. 336.

[52] MAURO, Frédéric — TOWARD AN INTERCONTINENTAL MODEL: EUROPEAN OVERSEAS EXPANSION BETWEEN 1500-1800, in Economic History Rivew, 1961, 1, pp. 1-17.

WAILERSTEIN, Im. — o. c., pág. 132.

[53] HOBSBAWN — Cf. o. c.

3) Só as potências marítimas do Norte — Inglaterra e Países Baixos — e algumas regiões semi-periféricas como a Suécia, a Rússia e a Suiça, conhecem progressos.

4) Estagnação Demográfica. À relativa expansão demográfica dos Países Baixos, da Suécia, da Noruega, e da Suiça, contrapõe-se clara descida da população em Espanha, na Itália meredional, na Alemanha, na França Oriental, na Polónia e na Hungria.

A mortalidade é mais elevada que no século XVI. Conhecem-se epidemias e fomes devastadoras. Se meia dúzia de metrópoles administrativas e grandes centros comerciais e financeiros se expandiram, as grandes cidades, que no século XVI haviam crescido, estabilizaram e muitas cidades médias e pequenas decaíram.

5) Embora se conheça pouco sobre a Produção, sabe-se que, se algumas regiões conheceram certo desenvolvimento de produção industrial — caso da Inglaterra e da Suécia, nas indústrias extractivas, e na produção artesanal urbana e local, com importante crescimento do trabalho industrial rural —, outras foram desindustrializadas, como a Itália setentrional, a Alemanha, parte da França e parte da Polónia. A Produção têxtil desceu.

6) O Comércio conheceu uma crise mais generalizada. As duas áreas principais do comércio internacional estabelecido — o Mediterrâneo e o Báltico — sofreram períodos de declínio.

O Báltico, em vez de produtos alimentares, exporta agora basicamente madeiras, metais e materiais navais, e diminuiu as importações de lanifícios ocidentais. Atingindo o seu auge em 1590-1620, decai de então até 1680, com apenas ligeira recuperação em 1650.

O Mediterrâneo passou a ser zona de troca de produtos locais. O comércio levantino francês diminuiu 50%, entre 1620-1635, e quase desapareceu ainda antes de 1650. O comércio levantino holandês decaiu entre 1617 e 1680.

O comércio internacional dos produtos alimentares, de cereais no Báltico, de arenques na Holanda, de peixe da Terra Nova, o comércio internacional de lanifícios e do linho decaíram também.

Estes declínios não parecem haver sido contrabalançados por evoluções dos mercados internos, com excepção dos grandes centros marítimos.

7) Mas os próprios países que não conheceram declínios sofreram dificuldades económicas de longa duração. O comércio inglês da Índia Oriental decaiu até à Restauração. O comércio holandês, embora tenha

*145*

aumentado, viu decairem os dividendos anuais médios da sua Companhia das Índias Orientais, em todas as décadas de 1630 a 1670, com excepção de 1660. De 1602 a 1782 só distribuiu dividendos em 16 anos, entre 1627 e 1687. Os lucros da Banca de Amsterdam, atingido o máximo em 1630, decaíram constantemente depois.

8) A Expansão europeia sofreu crise, com a decadência dos impérios coloniais português e espanhol e a diminuição da expansão holandesa, depois de 1640.

9) A Europa conheceu sucessivas e permanentes perturbações sociais, das quais basta nomear, para referência, as mais conhecidas:

- Guerra dos Trinta Anos (1618-1648)
- Frondas da França (1648-1652)
- Levantamentos de Portugal e da Catalunha (1640)
- Revolução Inglesa (1648)
- Guerra camponesa suíça (1653)
- Rebelião Irlandesa (1641-1689)
- As Revoltas do papel selado, em França (1675)
- Guerras dos "camisards", em França (1702-1710).

Tudo isto se passava na Europa ocidental, enquanto a Europa oriental conhecia as "revoltas dos servos": Revolução Ucraniana (1648-1654), Revolta Russa (1672), Revolução Camponesa da Boémia (1680) e os movimentos "Kuruca" na Hungria.

Uma crise tão geral só poderia ter causas de tipo estrutural. Segundo Hobsbawn, falar da crise do século XVII é formular uma das interrogações fundamentais acerca do desenvolvimento do capitalismo. Pela importância da questão, faremos dela todo um capítulo destacado.

146

# 9 — NASCIMENTO E DESENVOLVIMENTO DO CAPITALISMO

Os historiadores são unânimes, ao analisar a Crise Europeia do século XVII, em que ela obriga a formular a questão das características históricas do "Capitalismo", do seu nascimento e do seu desenvolvimento.

Parece todavia conveniente antes de aí chegar, tentar a história da palavra "capitalismo" e da sua evolução semântica, como a da sua génese, a da palavra "capital" [54].

"Capitale"(de "caput" = cabeça) apareceu no baixo latim dos séculos XII-XIII, significando fundos, stoks de mercadorias, massa de dinheiro ou também dinheiro que obtém juros, sem definição rigorosa. É na Itália que a palavra aparece e amadurece. Em 1283 surge já com o sentido de capital de uma sociedade de comércio. Durante o século XIV aparece nos mais variados escritores, moralistas e mercadores. Um sermão de S. Bernardino de Sena (1380-1444) já falava da — "quamdam seminalem rationem lucrosi quam communiter capitale vocamus" — "espécie de semente de lucro, que comumente chamamos capital".

Só lentamente o sentido desta palavra se vai fixando no significado de dinheiro de uma sociedade ou de um negociante. Quer em Itália, quer em França, esse significado era geralmente expresso por "corpo", em França por "chatel", "cheptel", "cabal", da mesma origem latina. Outras palavras ao longo do século XVII e XVIII eram-lhe preferidas. Assim "fundos", "riquezas", "dinheiro", "bens", "haveres", "património",

---

[54] BRAUDEL, Fernand — LES JEUX DE L'ÉCHANGE — Civilisation matérielle, économie et capitalisme, XV$^e$-XVIII$^e$ Sicle, t. 2, Paris, Armand Colin, 1979, pp. 201 ss.

ou apenas adjectivando alguma destas palavras. Só em fins do século XVIII, e durante o século XIX, à medida que as teorias económicas se vão forjando e vão elaborando uma certa linguagem específica, a palavra "capital" se impõe e vai ganhando certo sentido preciso. Entre "todo o capital é um instrumento de produção" (Quesnay) e os "capitais ociosos e os capitais activos" (Mocellet — 1764) e os capitais que não são apenas dinheiro (Turget), sejam eles o montante de uma dívida ou de um empréstimo, ou de um fundo de comércio, seu sentido tradicional de que dão testemunho os dicionários, vai um longo caminho até ao sentido que à palavra lhe deu Marx, de "meio de produção".

A palavra capitalista remonta, pelo menos, ao século XVII. Está detectada num periódico holandês, em 1633 e em 1654. Em França, um relatório de 1699 refere uma distinção estabelecida em legislação dos Estados-Gerais das Províncias Unidas entre "capitalistas" que pagarão taxas diferentes. Jean Jacques Rousseau escrevia, em 1759: "não sou nem grande nem senhor, nem capitalista. Sou pobre e estou contente". Detentor de fortunas pecuniárias, possuidor de "papeis públicos", de valores mobiliários ou de dinheiro líquido a investir, é o sentido da palavra "capitalista", na segunda metade do século XVIII, que é empregada com sentido pejurativo e com animosidade. Tal animosidade ficou bem manifesta, aquando da Revolução Francesa. O Conde de Custine, na Assembleia Nacional, em 1790, perguntava: "A Assembleia, que destruiu todos os tipos de aristocracia, inflectirá ela diante da dos capitalistas, esses cosmopolitas que não conhecem outra pátria além daquela onde possam acumular riquezas?

"Capitalista" não significava ainda o investidor, o empreendedor, mas só o que possuía dinheiro e mercadejava dinheiro.

A palavra Capitalismo é ainda mais recente.

Parece ter sido Louis Blanc que, em 1850, numa polémica com Bastiat, usou pela primeira vez, e entre aspas, a palavra "capitalismo" com sentido específico a apontar para concepções sociais e económicas ainda em elaboração: "o que chamarei "capitalismo", isto é a apropriação do capital por uns com exclusão de outros" [55].

---

(55) BLANC, Louis — ORGANISATION DU TRAVAIL, 9e ed., 1850, pp. 161-162 citado por BRAUDEL, que o cita de DESCHEPPER (Edwin) na sua obra L'HISTOIRE DU MOT CAPITAL ET DÉRIVÉS, tese dactilografada da Universidade Libre de Bruxelas, 1964, que BRAUDEL segue de perto. Cf. BRAUDEL, o. c., pág. 552, nota 4.

Depois será Proudhon a definir com mais precisão o seu sentido: "regime económico e social no qual os capitais, fonte de rendimento, não pertencem em geral àqueles que o empregam pelo seu próprio trabalho". Em 1867, dez anos mais tarde, ainda Marx ignorava a palavra ([56]).

Será Werner Sombart, em 1902, quem lançará o termo nos meios científicos, com a célebre obra polémica DER MODERNE KAPITALISMUS. O termo vinha sendo utilizado na Alemanha desde 1880. Marx não o utilizava, mas os marxistas apropriaram-se dele, para designar a etapa posterior ao feudalismo, que o comunismo pretendia destruir. O último "modo de produção".

O uso do termo e o sentido específico que adquiriu de um determinado sistema económico e social, historicamente, situam-se na área de análise científico-ideológica socialista. A carga ideológica e política provocou resistência ao seu emprego nos meios científicos, durante decénios, mas acabou por não ser suficiente obstáculo à generalização do uso do termo, com o seu significado genérico de sistema económico e social. No entanto, muitas ambiguidades subsistem sobre o seu sentido preciso. Para desfazê-las teremos de procurar contrapôr "capitalismo" a "não-capitalismo" e procurar situar este no tempo e no espaço.

Assim o "capitalismo" será o sistema económico-social que se contrapõe ao pré-capitalismo (Feudalismo? Antigo Regime? Sistema Económico Pré-Industrial?)como forma de organização económica e social dominante na Europa Industrial, ou que se contrapõe a formas de organização económica e social diversas (Feudais, de Antigo Regime, Pré-Industriais) ainda que dominantes e em espaços restritos. Assim poderemos referir-nos a um *capitalismo* na Idade Média, no Século XVI, no Século XVIII, a um *capitalismo antigo* e a um *capitalismo moderno*. Teremos que explicar-nos.

Marx situa os princípios da "era capitalista" no século XVI, mas admite que os começos da "produção capitalista" hajam sido precoces nas cidades medievais mediterrânicas ([57]).

Para Immannuel Wallerstein é com a expansão do "longo século XVI", e numa perspectiva de criação de um *sistema económico mundial,* que o Capitalismo nasce decisivamente.

---

([56]) Engels já o usava desde 1870, bem como o economista alemão Albert Schaffle. Cf. BRAUDEL, o. c., pág. 553, nota 48.

([57]) MARX, Karl — OEUVRES — Économie-I, Paris, Bibliothèque de la Pléiade, 1965, pág. 1170.

*149*

Vejamos o enquadramento temporal-espacial da sua perspectiva. Servindo-se dos ciclos longos "logísticos" de Rondo Cameron ("logísticos" porque têm a forma de uma curva logística estatística, com duas fases A e B, mas em que se a A é de expansão, a B não é de contracção, mas de estagnação) com a duração presumível de 150-300 anos, periodisa assim a História Económica e Social:

1.º Ciclo Logístico — Entre 1100-1250/1300  Fase A
                              1300-1450       Fase B
2.º Ciclo Logístico — Entre 1450-1600/1620  Fase A
                              1620-1750       Fase B

Diferenças entre os ciclos:

1) A Fase A do 1.º conheceu expansão da população, do comércio, da terra cultivada, fortalecimento dos aparelhos políticos, expansão das obrigações feudais dos trabalhadores rurais para com os senhores.

   A Fase B conheceu o declínio da população, do comércio e da terra cultivada, enfraquecimento dos aparelhos políticos centrais, declínio das obrigações feudais.

   Neste Ciclo as expansões e as contracções verificaram-se mais ou menos uniformemente por toda a Europa.

2) A Fase A do 2.º Ciclo conheceu expansão da população, do comércio, da terra cultivada. Os aparelhos políticos foram fortalecidos em algumas zonas (fundamentalmente na Europa Ocidental) e enfraquecidos noutras (fundamentalmente na Europa Oriental). As obrigações feudais debilitaram-se ainda mais na Europa ocidental e reforçaram-se na Europa oriental.

   A Fase B apresenta maiores diferenças. Conheceu apenas estagnação da população, do comércio e da terra cultivada, pela sobreposição de curvas diversas, de expansão em certas zonas, declínio noutras, e constância noutras. Os aparelhos políticos e as obrigações feudais viram reforçadas, na fase B, as posições e tendências da fase A. Reforçadas as que tendiam ao reforço e debilitadas as que tendiam a debilitar-se [58].

---

[58] WALLERSTEINS, Immanuel — THE CRISIS OF THE SEVENTEENTH CENTURY.

Por detrás deste esquema, aparecem as seguintes diferenças fundamentais entre os movimentos de expansão/contracção antes de meados do século XV e depois: antes, tais movimentos davam-se mais ou menos uniformemente e pelas mesmas causas em toda a Europa sob o sistema dito "feudal" ou "senhorial" (ou para outros sob o "modo de produção feudal"); depois, os mecanismos de implantação do sistema capitalista (ou para outros do "modo de produção capitalista") criavam necessariamente diferenciação e hierarquização crescentes dos espaços sociais, que desenvolviam crescente interrelacionamento dos seus processos económicos, mas diferenciando-se nas suas funções e na sua posição hierárquica.

Nesta visão, o longo século XVI é decisivo para o nascimento do sistema capitalista. A Crise que o antecedeu é radicalmente diferente da crise do século XVII, que não é mais do que "uma alteração de ritmo", dentro de uma continuidade essencial.

O "longo século XVI assiste na Europa à "passagem de um modo de produção específico, redistributivo ou tributário, para um sistema social qualitativamente diferente" — *o sistema capitalista* — que se caracteriza pelos seguintes traços:

*a)* Expandiu-se à dimensão do mundo inteiro.

*b)* Evoluiu segundo um modelo cíclico, alternando fases de expansão e de contracção (as fases A e B de Simiand), e segundo uma distribuição geográfica dos papéis económicos essencialmente instável (ascensão e declínio das hegemonias, desenvolvimento e contracção dos centros, das periferias e das semi-periferias).

*c)* Está sujeita a um processo secular de transformação interna, que se traduz globalmente no progresso tecnológico, na industrialização, na proletarização e no aparecimento duma resistência, politicamente estruturada, ao próprio sistema" ([59]).

A recessão do século XVII não chega, portanto, a ser uma verdadeira "crise", porque o *"limiar crítico"* do sistema estava já ultrapassado, a viragem estava dada com a "crise do feudalismo".

Os meios capitalistas formavam um conjunto mesclado, uma classe em formação, usando métodos de comportamento económico, que estão

---

([59]) WALLERSTEIN, Immanuel — Y-A-T-IL UNE CRISE DU XVII° SIÈCLE? — o. c., pág. 128.

na raiz dos mecanismos-chave do funcionamento capitalista, a concentração e a acumulação crescente do capital. Um desequilíbrio em período de contracção é um desses mecanismos conduzindo à concentração e acumulação de capital. Os capitalistas do século XVII negociavam já sobre esses mecanismos com perfeita noção dos "termos de troca", sobre os efeitos das disparidades de preços no conjunto do sistema económico, obtendo lucros nas circunstâncias mais desfavoráveis ([60]).

Uma comparação entre a crise de 1300-1350 e a de 1600-1650 ajuda a compreender melhor a diferença entre elas:

1) Em ambas as datas terminam períodos de expansão, definidos em termos de subidas de preços (apesar da ambiguidade de uma análise a partir de preços nominais), de aumento de produção cerealífera, de subida dos rendimentos (privilegiando os cereais às pastagens e às vinhas), de evolução dos "termos de troca" favoráveis aos cereais, de expansão demográfica, de subida da "indústria urbana", criando circulação monetária, a montante e a jusante, criando também contingentes de assalariados, baixa de salários reais, crescente stock monetário (em espécies, em papéis e em crédito) e crescente aparecimento de agentes económicos marginais, rurais e urbanos.

   Estas expansões terminam com diferentes respostas por parte do sistema: enquanto a crise do século XIV teve, como sequência, *quedas* dos seus sectores de dimensão paralela às anteriores subidas, a crise do século XVII não passou de estabilização dos níveis alcançados. Mas a resposta estrutural é mais importante: a recessão do século XIV provocou a crise das estruturas sociais, enquanto a estagnação do século XVII representou a consolidação das estruturas do sistema capitalista.

   Na Idade Média a crise agudizava os conflitos no interior da aristocracia feudal.

   No século XVII, os conflitos e guerras não faltaram, mas não foram já entre as classes dirigentes, mas entre Estados, reforçando as estruturas destes (pelo menos no Centro e na Semi-periferia do Sistema), favorecendo mais certas potências económicas.

---

([60]) WALLERSTEIN, ibid., pág. 133.

2) A maior diferença entre os ciclos 1150-1450 e 1450-1750 reside no "modelo de distribuição do rendimento dentro da economia global" [61].

O desnível entre pobres e ricos acentua-se desde o século XVI. A crise da economia feudal vem associada com um aumento dos salários reais, enquanto com a implantação do sistema capitalista os salários reais se degradaram continuamente [62]. Explicar este fenómeno? "A melhoria do nível de vida das classes inferiores e a tendência para uma menor diferença relativa dos rendimentos é que constituíram para os dominantes (senhores feudais) o verdadeiro factor de crise... muito mais do que um esgotamento do sistema". "A crise económica e social enfraqueceu a nobreza de tal modo que os camponeses viram aumentar rapidamente a parte do excedente que lhes cabia, entre 1250 e 1450. Este facto é real em toda a Europa, tanto oriental, como ocidental" [63].

O capitalismo é que foi a solução para a crise do feudalismo.

À crise do Feudalismo reagiram os senhores, sem resultado, e foi tentada por Carlos V a reacção pela criação de uma monarquia universal e imperial, que fracassou.

Porquê em 1600-1750 as classes inferiores não aproveitavam a recessão para exigir uma redistribuição do excedente — agora maior — que os favorecesse?

O sistema era já outro e o reforço dos aparelhos de Estado — o "absolutismo" — que paradoxalmente parece querer reforçar os privilégios feudais e a propriedade aristocrática, efectivamente (de modo diverso em cada espaço diferente e hierarquizado do sistema) reforça o sistema e as diferentes funções que ele atribui aos diferentes Estados e seus espaços económicos.

Eric Hobsbawn, como já foi referido, dá um significado mais relevante à "crise" do século XVII. Se tal significado não implica uma visão essencialmente diferente do desenvolvimento do sistema capitalista, o

---

[61] WALLERSTEEIN, ibid., pág. 138.
[62] Id. ibid., pág. 139.
[63] HOBSBAWN, Eric J. — o. c., págs. 5-58.

relevo que, na sua visão, toma um conjunto de factores desse desenvolvimento ajuda a completar e a enriquecer a compreensão de uma época histórica ainda polémica. Resumamos:

1) A EXPRESSÃO DA CRISE: modificações de papel e das funções das diferentes áreas geográficas, com evidentes regressões em algumas e estagnação noutras. Estagnação demográfica, baixa de produção numas zonas (dezindustrialização do norte de Itália, da Alemanha e de parte da França e da Polónia) e aumento noutras (Inglaterra, Países Baixos, Suécia). Crise generalizada do Comércio Internacional (particularmente das zonas do Mediterrâneo e do Báltico) sem ser contrabalançado por evoluções favoráveis dos mercados internos (excepto nos maiores centros marítimos). A expansão colonial entra em crise. Grandes perturbações políticas e sociais atravessam a Europa (Guerra dos Trinta Anos — (1618-1648) — Levantamento de Portugal e da Catalunha — (1640) — As Frondas francesas — (1648-1652) — As Revoluções dos Servos no leste europeu: Revolução Ucraniana — (1648-1654) — Revolta Russa — (1672) — Revolução da Boémia — (1680) — A Revolução Irlandesa — (1641-1689). A implantação dos regimes absolutistas. Esta crise começada por volta de 1620, atingiu a fase mais aguda entre 1640-1670 e iniciou a sua recuperação após 1680.

2) CAUSAS DA CRISE: o sistema capitalista não poderia implantar-se e desenvolver-se sem afastar os obstáculos da estrutura social feudal. A crise significa a ruptura desses obstáculos.

A prevalência geral da estrutura feudal da sociedade, do seu sector rural, que imobiliza quer o potencial de mão de obra, quer o excedente de potencial para investimento produtivo e para a procura de mercadorias produzidas em massa, impede a expansão capitalista.

A expansão capitalista necessitava de aumentar macissamente a *produtividade,* os *lucros* e o *consumo.* Criar um grande mercado em expansão e uma grande força de trabalho disponível.

Para aumentar a produtividade era preciso operar uma nova divisão social (e internacional de trabalho) e redistribuição da força do trabalho (desviando-a da agricultura para a indústria) e aumentar macissamente a parte da produção destinada à troca. Por outro lado só a passagem à produção macissa pode criar incentivo ao investimento pela expansão de lucros — não de lucros máximos por unidade de venda, mas de lucros máximos acrescentados por grandes vendas (como foram as vendas de açúcar e algodão).

A expansão do século XVI teria permitido a Revolução capitalista. Tinha capital. Tinha iniciativa capitalista. Tinha inovação técnica potencial (foi capaz de desenvolver a imprensa, a relojoaria, a óptica, a indústria bélica por armas de fogo, as técnicas mineiras e metalúrgicas, etc.). Tinha mão-de-obra. A estrutura feudal impedia o desbloqueamento de tudo isso: o mercado era limitado e limitava a produção.

As áreas de expansão manifestam contradições profundas:

• ITÁLIA — Um caso de ''capitalismo parasita'' num mundo feudal, controlando enormes acumulações de capital que imobilizava em construções, desbaratava em empréstimos improdutivos, desviava da indústria para o investimento móvel, incapaz de lograr campo para investimento progressivo, durante o século XVII. Crescendo à sombra de uma procura selecta, mas limitada, não previu criar outros mercados e outros produtos.

• EUROPA DE LESTE — Um caso de expansão por especialização na produção de grandes excedentes alimentares, mas que só foi possível pelo reforço do regime feudal e da regressão ao regime de trabalho servil. A esta expansão contrapõe-se a da produção manufactureira da

• EUROPA OCIDENTAL — que viu criadas condições para alargamento do seu mercado manufactureiro.

Mas o regime em que tudo assentava conduziu:

a) à perda da clientela rural dos países do Leste por perda de capacidade de compra;
b) à perda da clientela da baixa e média nobreza que desaparecia ante o reforço dos magnates;
c) à perda da clientela das cidades;
d) à crescente opressão senhorial que fez desencadear a generalizada Revolução dos Servos e catástrofes demográficas;
e) à impossibilidade de alargamento do mercado manufactureiro.

• MERCADOS MUNDIAIS — Globalmente foram sempre deficitários para a Europa. Esta sempre importava mais do que exportava para o resto do mundo. Os orientais, africanos e americanos necessitavam menos dos produtos europeus que estes necessitavam das suas produções.

Se o contacto directo, nos séculos XVI e XVII, conheceu *uma fase de lucros fáceis* (sob força militar, evitando intermediários, diminuindo encargos de transporte, aumentando reservas monetárias volumosas, etc.), essa fase foi transitória e os produtos coloniais foram tornando-se crescentemente mais custosos, sem equilibrada contrapartida de alargamento de mercado importador de produtos europeus.

A Crise colonial no século XVII até neste aspecto veio desbloquear o capitalismo, iniciando a criação das colónias e dos mercados.

● MERCADOS INTERNOS — Poderiam durante o século XVI ter criado condições para a generalização da produção capitalista, por aumento demográfico, aumento da massa monetária, da subida dos preços, crescimento do capitalismo comercial e de alargamento da indústria rural ("putting out"), no entanto, com excepção da Inglaterra, mau grado as grandes e numerosas agitações no campesinato, nenhuma "revolução agrária" acompanhou a "revolução industrial".

*a)* No Leste reinstaurou-se a servidão dos camponeses, que fez regredir o mercado consumidor;

*b)* no Ocidente o investimento na agricultura não criou capitalismo rural: tal investimento não passava de medida de segurança em época inflacionária, ou de comportamento de rivalidade com a nobreza. Tratava-se de investimentos de burgueses que se aristocratizavam, se feudalizavam.

A crescente "parceria" em certas regiões da França, dos Países Baixos e da Suiça, que poderiam constituir um passo em direcção ao capitalismo rural, só conduziu à formação de uma burguesia parasitária do campesinato;

*c)* não cresceu à medida da procura, do que resultou escassez alimentar, diminuição de rendimentos e opressão sobre o campesinato, pelo senhor, pela cidade e pelo Estado;

*d)* A subida dos preços agrícolas aumentou os custos da produção manufactureira, estreitando as margens de lucro. A compensação era obtida pela utilização de mão de obra barata, rural, cada vez mais explorada;

*e)* a subida dos preços agrícolas não alargou o mercado rural das manufacturas. Camponeses com terra própria lucraram com o aumento dos preços, mas investiam em mais terra e gado ou entesouravam.

Em resumo, a expansão económica do século XVI criou a sua própria crise espartilhada numa estrutura social que não podia romper.

O incidente mais característico, mais dramático da crise foi a Revolução da Inglaterra.

3) CONSEQUÊNCIAS DA CRISE:

*a)* considerável concentração do poder económico;
*b)* aumento da acumulação de capital;
*c)* alterações dos aparelhos comercial e financeiro;
*d)* condições para a Revolução Industrial.

## CONCENTRAÇÃO ECONÓMICA:

*Na Produção agrícola* — Surgem grandes proprietários a expensas dos pequenos e dos trabalhadores rurais. Principalmente na Inglaterra, com a Restauração, e na Europa de Leste. Na Inglaterra e na Holanda, uma certa revolução agrícola se operou, pela utilização de inovações técnicas e alargamento das áreas de cultivo. Na Europa de Leste, a propriedade feudal transforma-se, não se baseia em rendas, mas no lucro da comercialização da produção.

*— Na Produção Industrial* — São eliminadas as indústrias artesanais e com elas as cidades em que existiam. Alarga-se o sistema de ''putting out'' (que vinha do século XV), o qual torna possível a concentração regional da indústria (ex. a concentração na Saxónia da manufactura europeia da ''folha de Flandres''), que também ajuda a dissolver a estrutura agrária tradicional, como transição para o posterior sistema de ''fábrica'', para aumento rápido da produção.

## ACUMULAÇÃO DE CAPITAL

A concentração do poder económico favoreceu o aumento da acumulação de capital: este devia ser investido onde aumentasse a capacidade produtiva.

Todavia, isso não se processou automaticamente: muito capital foi mal investido (desviado, pela crise, para comportamentos aristocráticos, improdutivos ou pouco produtivos).

A Concentração Económica e do Capital favoreceu Economias Marítimas (de Estados Marítimos), privilegiando as suas capitais, onde também capitais foram desviados da indústria e da agricultura para a exploração colonial (Holanda e Inglaterra).

Os Estados, de poder centralizado, favoreceram a concentração económica e de capitais.

Alterações dos aparelhos comerciais e financeiros, e nas Finanças Públicas de Inglaterra, com o desenvolvimento do espírito empreendedor, foram também resultantes da Crise.

## PREPARAÇÃO DE REVOLUÇÃO INDUSTRIAL:

— Pelo encorajamento da criação de manufacturas nas regiões com base capitalista mais forte, e em escala elevada para revolucionar gradualmente outras regiões.

— Estabelecendo o primado da produção sobre o consumo.

— Criando e desenvolvendo Mercado Interno. Foi o caso da Inglaterra. Em Londres, o número de navios costeiros triplicou entre 1628-1683. Os Estados Marítimos, em certos aspectos, funcionavam entre si como um grande mercado interno diversificado. Este mercado interno ajudava a desintegrar a velha economia, transformando os cidadãos em consumidores.

— Os Estados e as Aristocracias, embora indirectamente, favoreceram o alargamento do mercado interno, sobretudo com equipamentos militares e indústrias de guerra.

— Criando nova forma de colonialismo, que alargava o mercado de massa, com colónias de povoamento e colónias de plantações. Em 1700 já 20% das exportações inglesas iam para áreas coloniais. Em 1770 mais de 1/3 das exportações inglesas iam para colónias britânicas. As suas exportações coloniais (incluindo Irlanda e colónias portuguesas, espanholas, etc.) ascendiam a 90% do total das suas exportações.

— Implicava divisão social do trabalho, aumentando a proporção de trabalhadores não agrícolas, assalariados, dispondo de dinheiro para comprar ([63]).

---

([63]) HOBSBAWN, Eric J. — o. c., págs. 5-58.

SEGUNDA PARTE

# A EUROPA INDUSTRIAL

# I — A REVOLUÇÃO INDUSTRIAL

## 1 — INTRODUÇÃO

Com a chamada "Revolução Industrial" uma nova era começa para a Europa e para o universo. É um novo processo social, aliás extremamente complexo, que se inicia em Inglaterra, em meados do século XVIII, e, se desencadeará posteriormente noutras regiões da Europa, quando forem criadas as condições de um tal processo poder desencadear-se.

O termo "revolução industrial" talvez não seja o mais apropriado e talvez crie imagens menos correctas sobre as origens do processo. Foi o economista francês Adolphe Blanqui (irmão do revolucionário Auguste Blanqui) quem o empregou pela primeira vez em 1837, ao publicar a sua "Histoire de l'economie politique en Europe depuis les Anciens jusqu'à nos jours" (¹). Mas só quando Arnold Toynbee o voltou a utilizar, em 1880--1881, nas suas lições — "Lectures on the Industrial Revolution" — o termo se tornou clássico entre historiadores.

As transformações compreendidas pela expressão "revolução industrial" não foram abruptas, nem rápidas no tempo. Implicam, contudo, um *processo social global completamente novo*, de cuja natureza parece ser imprescindível o carácter de *continuidade progressiva*, pelo que as preferências dos analistas e historiadores contemporâneos se deslocam para uma perspectiva das transformações económicas e sociais em termos de *desenvol-*

---

(¹) BLANQUI, Adolphe — HISTOIRE DE L'ECONOMIE POLITIQUE EN EUROPE DEPUIS LES ANCIENS JUSQU'A NOS JOURS, 1837, vol. II, pág. 209 — cit. Fernand Braudel, LE TEMPS DU MONDE, pág. 465.

*163*

*vimento* e *crescimento,* referidos aos diversos espaços económicos, enquanto mercados nacionais, inseridos num sistema económico mundial.

Nesta perspectiva, aceita-se como expressão operacional a imagem do *"take off"* proposta por W. W. Rostow [2], sem que tal aceitação implique quebra nas maiores reservas ao modelo de "desenvolvimento" proposto por aquele economista.

Não há unanimidade de opiniões sobre o momento em que o processo arrancou no espaço económico e social inglês, porque divergem as opiniões sobre qual de diversos factores — a agricultura, a pressão demográfica, o comércio exterior, a técnica industrial, as formas de crédito — terá desencadeado o processo [3]. Numa perspectiva de "desenvolvimento" estas visões parcelares devem desaparecer, porquanto um verdadeiro desenvolvimento só é de conceber como um conjunto de interdependência de factores.

A História regista fases de profundas transformações económicas e da produção industrial, inclusivamente acompanhadas de transformações em variados sectores e de diferentes factores de produção, em diferentes regiões europeias, sem que daí se tivesse desencadeado o processo de desenvolvimento da *sociedade-industrial,* e do que podemos com razão chamar a *civilização industrial.*

Os historiadores registam várias revoluções industriais na Europa [4]. A primeira, para alguns, situa-se nos séculos XII-XIII, no norte de Itália, na Flandres e até na Inglaterra. Nos finais do século XV e princípios do século XVI, segundo outros, era uma verdadeira revolução industrial que tinha lugar na Alemanha, como ponto do eixo económico europeu entre os Países Baixos e a Itália.

Com maior insistência se fala na Primeira Revolução Industrial Inglesa, entre 1560-1640, e não sem razão como o demonstrou John U. Nef [5]. Entre 1540 e 1642, a Inglaterra acolhendo as técnicas e os artífices das regioes mais industrializadas da Europa e criando-lhes as condições de prosperarem, tornou-se na maior potência industrial: nas indústrias têxteis (da lã e

---

[2] ROSTOW, W. W. — THE STAGES OF ECONOMIC GROWTH, Cambridge, 1959, trad. port. ETAPAS DO DESENVOLVIMENTO ECONÓMICO, Zahar Editores, Rio de Janeiro, 1978.

[3] BRAUDEL, Fernand — LE TEMPS DU MONDE, o. c., pág. 466.

[4] Id. ib., págs. 470-480.

[5] NEF, John — THE PROGRESS OF TECHNOLOGY AND GROWTH OF LARGE-SCALE INDUSTRY IN GREAT BRITAIN, 1560-1640, in ECONOMIC HISTORY REVIEW, Outubro, 1934, pág. 23; cit. Braudel, o. c., pág. 477.

*164*

da seda), nas indústrias de vidro, na siderurgia e extracção mineira, adoptando os processos técnicos mais avançados: altos fornos, bombas de água, máquinas elevatórias, moinhos de papel e de pólvora, fundições, refinarias etc..

A grandeza dos empreendimentos industriais ingleses, a concentração de mão-de-obra e de trabalho, e o volume dos investimentos atingem uma amplidão que o mundo ainda não conhecera.

O recurso à energia produzida pelo carvão mineral eleva esta revolução a um expoente inesperado. O recurso ao carvão foi uma consequência do elevadíssimo preço que atingia o carvão de madeira, que já se tornava raro com o secular desbaste das florestas. A utilização da energia hidráulica era também muito dispendiosa na Inglaterra, com ribeiros lentos e exigindo a construção de longos canais.

As minas de carvão vão atingir os 100 m de profundidade. A produção, de 35.000 toneladas em 1560, atingirá as 200.000 toneladas quarenta anos mais tarde. Para a sua condução constroem-se wagons sobre rails e navios apropriados.

Tudo isto, porém, impulsionado por um mercado interior em forte crescimento, não só porque a população cresceu 60% durante o século XVI, mas também pelo aumento considerável dos rendimentos agrícolas. As cidades crescem e os camponeses melhoram notavelmente as suas condições de vida.

Todavia, este crescimento não foi generalizado (alguns sectores permaneceram em atraso), e durante a segunda metade do século XVII estagnou.

Só em 1709 foi utilizado o carvão mineral num alto forno, um só até 1750, e a produção metalúrgica inglesa era de inferior qualidade às da Suécia, da Rússia e da França. Era da Suécia que ingleses importavam o aço.

Os têxteis de lã sofreram uma crise, desde meados do século XVI até ao fim do século XVII. Produzidos predominantemente em "putting-out system", representavam 90% das exportações inglesas no século XVI. Em meados do século XVII representam 75%, e no fim do mesmo século representam só 50%.

A crise do século XVII atingiu também a Inglaterra na sua demografia, que estagnou, e na produção agrícola que, embora aumentasse e conhecesse investimentos crescentes, viu diminuídos os seus rendimentos e os preços.

Que significado atribuir a estas várias "revoluções" industriais aborta-as?

Não terão sido os ensaios indispensáveis para o aparecimento da nova civilização? Fernand Braudel talvez tenha razão quando diz que "a Inglaterra não é a única responsável e inventora da Revolução industrial que realizou" ([6]).

Tentemos perceber, ainda que parcelarmente, como se processou a chamada "Revolução Industrial" inglesa, que serviu de modelo ao desencadear da nova civilização industrial, ao novo processo de crescimento, em que foram depois implicadas as demais nações.

Os historiadores não chegam a acordo quanto à construção teórica de um modelo explicativo da "Revolução Industrial", nem sequer chegam a definir o que deve entender-se por "industrialização", palavra que poderia eventualmente substituir a "revolução industrial" ([7]). Talvez uma análise do modelo inglês e a abordagem posterior das características da nova economia industrial permitam aproximar-nos das construções teóricas diversas.

---

([6]) BRAUDEL — Ib., pág. 480.

([7]) Id. ib., pág. 481. Cf. THE ORIGINS OF THE INDUSTRIAL REVO-LUTION, in PAST AND PRESENT, Abril, 1960, pp. 71-81, e L'INDUSTRIALI-SATION EN EUROPE AU XIXᵉ SIECLE, por Pierre Léon, François Crouzer, Richard Gascon, Lyon, 1972.

# 2 — A REVOLUÇÃO AGRÍCOLA

Para Paul Bairoch e E. L. Jones ([8]) a "revolução agrícola" tem a primasia entre os factores que desencadearam a "revolução industrial".

Ela não proveio da utilização de maquinismos ou de novos instrumentos, mas da utilização do solo em formas novas, que o tornaram mais produtivo: abolição dos pousios, repetições de lavras, rotações de culturas, adubação abundante, selecção de sementes e de raças ovinas e bovinas. As terras cercadas e muito divididas eram o enquadramento favorável.

Foi sobretudo depois de 1650 que tudo isso se intensificou, quando a pressão demográfica baixava. Nenhuma contradição existia, posto que foi sobretudo o crescimento das cidades, particularmente de Londres, que aumentou a procura de carne e consequentemente incitou à produção ganadeira, à cultura de plantas forrageiras e à rotação das culturas. A abundância de adubos completava o esquema. O aumento da produtividade de trigo ultrapassará as necessidades. O aumento da produtividade agrícola parece ter sido, pelo menos de 13% ([9]), entre 1650 e 1750.

A crise do século XVII na Inglaterra favoreceu pois uma agricultura de alto rendimento, que sustentará o salto demográfico da segunda metade do século XVIII. Favoreceu o aparecimento de pequenos empresários e um proletariado habituado a tarefas artesanais. O regime senhorial é destruído.

---

([8]) BAIROCH, Paul — LA AGRICUTURA Y LA REVOLUTION INDUSTRIAL. 1700-1914, in HISTORIA ECONOMICA DE EUROPA, dir. Carlo Cipolla, o. c., vol. 3, págs. 464-515.

— JONES, E. L. — AGRICULTURE AND ECONOMIC GROWTH IN ENGLAND, 1750-1815, Londres, 1967.

([9]) BRAUDEL — Ib., pág. 485, citando E. A. Wrigley e E. L. Jones.

A terra é encarada como meio de produção rentável, que deve ser trabalhada por lavradores eficazes. Muitos proprietários de terras tornam-se empresários industriais e de minas. O agricultor é um empresário, investe, explora a terra segundo as normas do mercado. A propriedade tende a concentrar-se nas mãos da nobreza fundiária, dos grandes "yeomen" e de grandes rendeiros. (Em França veio a suceder algo muito distinto: o regime senhorial terminou de um golpe, pela Revolução de 4 de Agosto de 1789, e a terra polverizou-se nas mãos de camponeses e de burgueses).

Como bem o demonstrou Paul Bairoch, no caso da Inglaterra, a "revolução agrária" antecedeu e criou condições para a "revolução industrial":

1) O crescimento contínuo da produtividade agrícola conduziu rapidamente à disponibilidade suplementar de rendimentos.

2) Esta disponibilidade dirigiu-se em grande parte para a procura de têxteis. Na impossibilidade do aumento rápido dos têxteis tradicionais de lã (impossibilidade de crescimento), a procura dirigiu-se para a procura de têxteis de algodão, inicialmente importando-os e em seguida produzindo-os, com matéria prima importada.

A indústria têxtil de algodão está na primeira linha da revolução industrial. A têxtil na Inglaterra de 1840 representava 75% do emprego industrial, e 50% dele pertencia ao sector do algodão. As exportações inglesas de têxteis de algodão atingiam os 50% do total das exportações. Sem dúvida que a intervenção das inovações técnicas desempenhou um papel fundamental, mas à solicitude de um mercado e sob a influência do dinamismo de empresários activos e capazes.

3) A produtividade agrícola (abolição dos pousios, etc.) exigia o aumento de utensílios de ferro: os instrumentos tradicionais mais intensamente utilizados e em crescente substituição das suas partes em madeira pelo ferro, o aumento da utilização dos cavalos e do uso da ferradura. A procura de ferro provocou o estímulo da siderurgia. Entre 1720 e 1760, o consumo de ferro em Inglaterra cresceu de 50%. No mesmo período de tempo a produção industrial total não havia progredido mais que 15% a 20%. Paul Bairoch calculou que só a maior utilização dos cavalos na agricultura e o uso da ferradura são responsáveis de cerca de 15% do consumo total de produtos siderúrgicos, em 1760; calculou ainda que entre 30 e 50% da procura de ferro pertencia ao sector agrícola.

4) O aumento da procura do ferro é que provocou a utilização do carvão mineral na siderurgia, o que constituiu uma das inovações técnicas mais relevantes da "revolução industrial".

168

5) Foi o crescimento da produção agrícola e dos respectivos rendimentos que criou, nas primeiras fases, o essencial dos empresários e dos capitais da "revolução industrial", que provinham das camadas mais modestas de agricultores. Só depois surgem os empresários industriais que eram grandes proprietários de terras, influenciados também pelo aumento das rendas das terras. Os capitalistas tradicionais da sociedade pré-industrial (comerciantes e nobres) só foram importantes em sectores restritos, e em fases posteriores, como no caso da indústria siderúrgica. O crescimento da produção agrícola está na origem da explosão demográfica e, portanto, da mão de obra disponível para a indústria.

# 3 — A REVOLUÇÃO DEMOGRÁFICA

Após uma relativa estagnação demográfica, durante o século XVII, a Inglaterra vai acelerar espectacularmente a sua taxa de crescimento demográfico, durante os séculos XVIII e XIX. De 5.835.000 habitantes em 1700 passa para 6.665.000 em 1760. Em 1790 chega aos 8.216.000, em 1820 atinge os 12 milhões, em 1850 os 18 milhões. As taxas de mortalidade diminuem de 33,37% para 27,1% em 1800, e para 21% no decénio 1811--1821. A taxa de natalidade chega a ultrapassar 37% ([10]).

Os condados onde a indústria se desenvolveu, e as cidades, foram os espaços privilegiados da explosão demográfica. Em 1701 os condados industriais eram um terço da população. Em 1831 significavam já 45% da população. Os condados agrícolas, que representavam 33,3% da população no início do século XVIII, passado um século não representavam mais de 26%. O emprego na indústria favoreceu o casamento precoce. Qual a relação entre industrialização e demografia? Parece ser esta uma sequência daquela. Não se conhecem investigações que o possam provar, embora as curvas de taxa de natalidade e de mortalidade pareçam distanciar-se na medida da industrialização.

---

([10]) REINHARD, R. e ARMENGAUD, A., DUPAQUIER, J. — HISTOIRE GÉNÉRALE DE LA POPULATION MONDIALE, Paris, 1968, págs. 202 ss.

# 4 — A REVOLUÇÃO TÉCNICA

Há ainda muito quem pense que na inovação técnica está a origem da revolução industrial. O que se demonstra é que a aplicação de inovações técnicas é sempre tardia e solicitada pela vida económica.

Em 1730 é inventada a naveta volante de Kay que vai acelerar enormemente o ritmo da tecelagem. Mas a sua difusão é posterior a 1760.

Em 1765 aparece a "spinning jenny", em 1769 a máquina hidráulica d'Arkwrigh, e em 1779 a "mule-jenny" de Crampton, que combina as duas, acelerando a fiação para uma produção dez vezes maior. Foi provavelmente o aparecimento destas máquinas de fiação que exigiu a difusão da naveta de Kay. Uma distância foi cavada entre a fiação e a tecelagem, que só por 1840 se desfaz, quando a tecelagem manual é já menos rentável que a mecânica e começa a ser substituída. Os baixos salários dos tecelões permitiam que o aumento destes satisfizesse o aumento da fiação, que desde 1800 se operava já com máquina a vapor.

A técnica foi um factor mais determinado do que determinante do económico, como o provou Paul Beiroch.

No mercado interno inglês, a média de consumo anual de algodão é esclarecedora: 1.700.000 libras, entre 1737-1740, 2.100.000 libras, entre 1741-1749, 2.800.000 entre 1751-1760 e 3.000.000 entre 1761 e 1770.

Este consumo exigia crescentes importações de algodão bruto das Índias orientais, das Antilhas e das demais colónias inglesas na América.

Desde o princípio do século XVIII que no mercado popular inglês, e depois até no mercado das elites, a procura dos têxteis indianos crescia. O seu baixo preço (pelo baixo preço dos salários indianos) provavelmente estimulou as inovações tónicas de produção deste sector, como havia estimulado a procura.

Na metalurgia algo de semelhante se passou. A fundição pelo coke, conquanto desde 1709 tenha sido utilizada pelo seu inventor nos seus próprios altos-fornos (Abraham Darby em Coalbrookdale-Shraphire), só em meados do século se difundiu. Em 1775, 45% da fundição provinha ainda de altos fornos a carvão de madeira. Só em 1760 o custo da produção com carvão de madeira ultrapassa (mais de duas libras por tonelada) a produção com coke. A procura era tal, em metal e em produtos acabados para exportação, que a produção com carvão de madeira era rentável (o aço sueco importado era taxado e as diversas regiões de Inglaterra não podiam fazer-se concorrência porque os transportes oneravam sobremaneira o produto). Mas a subida da procura foi tal que o preço do carvão de madeira o tornou desvantajoso ([11]). Já sabemos por Paul Bairoch a que se deve a pressão da procura.

A expansão do uso de coke não proveio da sua utilização para a produção de vapor nas máquinas de Boulton e Wat (1769), embora a máquina a vapor tenha acelerado depois a produção metalúrgica: permitindo a construção de gigantescos foles e consequentemente a construção de altos fornos de invulgares dimensões, libertando estes da localização junto de cursos de água, permitindo a sua localização junto das matérias primas — ferro e carvão —, na Black Country, em Staffordshire.

O que mais influenciou a difusão da máquina a vapor foi a capacidade de obter melhoria de qualidade do metal de ferro. Em 1780 a purificação de ferro fundido (pela utilização do coke) vai aumentar em 70% a produção de barras de ferro e permitir que as máquinas de Newcamen (1705), de Watt (a máquina de duplo efeito — 1784) e todos os desenvolvimentos subsequentes — com os transportes a vapôr — já durante o século XIX, sejam possíveis, porque o aço conseguido é duro e maleável.

---

([11]) HYDE, Charles — TECNOLOGICAL CHANGE AND THE BRITISH IRON INDUSTRY, 1700-1820, Londres, 1977, cit. Braudel, ib., pág. 480.

Em 1750 a Inglaterra tinha 70 altos fornos. Em 1788 já 60 deles laboravam com coke. Em 1806 eram 227 (97% da produção) e em 1826 eram 305 os altos fornos laborando com coke.

Em França os altos fornos a coke só foram introduzidos em 1769. Mas ainda em 1805, 98% da produção de ferro fundido francês era produzido utilizando carvão de madeira; só em 1850 esta se reduzia para 50% da produção, e em 1870 reduzia-se já para 9% cf. LESOURD-GÉRARD — NOUVELLE HISTOIRE ÉCONOMIQUE, Paris, Armand Colin, 1976, t. I, pág. 9.

# 5 — A REVOLUÇÃO DO ALGODÃO

Para John Hicks a revolução do algodão não diverge do que se pode chamar "revolução de Antigo Regime" ([12]). Mas o papel decisivo que representou aceleradamente na sociedade e na economia inglesa dos últimos decénios do século XVIII reserva-lhe uma importância primordial.

Desde o século XII que o algodão era trabalhado na Europa, importado do Levante, mas só em combinação com o linho, como fio de trama, resultando no "fustão", particularmente famoso na Alemanha.

No século XVII, quando apareceram na Europa os finos estampados da Índia a baixíssimo preço, provocaram uma procura tal que a Inglaterra (em 1700) e a França (1686) tiveram de os proibir.

Só um novo tipo de produção poderia impedir a concorrência daqueles têxteis que, pelo contrabando, continuavam a invadir os mercados europeus.

Só as máquinas de Arkwrrigh (a *Water Frame* — 1769) e de Crampton (a *Mule Jenny* — 1779) puderam obter os fios finos, resistentes, como os indianos, que serão tecidos para os enormes mercados de toda a Europa, das costas africanas, das colónias americanas, do oriente mediterrânico e até da própria Índia.

Em 1800 a exportação de tecidos de algodão constituía já a quarta parte de todas as exportações inglesas. Em 1850 constituía já a metade das exportações ([13]).

---

([12]) HICS, John — A THEORY OF ECONOMIC HISTORY, 1973, pág. 147, trad. port. TEORIA DE HISTÓRIA ECONÓMICA, Rio de aneiro, ed. Zahar.

([13]) MATHIAS, P. — A PRIMEIRA NAÇÃO INDUSTRIAL, Lisboa, Assírio e Alvim, pág. 241.

Até ao século XX as demais indústrias acompanham as curvas de evolução ascendente ou descendente da indústria algodoeira ([14]). Foi esta indústria a que primeiro, e com maior intensidade, aproveitou a energia do vapor. A mecanização dos têxteis de lã seguiu com trinta anos de atraso a dos têxteis de algodão.

A revolução do ferro é posterior. Cutelaria e quinquilharia continuarão quase artesanais até ao séc. XX ([15]). Por outro lado os enormes investimentos que exigiram a revolução dos transportes — caminhos de ferro e barcos a vapor — e a grande metalurgia, provieram primordialmente dos capitais acumulados com o algodão.

**Exportações inglesas** para:

|  | 1701-1705 | 1796-1800 |
|---|---|---|
| Europa | 71,1% | 47,8% |
| América | 6,4% | 37,5% |
| Ásia | 4,7% | 11,2% |
| África | 0,1% | 5,2% |

**Importações de Inglaterra,** vindas de:

|  | 1701-1705 | 1796-1800 |
|---|---|---|
| Europa | 55,7% | 33,9% |
| América | 19,4% | 36,3% |
| Ásia | 18,5% | 22,9% |
| África | —— | 0,3% |

Fonte: Pierre VILAR, OR ET MONNAIE DANS L'HISTOIRE, pág. 324

[14] HOBSBAWN, Eric J. — A ERA DAS REVOLUÇÕES, Lisboa, ed. Presença, 1978, págs. 56-70.

[15] MATHIAS — Ib., pág. 318.

# 6 — A REVOLUÇÃO COMERCIAL

Se as indústrias inglesas que produziam para o mercado interno passaram de um índice 100 para 150 durante o século XVIII, as que trabalhavam para o comércio externo passaram de 100 a 550; mas é sobretudo para fora da Europa que os tráficos ingleses crescem, enquanto diminuem os que a Inglaterra mantinha com os países europeus, excepto quanto a reexportações. Os altos preços do seu mercado interno e dos salários ingleses derrotavam os produtos ingleses ante a concorrência holandesa e francesa. Só nos mercados de Portugal e da Rússia (sua fornecedora de madeiras, ferro, cânhamo, resinas, alcatrão) mantém predominância.

As grandes vitórias comerciais inglesas, por vezes obtidas pelas armas, situavam-se nas Índias Orientais (desde 1757), no Canadá (desde 1762) nas costas africanas, nos Estados Unidos independentes (1775-1783). As guerras europeias do fim do século XVIII e as guerras napoleónicas afastaram a Holanda e a França da hegemonia mundial e favoreceram a Inglaterra.

Os outros continentes podiam fornecer-lhe as matérias primas a baixos preços, e eram mercados potenciais para os seus produtos.

Os altos preços internos estimulavam a transformar as condições de produção. Máquinas substituindo homens e matérias primas baratas. O último factor foi possível porque o extraordinário desenvolvimento da construção naval e de armamentos fez da Inglaterra a primeira potência naval do mundo.

As produções de exportação inglesas aumentaram, durante o século XVIII, perto de 450% (índice 100 em 1700 e 544 em 1800) enquanto a produção para o mercado interno aumentou apenas 52% (100 em 1700, e 153 em 1800). Nos primeiros vinte anos do século XIX as exportações inglesas continuaram o ritmo de crescimento com 83% [16].

---

[16] MATHIAS, ib, pág. 358.

# 7 — REVOLUÇÃO DOS TRANSPORTES INTERNOS

O comércio interno inglês (à volta de 40-60 milhões de libras de média anual entre 1760-1769, cujos lucros rondariam 10% — 4-6 milhões anuais) representava todavia duas a três vezes o valor do comércio externo (20 milhões de libras entre 1760-1769, descontadas as reexportações). Um tal comércio não era possível sem uma grande transformação dos meios de comunicação e de transporte.

Os transportes por mar em primeiro plano. Três quartos dos navios ingleses são barcos de cabotagem que utilizam 100.000 marinheiros, cerca do ano de 1800. Uma vintena de portos os recebem e expedem. Complementarmente, a enorme rede de ribeiras e canais estabeleciam as ligações entre o interior e o mar. Desde 1600 que as ribeiras inglesas não podiam ser navegáveis no seu estado natural, mas grandes obras melhoraram-lhes os percursos. O transporte do carvão e de materiais pesados, particularmente materiais de construção para as cidades, a tal os obrigavam. Uma rede impressionante de canais foi aberta. Uma rede de estradas, com pagamento de portagens, vinha sendo construída desde meados do século XVII, por particulares, como o seriam depois os canais.

Nos finais do século XVIII as necessidades de escoamento do carvão vão exigir a criação dos "rails" metálicos. Já dentro do século XIX — em 1814 — virá a locomotiva a vapor substituir a tracção dos cavalos. Mas sem locomotivas, em 1816, os caminhos de ferro estendiam-se por 76 léguas à volta de Newcastle. No condado de Glamorgan atingem 100 léguas. Na Escócia, ao redor de Glasgow e Edimbourg, são também lançados. Em 1833, mas agora já com locomotiva a vapor, os caminhos de ferro ligavam Liverpool a Manchester.

Já referimos atrás a Revolução Comercial, ligada sobretudo aos mercados exteriores, longínquos. Estes correspondem à aceleração impressionante das comunicações. Braudel aduz o testemunho de um francês que assegurava que, enquanto a Inglaterra trazia da Índia 600.000 quintais de arroz a 12 francos o transporte de um quintal, para levar um quintal de cereais desde a Bretanha até à Lorena, ninguém o faria por menos de 40 a 50 francos [17].

---

[17] BRAUDEL — O. cit., pág. 508.

# 8 — REVOLUÇÃO FINANCEIRA

Misturada com a industrialização uma revolução financeira atravessou a Inglaterra, apoiando-se já no fornecimento de créditos a longo prazo, conforme nos garante Rudolf Hilferding ([18]).

A Banca de Inglaterra, fundada em 1694, era o eixo de um sistema de bancas privadas de Londres (73 em 1807 — 100 em 1820) e de bancas regionais, que desde o princípio do século XVIII apoiavam e animavam os negócios de toda a Inglaterra (12 em 1750 — 120 em 1784 — 290 em 1797 — 370 em 1800 — 650 em 1810).

Apesar de graves crises e bancarrotas (1745-1793-1816) o sistema era bastante sólido. As bancas privadas e regionais provinham de iniciativas de banqueiros improvisados, das origens mais diversas (comerciantes, proprietários de minas, industriais) que descobrem uma fonte de lucro no fornecimento de dinheiro. Inicialmente cobertos por reservas em ouro, depois apenas cobertos pela confiança neles depositada,e finalmente, em última instância, pelo apoio da Banca de Inglaterra.

Em 1826 nascem legalmente os Bancos por acções (''joint stock banks''). Dez anos depois existem 70 destes bancos. Mas só no ano de 1836 mais 42 são criados.

A ''Clearing House'' de Londres, criada em 1773, para efectuar as compensações entre bancos, só em 1854 se abre à participação dos Bancos por acções e de todos os bancos regionais.

Aparecem depois as (''Saving Bank'') Caixas Económicas que canalizam as pequenas poupanças dos pobres.

---

([18]) HILFERDING, Rudol — LE CAPITAL FINANCIER, Paris, 1970, págs. 175-177, (trad. de DAS FINANZKAPITAL, 1910), cit. Braudel, pág. 525.

*181*

Surgem também os ("bill brokers") correctores de câmbios que se lançam também em operações de crédito por desconto, as "discount houses".

As bancas privadas de Londres vão centralizando e coordenando os movimentos das regionais, redistribuindo os capitais e os créditos para onde eles se tornem mais necessários e mais rentáveis.

O Banco de Inglaterra, apesar de governamental, funciona como banco privado, por acções, lançadas na especulação e em crescente aumento de valor (acções de 100 libras esterlinas, subiam a 136 em 1803, e a 355 em 1817).

As notas do Banco de Inglaterra passam a circular em todo o país e a ser as únicas aceitáveis, sucedâneas já da moeda-ouro desde 1797.

A Bolsa de valores (a "Stock Exchange") anima-se, com os valores de empresas estrangeiras. Uma hegemonia de capitais ingleses se derrama para investimentos externos, aliás com enormes riscos e crises.

Assim, um Capitalismo Industrial e um Capitalismo Financeiro suplantam definitivamente o antigo Capitalismo Comercial.

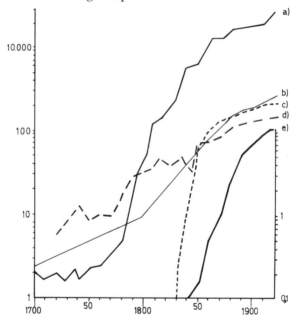

As Revoluções Inglesas segundo B. MITCHELL in AN ABSTRACT OF BRITISH HISTORICAL STATISTICS, 1962

a) — importação de algodão em bruto, em milhões de libras-peso. b) — produção de carvão, em milhões de toneladas. c) — vias férreas exploradas, em milhas. d) — massa monetária, em milhões de libras esterlinas. e) — barcos a vapor, em milhões de toneladas.

# II — A NOVA ECONOMIA INDUSTRIAL E FINANCEIRA

## 1 — INTRODUÇÃO

O que se acaba de descrever, e que os historiadores apresentam como demonstrativo de uma transformação profunda e rápida (relativamente) da Economia e da Sociedade de Inglaterra, a que se chamou a "Revolução Industrial", veio a suceder, com variantes, e a um certo ritmo temporal, em outras regiões da Europa (França, Alemanha, Suécia, Rússia) e fora da Europa (Estados Unidos, Japão, Canadá), durante o século XIX e princípios do século XX.

O processo desta difusão de transformações económicas e sociais recebeu, em finais do século XIX, o nome de Revolução Industrial.

Todavia, ao longo do século XIX e dos inícios do século XX vários aspectos singulares desse processo foram tomando vulto, de modo a exigir uma nova compreensão dos factos. Assim:

1) As transformações designadas de "revolução industrial" implicavam uma dinâmica económica de *crescente continuidade,* que pareciam significar o *natural crescimento* da economia pura e daí passarem a caracterizar o chamado *"Crescimento Económico".*

2) As mesmas transformações foram criando um fosso entre as populações das nações industrializadas, conduzindo as camadas populacionais que constituíram a mão de obra da produção industrial para situações de degradação social e de conflituosidade organizada — o proletariado operário e as organizações operárias — o que deu origem à análise contestatária dos mecanismos económicos e à criação de novas ideologias de transformação social e até de revolução social. Quando começa a forjar-se o conceito de "revolução industrial", começam também a desenvolver-se os movimentos

*183*

socialistas e as ideologias socialistas, com intervenções que perturbam e modificam a dinâmica pura dos mecanismos económicos, fazendo realçar a realidade da *força social* na evolução do crescimento económico.

3) Neste contexto começará a aparecer também a expressão "capitalismo", inicialmente carregada de depreciação ideológica, para designar um sistema económico e social que se tornava dominante.

4) À medida que o sistema se implantava e se desenvolvia na Europa e fora dela, tornava-se mais claro que ele criava claras divisões sociais do trabalho no interior dos espaços económicos nacionais e depois entre as economias nacionais dos vários espaços do mundo, hierarquizados segundo um mesmo modelo económico que criava a concepção de "desenvolvimento" e vinha produzindo grupos de "economias desenvolvidas" a expensas de "economias sub-desenvolvidas".

5) Assim, concumitantemente a um conjunto de fenómenos surgidos sem programação, reacções humanas intervinham para lhes dar sentido. Inevitavelmente, esforços de compreensão e explicação dos fenómenos — *teorias* — e esforços de intervenção programada — *políticas económicas* — nasceram.

A concepção de "revolução industrial" deixou de satisfazer a todas estas exigências.

As concepções de "crescimento económico" e de "desenvolvimento económico" impuzeram-se, particularmente depois da segunda guerra mundial.

A nova economia, ou talvez melhor, o novo modelo económico, que se pretende universal, e que se tornou modelo social ou de civilização, concebe-se como *um processo de crescimento contínuo de todos os sectores económicos, sob a animação e a aceleração do crescimento industrial.*

Sob essa concepção é primordial a ideia de desenvolvimento económico e a sua correlativa de sub-desenvolvimento.

Subjaz a esta concepção a ideia de que os fenómenos económicos e sociais se comportam de modo orgânico e progressivo, sendo possível, por essa razão, formular uma visão global da história humana por *fases de desenvolvimento* caracterizadas.

Aqui se entroncam duas posições muito conhecidas:

— uma, de referência marxista, que faz coincidir todo o processo, pelo menos desde a Idade Média — do fim do "Feudalismo" —, com a própria história do capitalismo, insistindo nas contradições do processo que o conduz a crises, superadas apenas pela alienação do trabalho humano, até ao momento em que se destruirá a si próprio, vencido pelo total controle dos trabalhadores sobre os mecanismos económicos e organizações sociais, pelo Socialismo e pelo Comunismo.

— outra, de origem capitalista, que sem deixar de aceitar alguns pressupostos marxistas — factos de desenvolvimento da economia capitalista pela expropriação do valor de trabalho — crê na evolução do próprio sistema de desenvolvimento capitalista de modo a atingir, na sua fase última, todas as populações, de todas as regiões, em forma de civilização harmoniosa.

É nesta posição que aparece um célebre "manifesto não-comunista" com o título de "Etapas do Desenvolvimento Económico" da autoria de W. W. Rostow ([1]). Os fenómenos de "sub-desenvolvimento", que o tipo de "desenvolvimento" apregoado vai criando no mundo, contradizem factualmente o optimismo de Rostow e estão na origem da consciência crescente, nas esferas morais e políticas, de que o mundo necessita de uma "nova ordem económica".

No entanto o estabelecimento um tanto arbitrário das cinco etapas de desenvolvimento propostas por Rostow: 1) a sociedade tradicional. 2) A etapa da criação de condições para o Arranque — take-off. 3) A etapa do TAKE-OFF. 4) A Marcha para a Maturidade. 5) A era do consumo em

---

([1]) Acaba de ser editada em Portugal uma obra de Pierre Vilar — DESENVOLVIMENTO ECONÓMICO E ANÁLISE HISTÓRICA — ed. Presença —, contendo uma recolha de estudos vários, anteriormente publicados em diferentes revistas, sobre os temas sugeridos pelo título do volume. Para essa obra se chama a atenção, porque é, sem dúvida, um precioso instrumento de reflexão, não só sobre o confronto das concepções marxistas com as não-marxistas acerca do Desenvolvimento Económico, como também e sobretudo sobre o confronto das metodologias de abordagem, pelo discurso histórico, da evolução económica e social da humanidade. A terminologia de um marxismo formal em nada diminui a sagacidade com que Pierre Vilar analisa os factos e as concepção históricas, conquanto não logre convencer-nos de que possui a expressão, a terminologia, a teoria, que explique cabalmente, e de uma vez por todas, a evolução dos fenómenos económicos e sociais.

No capítulo IV do volume em referência, Pierre Vilar faz uma análise crítica da obra de W. W. Rostow, que é das mais significativas da polémica criada pelo professor americano.

A obra de Walt Wiltman Rostow — THE STAGES OF ECONOMIC GROWTHI — (A Non-comunist Manifesto) — editada pela Cambridge University Press, em 1961, conhece uma tradução portuguesa, em edição brasileira, Zahar, Rio de Janeiro, de 1978.

*185*

massa, comumente utilizado, pode aqui servir-nos de ponto de referência.

A chamada "revolução industrial inglesa" corresponde ao TAKE-OFF de Inglaterra.

Como e quando se deu o "take-off" das demais nações da nova economia?

François Crouzet [2], comparando as taxas médias de crescimento da França e da Inglaterra, desde o princípio do século XVIII até 1914, mostrou como a França se não distanciava muito da Inglaterra:

1,3% — Inglaterra

1,2% — França

As taxas médias de crescimento industrial por cabeça eram de 1,5% para a Inglaterra e 1,4 para a França.

Todavia, este simples dado é enganador, porque o crescimento económico francês operou-se por fases alternadas de aceleração e de desaceleração e de recessão.

Sob os reinados de Luís XV e luís XVI (1715-1793) a maior parte dos sectores da produção francesa conheceram progressos constantes. Aquando da Revolução (1789), a França estava próspera e o seu comércio exterior igualava o de Inglaterra. De 1793 em diante são ainda objecto de discussão as fases cronológicas do crescimento económico francês [3]. Marczewski propõe-nos o seguinte esquema: 1796-1844 — aceleração.

1845-1854 — desaceleração, com a grande crise europeia.

1855-1884 — aceleração.

Rostow situa o take-off francês entre 1830-1860. Nesses mesmos anos se teria produzido o take-off da Bélgica (1833-1860), logo seguido dos Estados Unidos (1843-1860), da Alemanha (1850-1873), da Suécia (1868-1890), do Japão (1878-1900), da Rússia (1890-1914) e do Canadá (1896-1914).

Em 1860, enquanto a Grã-Bretanha produzia 134 Kgs. de aço por habitante, a Bélgica produzia 69 Kgs., a França e os Estados Unidos produziam 25 Kgs. cada, e a Alemanha apenas 14 Kgs.

---

[2] CROUZET, François — ANGLETERRE ET FRANCE AU XVIIIᵉ SIÈCLE — essai d'analyse comparée de deux croissances économiques — in ANNALES, E. S. C., 1966, Avril, págs. 254-291.

[3] MARCZEWSKI, G. — Y A-T'IL UN TAKE-OFF EN FRANCE? — in Cahiers de l'I. S. A., 1961. Cit. LESOURD-GÉRARD, Nouvelle Histoire Économique, Paris, Armand Colin, col. U, pág. 75.

Segundo Rostow o "take-off" exige três condições:

1 — Um aumento acelerado de investimento produtivo para mais de 10% do rendimento nacional (ou Produto nacional líquido — PNL).

2 — O desenvolvimento de um ou mais sectores manufactureiros básicos, com elevado índice de crescimento, que ponha em marcha uma cadeia de sectores com efeitos de carácter industrial nas economias externas.

3 — A existência ou a criação acelerada de estruturas políticas, sociais e institucionais que apoie e aproveite os impulsos da expansão e lhe dê um carácter permanente [4].

O crescimento e desenvolvimento assim entendido mede-se pela, evolução do produto nacional por cabeça (per capita) de habitante.

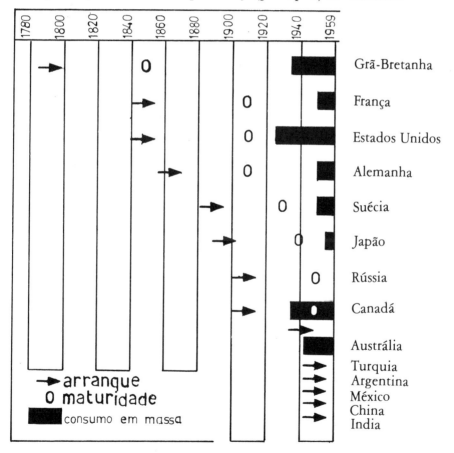

[4] ROSTOW, Walt Whitman — ETAPAS DO DESENVOLVIMENTO ECONÓMICO, Rio de Janeiro, Zahar Editores, 1978, págs. 55-56.

# 2 — MODIFICAÇÕES ESTRUTURAIS E CONDIÇÕES PRIMORDIAIS DA NOVA ECONOMIA

## A — MODIFICAÇÕES ESTRUTURAIS E TAXAS DE CRESCIMENTO

A nova economia industrial e financeira operou a passagem do que se pode chamar "o antigo regime económico" ([5]) para o capitalismo industrial e financeiro. Esta passagem não se vem operando senão em certas zonas, corresponde a tipos de sociedade diversos, com relações sociais, organizações políticas, mentalidades e valores diferentes, que se vão implantando em movimentos flutuantes, rítmicos, porque os obstáculos que apresentam as sociedades reais impõem dificuldades na eficiência dos factores produtivos, na exploração dos recursos naturais, no controle do trabalho, na evolução demográfica, na falta de elasticidade dos mercados, na repartição dos rendimentos, na desiquilibrada estruturação social, na rigidez das mentalidades, etc., etc..

As crises surgem, com periodicidade, quebrando ou flectindo o carácter de continuidade do crescimento e do desenvolvimento da nova economia.

Algumas características marcam as grandes diferenças entre os dois sistemas económicos:

1) O "antigo regime" era predominantemente agrícola e a sua população rural dominante até 80-90%. A produção agrícola tem nele uma superioridade absoluta sobre a produção industrial e, na produção agrícola,

---

([5]) Expressão consagrada, após os estudos de Ernest Labrousse sobre LA CRISE DE L'ECONOMIE A LA FIN DE L'ANCIEN RÉGIME et AU DÉBUT DE LA RÉVOLUTION, (obra publicada em Paris, em 1944, pela P. U. F.), onde, pela primeira vez são caracterizadas as diferenças entre as economias pré-capitalistas, pré-industriais, e a nova economia industrial e financeira.

a dos cereais sobre a das carnes, lacticínios, legumes e frutos. A pouca aplicação científica e técnica na produção agrícola não lhe permitia grande produtividade. Más colheitas eram seguidas de elevados preços do cereal e fome; aqueles não aproveitavam ao lavrador, que não tinha que vender.

2) Os transportes eram difíceis e lentos. Daí resultavam desequilíbrios de preços entre regiões, e impossibilidade de criar um mercado homogéneo em todo o espaço nacional.

3) A produção industrial era fraca, predominantemente rural, dispersa, dominada pelos comerciantes e dirigida para bens de consumo e pouco para meios de produção.

A nova economia industrial vai provocar a hegemonização da indústria sobre a agricultura, e naquela as indústrias de base e de produção de equipamentos, de preferência às indústrias ligeiras e de bens de consumo. A extracção mineira, a siderurgia, a metalúrgica, e as indústrias químicas serão dominantes.

Os transportes multiplicar-se-ão e acelerar-se-ão na capacidade de ligar velozmente as mais afastadas regiões, baixando o custo da translacção de mercadorias, criando espaços (nacionais) económicos unificados e homogeneizando os preços agrícolas e industriais.

Um mercado de crescimento auto-sustentado se pôs em marcha a um ritmo sem precedentes. Nunca nos séculos anteriores o crescimento ultrapassara 1% e raramente foi superior a 0,5%. Esse processo provocará também um distanciamento notável entre os vários países e sobretudo entre as várias regiões. Antes da "revolução industrial" a distância que separava os países mais pobres dos países mais ricos era, certamente, inferior à proporção 1-2,5 e provavelmente da ordem de 1 a 1,8. Isto, evidentemente, excluindo as sociedades primitivas. Pela mesma época, a distância entre o nível de vida médio do europeu e do habitante do que no século XX veio a chamar-se Terceiro Mundo era praticamente nula, em qualquer caso era inferior a 20 por cento, e provavelmente com um nível mais débil por parte do europeu, por causa do nível de vida mais elevado dos chineses, que influía poderosamente na média do futuro Terceiro Mundo.

Mas a partir dos anos 1815 duas evoluções contraditórias modificaram a situação. Os países afectados pelo processo da "revolução industrial" tornaram-se mais numerosos e o seu crescimento acelerou-se: no espaço de um século o seu nível de vida foi multiplicado por 3 ou 4, segundo os casos.

Por outro lado, a maioria das regiões de Ásia e de África registaram estagnação ou regressão no seu nível de vida'' ([6]).

Níveis de vida, por habitante de alguns países em estádio próximo da economia tradicional — em dólares e preços dos Estados Unidos de 1960:

|  | datas | PNB por habitante |
|---|---|---|
| Países actualmente desenvolvidos: | | |
| Grã-Bretanha ..................... | 1700 | 150-190 |
| Estados Unidos .................. | 1710 | 250-290 |
| França .......................... | 1781-1790 | 170-200 |
| Rússia .......................... | 1860 | 160-200 |
| Suécia .......................... | 1860 | 210-240 |
| Japão ........................... | 1870 | 130-170 |

|  | datas | PNB por habitante |
|---|---|---|
| Países do Terceiro Mundo: | | |
| Egipto .......................... | 1897 | 210-250 |
| Ghana .......................... | 1891 | 100-140 |
| Índia ........................... | 1900 | 140-180 a) |
| Irão ............................ | 1900 | 130-160 |
| Jamaica ......................... | 1832 | 200-230 b) |
| México ......................... | 1900 | 160-180 |
| Filipinas ....................... | 1902 | 180-220 |

*a)* 120-160 em 1860, mas provavelmente 160-210 em 1800.

*b)* 160-180 em 1900.

Os números do PNB/habitante são grandezas prováveis e não grandezas extremas, em que conviria corrigir cada limite em cerca de 10% ([6]).

Kusnetz avaliou os níveis dos países aquando do seu arranque para a nova economia. Eram grandes as diferenças entre eles, e as datas de aceleração dos respectivos processos são também diferentes. Depois de acelerado o

---

([6]) BAIROCH, Paul — LAS GRANDES TENDENCIAS DE LAS DISPARIDADES ECONOMICAS NACIONALES DESPUÉS DE LA REVOLUTION INDUSTRIAL, in Historia Economica — nuevos eufoques y nuevos problemas — Barcelona, Ed. Critica, 1981, págs. 196-200.

processo, cada um deles tomou uma velocidade própria. É o que pode verificar-se pelo seguinte quadro: ([7])

| Produto por cabeça no início do crescimento moderno dos países desenvolvidos | | | | |
|---|---|---|---|---|
| Países | PNB por cabeça dollares U. S. 1965 | Extrapolação à data inicial | | PNB por cabeça à data inicial. dollares U. S. |
| | | data | crescimento % | |
| Grã-Bretanha .. | 1870 | 1765-85 | 8,23 | 227 |
| França ......... | 2047 | 1831-41 | 8,46 | 242 |
| Bélgica ........ | 1835 | 1831-40 | 5,63 | 326 |
| Países Baixos .. | 1609 | 1831-40 | 4,64 | 347 |
| Alemanha .... | 1939 | 1850-59 | 6,41 | 302 |
| Suissa ......... | 2354 | 1865 | 4,45 | 529 |
| Dinamarca .... | 2238 | 1865-69 | 6,05 | 370 |
| Noruega ....... | 1912 | 1865-69 | 6,65 | 287 |
| Suécia ......... | 2713 | 1861-69 | 12,64 | 215 |
| Itália .......... | 1100 | 1895-99 | 4,06 | 271 |
| | | 1861-69 | 4,22 | 261 |
| Japão ......... | 876 | 1874-79 | 11,88 | 74 |
| Estados Unidos | 3580 | 1834-43 | 7,56 | 474 |
| Canadá ........ | 2507 | 1870-74 | 4,94 | 508 |
| Austrália ...... | 2023 | 1900-04 | 2,18 | 930 |
| | | 1861-69 | 2,66 | 760 |

Por volta de 1840, torna-se claro que uma Europa do Noroeste se manifesta já bastante rica, com um PNB por cabeça próximo do da Grã-Bretanha. Constituem-na os Países Baixos, a Bélgica e a França. A Alemanha afasta-se um pouco e os países escandinavos, à excepção da Noruega, afastam-se um pouco mais. Os países orientais e balcânicos não dispõem de mais de dois quintos do PNB da Grã-Bretanha. Os Estados Unidos teriam um nível de desenvolvimento intermédio entre a Grã-Bretanha e a França. No interior da Europa, ao longo dos grandes eixos

([7]) KUZNETS, S. — ECONOMIC GROWTH OFF NATIONS, 1972, pág. 24 — cit. CARON, François, LA CROISSANCE ÉCONOMIQUE, Histoire Économique Et Sociale du Monde, dir. Pierre Léon, Paris, Armand Colin, 1978, vol. 4, pág. 70.

de circulação, certos espaços com desenvolvimento mais elevado que o resto do continente, estendiam-se da França do Norte até uma parte da Suissa, pela região renana-westphaliana, pela Alsácia, ao mesmo tempo que certos polos de desenvolvimento disseminados pelo Saxe, pela Boémia, pela Silésia, pela Itália do Norte, e na Catalunha, como também ao redor de certos grandes centros — Paris, Viena, Berlim, São-Petersburg — destacam-se já do restante espaço europeu.

Ao longo do século XIX foram-se acentuando as diferenças. Aquando da guerra de 1914 uma Europa do Noroeste, agora integrando a Alemanha e os países escandinavos (desde 1880-1890), altamente desenvolvidos, opunham-se à Europa Oriental e Central, mais pobres. A Leste, alguns países (Rússia e Hungria) melhoram o seu PNB por cabeça. Melhoram-no também alguns países do Centro (Áustria e norte de Itália), enquanto a Sul, Espanha, Portugal, Grécia e Sérbia dificilmente se movem.

Os seguintes dados fornecidos por Paul Bairoch e Angus Maddison mostram essas posições relativas: ([8])

1) — Quadro dos países europeus, por ordem decrescente do seu PNB por cabeça, em 1880 e 1913.

— base 100 = Grã-Bretanha

| 1880 | | 1913 | |
|---|---|---|---|
| Suissa | 99,4 | Suissa | 100,0 |
| Bélgica | 86,6 | Bélgica | 92,7 |
| Países Baixos | 79,7 | Dinamarca | 89,3 |
| Noruega | 68,2 | Países Baixos | 78,1 |
| França | 68,2 | Noruega | 77,6 |
| Alemanha | 65,1 | Alemanha | 76,9 |
| Dinamarca | 58,2 | França | 71,2 |
| Finlândia | 48,0 | Suécia | 70,4 |
| Espanha | 47,5 | Finlândia | 53,8 |
| Austria-Hungria | 46,3 | Austria-Hungria | 51,6 |
| Itália | 45,7 | Itália | 45,6 |
| Suécia | 44,5 | Espanha | 38,0 |
| Portugal | 39,7 | Roménia | 34,8 |
| Grécia | 38,2 | Rússia | 33,7 |
| Sérbia | 35,2 | Grécia | 33,3 |
| Roménia | 33,8 | Portugal | 30,2 |
| Rússia | 32,9 | Sérbia | 29,4 |
| Europa continental | 48,6 | Europa continental | 50,6 |

([8]) CARON, François — o. c., pág. 73.

*193*

2) — Taxas médias anuais de crescimento do PNB e do PNB por cabeça:

| | 1870-1913 | | | | 1860-1913 | | | |
|---|---|---|---|---|---|---|---|---|
| | PNB | | PNB/cabeça | | PNB | | PNB/cabeça | |
| | taxa | posi-ção | taxa | pos. | taxa | pos. | taxa | pos |
| Alemanha .... | 2,9 a) | 3 | 1,8 a) | 3 | 2,60 | 3 | 1,41 | 3 |
| Bélgica ...... | 2,7 | 4 | 1,7 | 4 | 2,06 | 7 | 1,15 | 7 |
| Dinamarca .. | 3,2 | 1 | 2,1 | 2 | 3,12 | 1 | 2,05 | 2 |
| França ........ | 1,6 | 10 | 1,4 a) | 5 | 1,37 | 11 | 1,20 | 5 |
| Itália ......... | 1,4 | 11 | 0,7 | 11 | 1,40 | 10 | 0,72 | 11 |
| Noruega ..... | 2,2 a) | 6 | 1,4 | 5 | 2,00 | 8 | 1,20 | 5 |
| Países Baixos . | 2,2 d) | 6 | 0,8 b) | 10 | 2,15 | 5 | 0,97 | 10 |
| Grã-Bretanha | 2,2 | 6 | 1,3 | 7 | 1,92 | 9 | 1,04 | 9 |
| Rússia ........ | 2,5 | 5 | 0,9 | 9 | 2,47 | 4 | 1,15 | 7 |
| Suécia ....... | 3,0 | 2 | 2,3 | 1 | 2,86 | 2 | 2,11 | 1 |
| EUROPA :. | ? | | 1,98 | | | | 1,03 | |
| Austrália ..... | 3,5 | | 0,8 | | | | | |
| Canadá ...... | 3,8 | | 2,0 | | | | | |
| Est. Unidos.. | 4,3 | | 2,2 | | | | | |
| Japão ......... | 2,7 | | 1,7 d) | | | | | |

a) — 1871-1913
b) — 1900-1913
c) — 1890-1913
d) — 1879-1913

1870-1913 — segundo A. Maddison
1860-1913 — segundo Paul Bairoch.

Como se vê, a Alemanha, a Dinamarca e a Suíça aceleraram o seu crescimento, com nítida liderança, entre 1880 e 1913. (Mais que entre 1840 e 1880).

A média de crescimento do PNB europeu entre 1860 e 1880 foi de 2% e o de PNB por habitante foi de 1%.

Entre 1880 e 1913, a Grã-Bretanha, a Noruega e os Países Baixos desaceleraram o seu crescimento. A Rússia, entre 1860 e 1913 acelerou claramente, com uma taxa de 2,5%. A Itália, entre 1880 e 1913, quase dobrou a taxa de crescimento que alcançara entre 1840 e 1880. Está todavia, com a França, nos últimos lugares entre os países desenvolvidos. Dos países não--europeus são os de origem europeia e o Japão que atingem taxas superiores à média europeia.

Mas o crescimento contínuo e auto-sustentado não tem uma relação mecânica com a industrialização. Países houve que partiram de uma agricultura fortemente produtiva, complementar da industrialização, como foi o caso da Dinamarca, enquanto outros se industrializaram sem modernizar a sua agricultura, como fez a Rússia. O desenvolvimento constitui, porém, um conjunto coerente, pelo que os vários sectores de produção tenderão sempre a harmonizar-se. Segundo Kuznets o crescimento económico caracteriza-se, sobretudo, pela aceleração das taxas de mudanças, pelo ritmo mais rápido da mobilidade interna dos factores de produção e é acompanhada de modificações estruturais observáveis nos países que primeiro e mais intensamente o experimentaram. A partir de elementos estatísticos (⁹) é possível formar uma ideia de alguns aspectos importantes das modificações estruturais dos países de vanguarda da nova economia.

Servimo-nos de dados referentes à *repartição do produto*, *à repartição dos rendimentos*, quer nacional, quer interior, (em valores constantes ou em valores correntes), e à *repartição da população activa*.

A produção dividiu-se em produção de bens materiais e outras actividades. Na produção de bens materiais estão compreendidas a *agricultura* (incluindo florestas e pesca) e a *indústria* (incluindo indústrias extractivas e construção). As *outras actividades* referem-se a vários sectores da produção cujo conhecimento é ainda diminuto e que incluem os transportes, as telecomunicações, o comércio, actividades seguradoras, actividades bancárias e outros serviços. Nos *rendimentos* incluem-se também as rendas fundiárias e imobiliárias e ainda os capitais colocados no estrangeiro.

Os dados estatísticos não oferecem todos a mesma segurança. São porém indicativos. É no *produto físico* que eles são mais seguros e é nesse sector que as modificações se manifestam mais expressivas.

Inicialmente, em todos os casos, a distância entre a parte correspondente ao Produto ou ao Rendimento e a parte da População Activa é muito

---

(⁹) Os elementos estatísticos aqui referidos dizem respeito à evolução das estruturas económicas e sociais da Alemanha, da França, da Inglaterra, da Suécie, da Noruega, e dos Estados Unidos, extraídas do texto de François Caron atrás citado e que daremos, em apêndice, no final deste volume.

elevada (em detrimento desta: 31 pontos nos Estados Unidos, 29 na Suécia, 22 na Noruega, 20 na Grã-Bretanha, 13 na Alemanha e 13 em França). Isso significa que o Produto e o Rendimento por trabalhador é muito menor nos sectores produtores do bens reais (Produto Físico) do que nos demais sectores. Todavia essa distância tende a diminuir (menos 15 pontos nos Estados Unidos, menos 11 na Grã-Bretanha, menos 9 em França, menos 8 na Alemanha, menos 6 na Suécia).

A evolução da França e da Alemanha assemelham-se, como também se assemelham Estados Unidos e Grã-Bretanha, no tocante ao Rendimento provindo de *outros sectores* que não a produção de bens materiais.

A produtividade do trabalho dos diferentes sectores tende a aproximar-se. Inicialmente nos Estados Unidos há uma distância entre as "ratio" de cada um deles de 1 para 5, que na França e na Alemanha é de 1 para 2. No fim essa distância é nula na Inglaterra (desde 1881), reduzida a 60% nos Estados Unidos, a 27% na Alemanha e a 16% na França. Significa isso que a produtividade dos sectores produtores de bens físicos cresce mais rapidamente que a de outros sectores.

A evolução da estrutura do produto físico é igual por todo o lado: de início, a parte correspondente à agricultura situa-se entre 66% (caso do Canadá em 1870) e 78% (caso dos Estados Unidos em 1839); no fim, essa parte desce para 13% na Inglaterra, 34% na Alemanha (em 1910-1913) e para 47% no Canadá (em 1912).

As mudanças são mais importantes se medidas em valores constantes do que se forem medidas em valores correntes (França, Alemanha, Estados Unidos), porque os preços relativos evoluíram de modo a moderar o declínio da agricultura.

Uma última nota, para salientar que a parte da agricultura no capítulo da *população activa* baixa, mas baixa mais lentamente que a parte da agricultura no Produto Nacional. Em sentido inverso, o crescimento da parte respeitante à indústria é muito mais rápido no caso do Produto que no da população activa. De modo geral a parte da população activa é superior à sua parte no Produto. Há uma diferença no crescimento da produtividade dos dois sectores, fundamentalmente, porque a indústria conheceu inovações técnicas muito mais profundas que a agricultura.

Resumindo, pode concluir-se, segundo François Caron:

1 — As mudanças estruturais globais são consequência de crescimentos diferentes dos sectores. As diferenças estruturais entre os países resultam de ritmos diferentes do seu crescimento industrial.

*196*

2 — As modificações estruturais da produção e da força do trabalho traduzem modificações da estrutura da Procura ligada à subida do Produto por cabeça.

3 — O efeito das elasticidades variáveis da Procura é inseparável do efeito variável dos progressos técnicos sobre os custos e sobre a evolução diferencial dos preços ([10]).

## B — RELAÇÕES ENTRE DEMOGRAFIA, PRODUÇÃO AGRÍCOLA E PRODUÇÃO INDUSTRIAL

O crescimento demográfico, com a dificuldade de obter emprego na terra, a atracção dos mercados urbanos por consumo crescente de produtos agrícolas, que estimula os camponeses a trabalhar para vender, e por outro lado uma série de disseminados e parcelares pequenos progressos técnicos de exploração, como a especialização das terras e das culturas, extenção de pastos e produção de forragens, a eliminação do pousio e do afolhamento trienal, como também o confinamento da criação de caprinos e ovinos para evitar degradações, foram ao longo do século XVIII e do século XIX, estimulantes da liberdade de empresa agrícola, de apropriação de terras comunais, da penetração da economia monetária no campesinato, do respectivo desejo de lucro, do individualismo e da quebra dos laços comunitários.

Os meios rurais viram-se, consequentemente, atravessados por constantes conflitos entre camponeses e nobres, entre camponeses e burgueses proprietários e entre os próprios camponeses.

Os camponeses ricos beneficiaram da evolução, com o sacrifício dos pequenos proprietários ou locatários de terras e dos simples trabalhadores, mais conservadores nos processos de produção. Destes sairá a mão de obra barata das novas indústrias das cidades. A eliminação dos vínculos feudais (em 1793 terminada em França, enquanto em Portugal só lentamente se processou na segunda metade do século XIX), a venda dos bens da Igreja e demais bens nacionais, favoreceram a propriedade e a exploração agrícola de tipo capitalista com a apropriação da renda de tipo feudal.

Aumento das superfícies cultivadas, aparecimento de culturas novas (beterraba, batata), desenvolvimento de outras, aumento da produção

---

([10]) CARON, François — o. c., págs. 102-111.

de carne e de lacticínios, aumento dos rendimentos por hectare, aumento da produção, foram consequências progressivas.

Todavia, o movimento dos preços — baixas cíclicas — prejudicava os grandes proprietários. Transformações técnicas vieram permitir baixar os preços de mercado, mantendo margens de lucro e melhorando a qualidade, com o aumento considerável das quantidades postas no mercado: progressos nos utensílios de lavoura (mais tarde mecanizados), na ciência agronómica, com correcção química dos solos, selecção de sementes e de raças de animais. Finalmente o caminho de ferro veio pôr à disposição dos camponeses a ligação rápida e capaz dos produtos agrícolas com os mercados e com a produção industrial necessária à agricultura.

A super-produção, o desenvolvimento desordenado de monoculturas, a baixa dos preços, ou a subida mais lenta que os preços de produtos industriais, provocarão dificuldades.

A percentagem da economia agrícola começa a diminuir no produto nacional, (em França em 1845-1854 constituía 45% do produto físico, em 1905-1913 desce para 40%) ([11]) e simultâneamente as formas capitalistas de troca e de dominação da cidade sobre o campo acentuam-se, influindo decisivamente na determinação dos preços da oferta dos produtos agrícolas e dos preços dos produtos industriais que os camponeses necessitam.

A crescente industrialização macissa de produtos agrícolas (é o caso das fábricas de açúcar e das destilarias), as dificuldades de acesso dos camponeses ao crédito bancário e a dependência em que aqueles caem, por empréstimos sob hipoteca ou sob usura, em relação a emprestadores individuais (grandes proprietários e intermediários), empurra definitivamente a produção agrícola e os seus agentes para as formas da nova economia.

A população activa agrícola decresceu, decresceram as explorações agrícolas de pequena dimensão e cresceram as de média e grande dimensão ([12]).


## C — INVESTIMENTOS E POUPANÇA

Na economia de "antigo regime" o excedente dos rendimentos (depois de satisfeito o consumo) se não era entesourado era aplicado em

---

([11]) BOUVIER, Jean — INITIATION AU VOCABULAIRE ET AUX MECANISMES ÉCONOMIQUES CONTEMPORAINS (XIX$^e$-XX$^e$), Paris, S. E. D. E. S., 1977, pág. 51.

([12]) Id., págs. 58-59.

bens fundiários. Desde o fim do Século XVIII que se inicia uma tendência para a aplicação desse excedente — a poupança — em bens mobiliários, acções e obrigações de empresas ou em empréstimos ao Estado. Foi típico do século XIX o homem que "vivia dos rendimentos". Só as posteriores tendências inflacionistas inverteram o movimento para a aplicação das poupanças em bens imobiliários.

Foram-se entretanto criando instrumentos de canalização das pequenas poupanças (Caixas e Bancos) para o seu emprego a curto e a longo prazo, e generalizou-se lentamente o seu emprego em títulos do Estado, e depósitos à ordem e a prazo médio e longo.

As empresas foram também reservando crescentemente parte dos seus lucros para auto-financiamento e para reinvestimento em novos meios de produção, para além da distribuição dos dividendos aos accionistas. Durante os séculos XIX-XX, foram crescendo os empréstimos do Estado e de colectividades públicas, que conduziram ao aumento avultado de investimentos públicos. Assim se centralizaram grandes massas de capitais de poupança, que foram suporte imprescindível do desenvolvimento.


## D — PROGRESSOS TÉCNICOS, TRANSPORTES E COMUNICAÇÕES

As inovações técnicas, quer exigidas pela procura, quer criando novas procuras, agiram como multiplicadores de produção. As inovações técnicas foram inicialmente obra de artesãos, como as inovações inglesas da produção têxtil de finais do século XVIII. Entretanto, a intervenção da ciência tornou-se preponderante: os engenheiros e os sábios tomaram o lugar dos artesãos. Merece destaque entre todas as inovações a da *nova energia, o vapor,* inicialmente servindo nas minas de carvão para bombagem das águas, com a aplicação da máquina de Watt (1769), depois aplicada aos teares, substituindo homens, mecanizando operações, depois levando à criação de novos equipamentos, multiplicadores da produtividade, concebidos já para a utilização do vapôr, como foram as prensas hidráulicas e os martelos-pilão, e finalmente aplicada aos transportes e à tracção (fluviais, marítimos e ferroviários). Tal como em Inglaterra, nos demais países, o aproveitamento da energia "vapôr" teve de ser precedida, ao longo do século XIX, pela revolução siderúrgica, produção de ferro fundido, com

*199*

carvão de madeira, depois utilizando o coke, e mais tarde a produção do aço. Este foi sendo melhorado pela descoberta lenta de processos de eliminação do fósforo, (1855, processo Bessemer — 1863 processo Siemens — Martin — 1878, processo Thomas-Gilchnist).

Quando o primeiro navio a vapor do americano Robert Fulton (1806) sulca as águas ainda os veleiros são mais rápidos e mais baratos. Mas a utilização do ferro vai permitir maior comprimento aos barcos, e com a utilização da hélice (inventada em 1832 por Sauvage) os veleiros vão perdendo na concorrência. Só depois de 1885 o número de veleiros é suplantado pelo de barcos a vapôr. Em 1913 estes representam 26,5 milhões de toneladas de capacidade, enquanto os veleiros não vão além das 3,9. O custo dos transportes desce na produção de 10 para 1.

## TRANSPORTES FERROVIÁRIOS

Os transportes ferroviários merecem referência mais longa. Foi em 1804 que Richard Trevithick fez circular pela primeira vez uma locomotiva a vapôr, numa mina. Em 1808, expunha à curiosidade pública, em Londres, a segunda locomotiva, puxando um vagão em que o público era conduzido sobre uma via férrea circular. Até 1814, porque se julgava impossível que a locomotiva não patinasse sobre os rails, a máquina era só utilizada nas minas de carvão colocada ao alto de uma vertente, donde puxava os vagões que desciam pela força da gravidade. Em 1814, o inglês William Hadley, com a sua locomotiva "Puffing Billy", de 8 toneladas e removendo 50 toneladas a 8 Km./hora, provou que era possível fazer aderir a locomotiva aos rails. Nascia o transporte ferroviário. Em 1825 circulava já entre Stockton e Dalington um comboio de passageiros. A sua locomotiva removia 90 toneladas a 20 Km/hora. Era fabricada na primeira fábrica de locomotivas, em Newcastle, criada por George e Robert Stephenson, em 1823. O francês Marc Seguin melhorou a potência das locomotivas, com a caldeira tubular e o sobreaquecimento do vapôr e simultaneamente com um traçado de vias férreas sem grandes declives, o que onerava os trabalhos de infraestrutura. Em 1827, iniciam-se os caminhos de ferro franceses na linha Andrézieux — Saint-Etienne. Em 1832 a linha já se estendia entre Lião e Saint-Etienne, mas a Inglaterra desde 1830 tinha a funcionar a linha Liverpool-Manchester. Em 1850 a Inglaterra possuía já

10.500 km. de vias férreas ao serviço, que se estenderiam aos 38.000 kms. até 1914. No mesmo período de tempo a França de 3.500 atinge 39.500 kms., a Alemanha de 6.000 atinge os 63.000 kms., a Bélgica de 800 atinge 8.800 kms. e a Itália de 120 kms. alcança os 18.000 kms. de via férrea.

Fora da Europa, os caminhos de ferro penetram e modificam rapidamente os espaços. Nos Estados Unidos dos 14.500 kms. em 1850, passam para os 386.000 kms. em 1916 (5,5 por km.2 e 43 km. por 10.000 habitantes). No Japão de 1872 a 1900 6.500 kms. são instalados. Na Rússia, já em 1857, as linhas férreas ligavam Moscovo a S. Petersbourg e em 1862 S. Petersbourg a Varsóvia, e Moscovo a Novgorod. Moscovo era também circundado por linhas.

Até 1914, um total de 60.000 kms. havia sido instalado. Entre 1891--1903, foram instaladas as linhas intercontinentais do Transcaspiano e sobretudo a do Transsiberiano. Os Estados Unidos já haviam construido 5 linhas transcontinentais entre o Atlântico e o Pacifico, a primeira terminada em 1869 e as demais até 1885. Outras regiões (China, América Latina, colónias africanas) começam também a lançar as suas linhas férreas.

Na Europa, as vias férreas, numa primeira fase, procuravam estabelecer os *grandes eixos nacionais* (Paris-Bruxelas; Antuérpia-Colónia; Frankfurt--Bâle; Viena-Praga-Berlim). Em segunda fase, são lançadas as *vias regionais* que afluem aos grandes eixos; as *vias secundárias*, que atingirão as localidades mais isoladas, constituirão a terceira fase.

Nunca a história havia registado empreendimento algum que exigisse como os Caminhos de Ferro uma tão grande concentração de capitais. As sociedades que empreenderam a sua implantação foram o grande laboratório dos modernos processos de centralização de capitais e portanto do grande capitalismo de hoje ([13]). As companhias inicialmente constituiam o seu capital com a venda de acções caras, a que só tinham acesso pessoas muito afortunadas (5.000 francos cada título das companhias das linhas de Saint--Etienne-Andrézien, em 1823, e de Saint-Etienne-Lyon, em 1826). James de Rothschild e Emile Pereira em 1837, põem à venda acções de 500 francos para a compamhia da linha Paris-Saint Germain-en-Laye. Os accionistas multiplicam-se. Em 1845 Rothschilde forma a Companhia do Norte — em França — conseguindo reunir as poupanças de 20.000 accionistas. Em 1851 Pereire lança no mercado *obrigações* (títulos de rendimento fixo — os

---

([13]) BOUVIER, o. c., pág. 64.

juros — funcionando como um empréstimo e não como parte do capital e portanto de rendimento variável como as *acções)* ferroviárias de 500 francos, que, pela segurança oferecida, atraem numerosíssimas poupanças. O mercado destes títulos (acções e obrigações) centralizam enormes massas de dinheiro, em que se vão interessando vários grupos industriais e bancários. Empresas de exploração de carvão, empresas siderúrgicas, empresas de construção e outras, fornecedoras dos materiais e também clientes, vêem-se associadas e têm de associar-se aos bancos, que fornecem os créditos ou que congregam os serviços, para que se estabeleçam os acessos aos créditos e se efectuem os pagamentos. Aí têm origem, em França os grupos Rothschild, Pereire, os dois grandes rivais na obtenção das concepções ferroviárias das linhas dos mais variados países europeus. Fora da Europa (Estados Unidos, Japão, Austrália, etc.,) grupos industriais e financeiros ingleses dominavam a construção ferroviária.

Os caminhos de ferro, pelo enorme interesse público que representavam — e até pela prestação directa de serviços públicos, como Correios — por problemas de estratégia política nos seus traçados e por problemas de gestão, foram implantados e geridos de formas diversas até virem a terminar em empresas nacionalizadas.

As primeiras linhas foram geralmente entregues — por concessão de Estado — a empresas privadas, para instalação e exploração. Tratava-se de linhas unindo grandes centros urbanos, em terrenos planos, de rentabilidade assegurada. A Inglaterra, os Países Baixos, Portugal e Espanha adoptaram este sistema.

Outros países como França, Bélgica, Suécia, Áustria, Prússia, etc., adoptavam, como sistema, encarregar-se o Estado da construção e exploração dos eixos principais, deixando à concorrência de empresas privadas as restantes linhas. Algumas destas viram-se obrigadas a obter comparticipações gratuitas, ou garantias de pagamento pelo Estado dos juros devidos às obrigações (por convénios), porque a extenção das linhas a certas regiões, por estratégia política, implicava infraestruturas demasiado onerosas. Esta participação financeira do Estado era procurada também por todas as companhias ferroviárias em épocas de crise económica, em que se tornavam deficitárias. Este fenómeno tornou-se geral depois da primeira guerra mundial. Os efeitos da guerra, a crise dos anos 30, os salários elevados, o controle das tarifas pelo Estado, para favorecer a expansão industrial etc., originaram a passagem das empresas ferroviárias, da gestão privada para a gestão do Estado.

Sob o ponto de vista técnico, os caminhos de ferro evoluíram extraordinariamente ao longo do século XIX: 1) Em velocidade e potência. Em 1848 os comboios alcançam uma velocidade de 72 km./h., para 100 toneladas. Em 1892 um comboio de 155 toneladas alcança uma média de 65 km./h. Em 1914 um de 225 toneladas alcança os 90 km./h.; 2) Na capacidade de atravessar as grandes montanhas. A invenção das perfuradoras de ar comprimido, em 1848, por Pecqueur, veio facilitar a construção dos túneis: Sain Gothard nos Alpes, a 1.100 m. com 15 kms. de comprimento, durante 10 anos (1870-1880); Simplon, a 670 m., com 20kms. (acabou em 1921); Arberg, na Áustria, a 1.200 m. com 10 kms. construído em quatro anos (1880-1884).

## EFEITOS ECONÓMICOS DOS CAMINHOS DE FERRO

Os efeitos dos caminhos de ferro sobre toda a economia, quer *directos* quer *indirectos*, foram inúmeros:

1) Sobre a evolução da concentração de capitais, como já foi referido.
2) Sobre o comércio e as trocas. O exemplo de França é esclarecedor:
— Tonelagem de mercadorias transportadas por via férrea:

Em 1850 —    4.430.000 de toneladas
Em 1860 —   21.000.000   »    »
Em 1913 —  152.000.000   »    »

— Passageiros transportados:

Em 1850 —    18,5  milhões
Em 1860 —    55,8    »
Em 1870 —   100     »
Em 1900 —   400     »
Em 1913 —   529     »        ([14])

A baixa das tarifas fomenta este aumento de tráfico, o que é causa de desenvolvimento, porque faz baixar o preço dos produtos no mercado. Por outro lado a dinamização das trocas vai provocar aumento da produção agrícola e industrial, alargando-se o mercado.

---

([14]) LESOURD, J. A.—GÉRARD, Cl.—NOUVELLE HISTOIRE ÉCONOMIQUE, t. 1, Paris, Armand Colin, Col. U, 1976, pág. 102.

3) Sobre a produção: sobre a siderurgia, que é permanentemente chamada a aumentar e melhorar os seus produtos, sobre a construção (pontes, túneis, edifícios, etc.,) sobre a indústria do gaz, da electricidade, etc., etc.. Não esquecendo a produção primeira, que está na origem da sua invenção — a extracção do carvão.

4) Sobre o emprego. Em França, em 1850, os ferroviários eram já 31.693, em 1914 eram 360.000. Nos Estados Unidos, na mesma data eram 1.700.000.

5) Sobre as redes viárias. Provocou um enorme desenvolvimento de estradas secundárias de ligação com as estações secundárias. Em França esse desenvolvimento cifra-se em 500.000 km., entre 1870 e 1912.

6) Sobre o povoamento: migrações do interior continental para o mar, migrações para as cidades. Pelo caminho de ferro o Canadá constrói a sua unidade política, ligando Montreal a Vancouveer (Canadian Pacific Railway — 1886), reduzindo para 132 horas uma viagem de dois meses. A Rússia logra a exploração da Sibéria, etc..

## TRANSPORTES MARÍTIMOS E FLUVIAIS

As inovações técnicas aplicadas à navegação lograram consequências para a economia mundial tão importantes como os transportes terrestres. Os grandes barcos passam de 75 m. de comprido para 250 m., de 5 m. de calado para 11 m., de 1.000 toneladas para 60.000, de uma velocidade de 9 nós para 25.

Neste sector, mais que em qualquer outro, a Inglaterra era imbatível, ao longo de todo o século XIX. Só ela possuía mais de metade da tonelagem mundial, e conservaria uma hegemonia total até cerca da segunda guerra mundial. Em 1914, dos 50 milhões de toneladas da frota mundial, a Inglaterra possui 19, enquanto a Alemanha, segunda potência naval, só possui 5 milhões e meio, os Estados Unidos aproximam-se dos 3 milhões, como a Noruega, e quando a França não alcançava ainda os dois milhões e meio.

Os novos transportes marítimos só poderiam desenvolver-se com grandes capitais. Enquanto pequenos armadores poderiam possuir um ou dois veleiros, nenhum particular poderia individualmente com os encargos dos novos barcos a vapor. Grandes Companhias foram criadas (a Lloyd austríaca — 1826 — as inglesas Peninsular an Oriental Company — 1837 — e a Cunard Line — 1840 — a alemã Hamburg Amerika

Linie — 1847), e as frotas começaram a especializar-se para certos produtos. A importância crescente do petróleo favoreceu a construção de enormes petroleiros, que em 1900, eram apenas 1,5% da frota mundial. Em finais do século XIX surgem os barcos frigoríficos, importantes para o transporte de produtos alimentares.

Naturalmente, os portos sofreram profundas transformações, para obter maiores profundidades de água, longos cais de atraco, equipamentos de carga e descarga, armazenamentos etc.

O porto de Londres, o maior do mundo, movimentava, em 1852 1 milhão de toneladas, em 1870, movimentava 4 milhões de toneladas, e em 1913, movimentava 33 milhões de toneladas. Nesta última data, havia no mundo 20 portos que movimentavam mais de 10 milhões de toneladas, 12 na Europa (ao Norte: Londres, Liverpool, Cardiff, Newcastle, Antuérpia, Rotterdam e Hamburgo; no Mediterrâneo e Sul: Marselha, Génova, Nápoles, Constantinopla, Argel, Lisboa e Funchal), 3 na Ásia (Hong-Kong, Kobé, Colombo) e 3 na América (Nova York, Buenos-Aires, Montevideo).

É impossível não destacar aqui os grandes empreendimentos que representaram na evolução dos transportes marítimos a abertura dos canais do Suez (1854-1869) e do Panamá (1878-1914), ligando os grandes oceanos dos maiores tráficos mundiais. Empreendidos por grandes sociedades capitalistas francesas (em 1889-1892, a do Panamá faliu num contexto de guerra de capitalistas americanos e de corrupção, e foi, em 1903, substituída por uma empresa estatal americana).

A redução do tempo obtido pelos canais foi muito significativa: de Liverpool a Bombaim, de 42%, a Calcutá, de 32%, a Singapura, de 30%, a Yokoama, de 23%, a Melbourne 7%. De Nova York a S. Francisco a redução de tempo foi de 60%, e a de Londres à Nova Zelândia foi de 25% [15].

## O AUTOMÓVEL E A BICICLETA

A velocidade que a nova economia ia imprimindo às trocas, pela utilização de novos processos energéticos, exigia que se descobrissem processos de comunicação rápidos por terra ou pelo ar, mais flexíveis, mais leves, e financeiramente mais acessíveis.

---

[15] LESOURD-GÉRARD, o. c., pág. 110.

Pretendia-se criar para as estradas um veículo a motor. Em 1836 o inglês Hangccock conseguia transportar 30 pessoas a 30 km./hora. Mas foi a descoberta do motor por explosão de gás, que abriu a era do automóvel. Em 1889 o alemão Gottlieb Daimler constrói o motor ligeiro de 2 cilindros em V e assim nasce o automóvel. No ano seguinte Daimler e Benz na Alemanha, Panhard e Peugeot em França, produzem veículos com motor Daimler. Em 1895, Michelin produz o pneu. Em 1900 intervém a electricidade, para pôr o motor em marcha.

Desde 1899, a fábrica dos irmãos Renault em França e a Fábrica Fiat — de Giovanni Agnelli — em Turim, produzem automóveis. Henri Ford, nos Estados Unidos começou a fabricá-los em 1903.

Em França, em 1900, produziam-se já 2.000 automóveis. Em 1913 a produção atingia os 45.000, por ano. Mas os Estados Unidos não terão verdadeiros competidores na produção de automóveis, em série. Já em 1903 produziam 11.235. Em 1914, atingiram os 543.000 anuais. Nesta altura, havia 2 milhões de automóveis no mundo, 63% dos quais eram de produção americana. Uma tal produção envolvia volumosos capitais, variadas empresas integradas, com muitas centenas de milhares de operários.

Melhorias técnicas vão favorecer a proliferação da procura do automóvel: em 1911, a travagem às quatro rodas e por sistema hidráulico, em 1912, os amortecedores da suspensão, em 1921, as rodas independentes e a direcção por cremalheira.

Não é de esquecer que enquanto o automóvel, nos primeiros decénios do Século XX, é mero transporte de luxo, de consumo restrito a grandes afortunados, a necessidade de aceleração do ritmo de vida produziu um transporte popular de rápida expansão — a bicicleta — pelo relativo baixo custo. Em França, em 1891, já havia 150.000 bicicletas. Em 1914 atingia os 3.600.000 de unidades.

## TELÉGRAFO E TELEFONE

Termine-se este tema com uma pequena nota relativa às comunicações rápidas — pelo *telégrafo eléctrico*. Desde 1844 que o governo americano financia a montagem de linhas telegráficas — sistema Mors — através do seu território. A França monta as suas primeiras linhas em 1851. Ainda em 1850 a Inglaterra liga-se à Europa por cabos submarinos; à Índia, em 1862.

*206*

Os diferentes países europeus instalam também as suas ligações telegráficas. Em 1873 elas atingem os 80.000 Kms.

Em 1876, o americano Graham Bell criou os primeiros aparelhos telefónicos. Em 1915, já os Estados Unidos possuíam 9 milhões de aparelhos, explorados por companhias privadas.

## E — O PAPEL DO MOVIMENTO DOS PREÇOS E DOS MERCADOS

O movimento dos preços actuava também sobre o crescimento económico. Pelo menos nas fases de longa duração parece incontestável a sua influência nos investimentos. Por exemplo, na siderurgia, a baixa dos preços força as empresas a melhorar a produtividade, pela modernização do equipamento, para que a baixa de preços de mercado contenha margem de lucro aceitável. Assim em França, de 1850 a 1911, os preços de ferros e aços trabalhados passam do nível 100 para o nível 72, e os de aços indiscriminados, entre 1876 e 1911, passam do nível 100 para o nível 68. Já na produção de carvão, também em França, a sua secular estabilidade de preços é acompanhada pela ausência de progressos técnicos na sua extracção. Quando os preços tendem a baixar (por exemplo entre 1874 e 1896) as empresas tendem a aumentar a produtividade, não através da melhoria do equipamento, mas da diminuição dos salários e aumento da mão de obra [16].

A expansão dos consumidores de bens e de serviços, como a expansão de produtores e fornecedores, isto é a expansão do encontro entre a procura e a oferta — o mercado —, necessariamente está presente na origem e na evolução da nova economia, seguindo flutuações relacionadas com o tempo e com as áreas geográficas as mais diversas. Assim a expansão demográfica, migrações geográficas e profissionais, modificações do género de vida e portanto de tipos de consumo, modificações por vezes muito aceleradas das comunicações e dos transportes, condicionamentos das operações de troca (taxas aduaneiras, portagens, e outras taxações), para além das próprias flutuações dos preços e das relações de preços entre as diversas mercadorias, modificavam os mercados e consequentemente

---

[16] BOUVIER, Jean — o. c., pág. 80.

influiam no respectivo desenvolvimento. Algum destaque merece a influência de acontecimentos políticos, principalmente aqueles acontecimentos mais perturbadores, como revoluções e guerras. Os diferentes tipos de mercados, locais, regionais, nacionais, internacionais, são sujeitos das condições assinaladas ([17]). A expansão do mercado externo representou em qualquer país uma condição de desenvolvimento, mas também assim aconteceu sempre com o apoio de um mercado interno expansivo, para que o desenvolvimento prosseguisse.

---

([17]) BOUVIER, o. c., pág. 81.

# 3 — EFEITOS FUNDAMENTAIS DA NOVA ECONOMIA

O desenvolvimento da nova economia sempre resultou num certo número de efeitos bem característicos:

## A — CONCENTRAÇÕES INDUSTRIAIS E FINANCEIRAS

Já desde os séculos anteriores, como se viu, a produção industrial, mormente a de certos sectores, tendia, como necessidade da melhoria de produtividade, à concentração da mão de obra e à sua organização com divisão de tarefas e com uma disciplina colectiva.

Os sectores que escapavam a tal concentração e que funcionavam segundo o ''domestic system'' foram na nova economia transformando-se, passando a funcionar em ''factory system'', desaparecendo as oficinas artesanais, que davam lugar às manufacturas (antes da máquina a vapor) e às fábricas.

A concentração industrial é de dois tipos: 1) *concentração técnica e geográfica*, provocada pela junção de consideráveis meios técnicos de produção (equipamentos) e de mão-de-obra, num mesmo lugar, que é *de sentido horizontal*, se a concentração se processa pela reunião num lugar de toda uma etapa, ou um nível de produção, como quando vários empreendimentos se concentram na exploração de uma matéria prima, ou que é *de sentido vertical*, quando a concentração se faz pela junção de várias fases ou de todas as fases de uma determinada produção, desde a primeira laboração de uma matéria prima até ao final do seu acabamento ou de vários acaba-

*209*

mentos possíveis, (concentração por "integração"). Poderão considerar-se de sentido horizontal concentrações de várias empresas que numa região petrolífera captam o petróleo bruto, e de sentido vertical, quando numa zona se juntam várias indústrias que laboram o petróleo bruto para alcançar vários seus derivados — por exemplo refinarias e petroquímicas. 2) *Concentração financeira*, quando provocada por razões de gestão, independentemente da situação geográfica. Esta concentração originou os *monopólios (ou "trusts" anglo-saxónicos)*.

As concentrações de tipo financeiro nasceram do *desenvolvimento interno* das empresas, reinvestindo os seus lucros — auto-financiando-se — multiplicando as suas fábricas (assim nasceram grandes grupos industriais como os Ford, Schneider, Creusot, etc.), por absorção —*fusão* — de várias empresas, ou então, mais indirectamente, por aquisição de *acções* de outras empresas, em quantidade suficiente para participar na sua gestão, controlando-a. Nas sociedades anónimas, pode ser relativamente fácil a um pequeno número de accionistas poderosos controlarem a nomeação dos gestores e da respectiva política de gestão. Este tipo de concentração por *participação-controle* ganhou modernamente uma dimensão avassaladora, por permitir um *controle em cadeia* (a participação-controle sobre uma empresa permite o controle sobre outras empresas controladas por ela e por todas as empresas que aquelas controlam). Tal tipo de concentração tem lugar não só na produção industrial, mas agora também particularmente nos sectores dos transportes, da banca e do comércio por grosso. Constituem-se assim *Grupos Financeiros*, constelações de empresas, ligadas pelo sistema de participação-controle a uma empresa dominante, que pode ser uma industrial (ex. o grupo Ford, o grupo Fiat) ou uma banca (ex. grupo Rothschild).

O crescimento dos grupos financeiros abriram caminho, nos Estados Unidos e na Europa, à formação de *holdings*, sociedades puramente financeiras, cujo activo é só constituído por participações-controle e que, por ligação directa à empresa dominante, embora dela independente, controla o conjunto de empresas, gerindo coerentemente os interesses distribuídos pelas várias empresas. Segundo a especialização da empresa dominante os holdings são industriais ou bancários.

Independentemente destes vários tipos de concentração financeira, algumas grandes empresas obtêm o controle dos mercados, sem perda da sua independência, pelo estabelecimento de acordos *(cartel* de empresas) que limitam os inconvenientes da concorrência. Tais acordos visam entendimentos *sobre os preços* (estabelecendo monopólio de preços), ou sobre a *distribuição geográfica* dos mercados (zonas de influência de mercados), ou ainda sobre inovações *tecnológicas* (as *patentes* industriais).

Apesar da crescente concentração, há empresas, em vários sectores, que logram existir relativamente independentes. São em geral pequenas e médias empresas, mas que geralmente subsistem em dependência dos grandes grupos, por se dedicarem ao *sub-tratamento* de produtos a eles destinados ou deles provenientes ([18]).

## B — SECTORES E RAMOS DA INDÚSTRIA

Divide-se habitualmente a produção Industrial em dois grandes sectores:

*a)* o das *indústrias de base,* que produzem "bens de produção" ou "bens de equipamento" — também chamado sector da *indústria pesada* — que vão servir para produzir bens de consumo. É o sector das minas, da siderurgia, da metalurgia pesada, da metalomecânica, da construção de transportes e das indústrias químicas de base;

*b)* o das *indústrias ligeiras,* que produzem bens de consumo (alimentares, têxteis, vestuário, calçado, automóvel, electrodomésticos, etc.).

Cada um destes *sectores* tem subdivisões correspondentes a *ramos* de especialização.

Ao longo da história do desenvolvimento industrial, alguns desses ramos, pelo seu particular dinamismo, funcionam como *motores* de outros. Assim acontece com os têxteis de algodão, em finais do século XVIII, com a construção ferroviária no século XIX e com a electricidade, o petróleo e as construções mecânicas no século XX. Hoje as indústrias do automóvel, da aeronáutica e da informática são indústrias chaves. Não poderá esquecer-se a importância desempenhada pelas indústrias de *armamento,* frequentemente, neste século, na vanguarda das inovações técnicas e representando parte importante de PNB de certos países.

A concentração técnica e financeira não é igual nos diversos ramos; é geralmente maior no sector das indústrias de base.

Jean Marczewski distingue ao lado das indústrias *motoras* as indústrias *vedetas,* as primeiras distinguindo-se pelo maior crescimento do valor glo-

---

([18]) BOUVIER, o. c., págs. 83-84.

bal da sua produção, durante um certo período de tempo, considerado em valores absolutos; as segundas distinguindo-se por realizarem, durante o mesmo período de tempo, taxas anuais de crescimento mais rápidas, ainda que o seu peso de valor global seja inferior ao das primeiras. Jean Bouvier exemplifica com o caso da França, entre 1895 e 1913: as *indústrias têxteis* aumentaram o valor global da sua produção em 2.752 milhões de francos a uma taxa de crescimento de 1,9%, enquanto a produção de electricidade teve um crescimento de apenas 884 milhões de francos, mas a uma taxa de crescimento anual de 14,5% [19].

## C — DIVISÃO DO TRABALHO

Uma das grandes consequências da nova economia, com reflexos nos problemas sociais que ela criou, foi a *divisão* do trabalho, por *especialização*. Os trabalhadores foram sendo utilizados em tarefas cada vez mais simples — por vezes simples gestos em trabalho *em cadeia* — e repetitivas. Por razões de *produtividade do trabalho* (isto é de produção por unidade de tempo, por jornada, à hora ou por minuto, medida por cronometragem imposta *à cadeia* — até à sua automatização —) o trabalho foi sendo dividido sucessivamente. Uma tal divisão tornou-se possível pelos progressos técnicos aplicados ao equipamento, progressivamente automatizado. Embora a produtividade dependa também da *massa de matérias primas* utilizadas na produção, pode efectivamente ser aumentada pela *intensificação do trabalho,* exigindo do trabalhador um esforço físico menor, mas mais rápido e portanto com maior fadiga nervosa.

Um tal processo de divisão de trabalho tem-se manifestado como condição de crescimento e de descida de preços — no longo prazo — mas tem criado também uma inegável desumanização do trabalho, reduzindo o homem a um prolongamento da máquina. O célebre cineasta Charlie Chaplin exprimiu visualmente este fenómeno no seu filme "Os tempos modernos", de 1936 [20].

---

[19] BOUVIER, o. c., págs. 84-85.
[20] Id., págs. 85-86.

# D — COMPOSIÇÃO DA POPULAÇÃO ACTIVA

A nova economia está associada a fenómenos demográficos de vulto:

*a)* Aumento acelerado da população;
*b)* Êxodo progressivo da população rural;
*c)* Crescimento acelerado das populações urbanas;
*d)* Modificações profundas na distribuição da população activa.

### *a)* Aumento acelerado da população

Desde o século XVIII, que vários países europeus procedem a recenseamentos da sua população, correspondendo a um fenómeno cultural, a necessidade de análise e de quantificação dos factos sociais — "física social" (expressão de Quételet) — que é índice de uma transformação social que ascende ao nível da consciência e prenuncia profundas modificações das estruturas das sociedades europeias. (Prússia em 1725, Suécia em 1749, Áustria em 1754, Estados Unidos em 1790, Inglaterra, Noruega, Dinamarca e França, em 1801).Inicialmente estes recenseamentos visam dados estatísticos demasiado sumários. Só na segunda parte do século XIX, a informação sobre as transformações demográficas começam a aparecer com elementos suficientes para uma análise de rigor.

Entre 1800 e 1914 o número de habitantes do nosso planeta quase duplicou:

| População Mundial (milhões de habitantes) | 1800 | 1850 | 1900 | 1914 |
|---|---|---|---|---|
| Europa (Rússia incluída) | 180 | 274 | 423 | 460 |
| Estados Unidos e Canadá | 6 | 19 | 81 | 100 |
| Japão ...................... | 26 | 33 | 46 | 52 |
| (Países industrializados)... | **212** | **326** | **550** | **612** |
| Ásia (sem o Japão) ....... | 550 | 625 | 820 | 870 |
| África ..................... | 95 | 100 | 120 | 125 |
| América Latina .......... | 17 | 40 | 63 | 75 |
| (Terceiro Mundo) ........ | **662** | **765** | **1.003** | **1.070** |
| Total Mundial ........... | **874** | **1.091** | **1.553** | **1.682** |

Mas a densidade da população é desigualmente distribuída. Se em 1840 a média do globo era de 6 habitantes por Km². , em 1914 sobe a 11 por Km².

A população europeia, em 1800, representava aproximadamente 21% da população mundial, crescendo para 25% em 1850, para 27% em 1900, conservando-se em 27% em 1914.

O crescimento da população europeia situa-se em cerca de 34% na segunda metade do século XVIII, subiu a 43% na primeira metade do século XIX e para 50% na segunda metade deste último século.

O seu índice anual de crescimento de $7,07\%_0$ na primeira metade do século XIX,subiu a $8,23\%_0$ na segunda metade,e atingiu os $12,84\%_0$ entre 1900-1913 [21].

O aumento da população europeia deu-se em termos absolutos e em índice de crescimento, facto tanto mais notável quanto a Europa representava a área mais densamente povoada do globo (18,7 hab/Km2 para 14 hab./Km2 na Ásia e 5 hab./Km2 na África e na América Latina).

Mas também na Europa o aumento da população não se operou igualmente em todas as regiões. Vejamos:

| População de vários países europeus entre 1800 e 1910 (em milhões de habitantes) | | | | |
|---|---|---|---|---|
| | 1800 | 1850 | 1900 | 1910 |
| Dinamarca ...... | 0,9 | 1,6 | 2,6 | 2,9 |
| Finlândia ........ | 1,0 | 1,6 | 2,7 | 3,1 |
| Noruega ......... | 0,9 | 1,5 *a)* | 2,2 | 2,4 |
| Suécia .......... | 2,3 | 3,5 | 5,1 | 5,5 |
| Bélgica ......... | 3,0 | 4,3 *b)* | 6,7 | 7,4 |
| Holanda ......... | 2,2 | 3,1 | 5,1 | 5,9 |
| Grã-Bretanha ... | 10,9 | 20,9 | 36,9 | 40,8 |
| Irlanda .......... | 5,0 | 6,6 | 4,5 | 4,4 |
| França .......... | 26,9 | 36,5 | 40,7 | 41,5 |
| Espanha ......... | 11,5 | 15,5 *c)* | 18,6 | 19,9 |
| Portugal ......... | 3,1 | 4,2 *d)* | 5,4 | 6,0 |
| Itália .......... | 18,1 | 23,9 | 33,9 | 36,2 |
| Suissa .:........ | 1,8 | 2,4 | 3,3 | 3,8 |
| Alemanha ...... | 24,5 | 31,7 | 50,6 | 58,5 |
| Áustria-Hungria | 23,3 | 31,3 | 47,0 | 51,3 |
| Bulgária ........ | | | 3,7 | 4,3 |
| Rússia ........... | | | 59,0 *e)* | 112,0 *f)* |

*a)* = 1855 *b)* = 1845 *c)* = 1857 *d)* = 1867 *e)* = 1858 *f)* = 1897

---

[21] ARMENGAUD, André — LA POBLACION EUROPEA, 1700-1914, in Historia Economica de Europa, dir. Cipolla, Barcelona, Ariel, vol. 3, págs. 28-29.

Por aqui se vê que, enquanto a população triplicou na Dinamarca, na Finlândia e Grã-Bretanha, mais que duplicou na Bélgica, Holanda e Áustria-Hungria, França e Itália, com velocidade maior entre 1850-1910 que anteriormente, com taxas de crescimento notáveis, $15,3\%_0$ na Grã-Bretanha, $10,4\%_0$ na Dinamarca, $10,3\%_0$ na Holanda, $10,2\%_0$ na Finlândia. Só a França, com $2,2\%_0$ e a Espanha com $4,2\%_0$ não alcançaram a taxa de $5\%_0$.

Consequentemente, as densidades de população também variaram. As mais altas correspondiam ao noroeste, (Bélgica — 259/Km2; Inglaterra — 239, Holanda — 171; Itália— 121; Alemanha — 120; Áustria — 95; Suissa — 91; França — 74; Espanha — 39; Hungria — 64; Bulgária — 45; Roménia — 55; Rússia — 26; Suécia — 12; Finlândia — 8; Noruega — 7) [22].

Este crescimento demográfico tem origem em diversos factores : — aumento da produtividade agrícola, (a fome desapareceu da Europa, excepto na Irlanda, entre 1845-1850) — avanço da ciência médica (a vacina anti-variólica apareceu em fins do século XVIII) — consequente descida da *taxa de mortalidade* (de 35-36% em 1740 para 26-27% em 1791-1800) [23].

| Taxas de mortalidade em vários países europeus (por mil habitantes) | | |
|---|---|---|
| | **1851-1860** | **1901-1910** |
| Alemanha ......................... | 26,4 | 18,7 |
| Áustria ............................. | 31,4 | 23,2 |
| Bélgica ............................. | 22,5 | 16,4 |
| Dinamarca ....................... | 20,6 | 14,2 |
| Finlândia ......................... | 28,7 | 18,0 |
| França ............................. | 24,0 | 19,4 |
| Holanda .......................... | 25,6 | 15,1 |
| Inglaterra ........................ | 22,2 | 15,4 |
| Noruega .......................... | 17,1 | 14,2 |
| Suécia ............................. | 21,7 | 16,7 |

---

[22] ARMENGAUD, o. c., págs. 30-31.
[23] Id., pág. 44.

|  | cerca de 1914 |
| --- | --- |
| Rússia | 29,0 |
| Roménia, Hungria, Espanha, Sérvia | 22,8 |
| Áustria, Portugal, Itália | 20,4 |
| França | 18,6 |
| Alemanha | 16,5 |
| Inglaterra | 14,1 |
| Dinamarca | 13,2 |

Esta descida da taxa de mortalidade foi devida particularmente à diminuição da mortalidade infantil.

O aumento da esperança de vida subiu:

| | Anos | Homens | Mulheres |
| --- | --- | --- | --- |
| Inglaterra . | 1838-1854 | 39,9 | 41,8 |
| | 1901-1910 | 48,5 | 52,3 |
| França .. | 1817-1831 | 38,3 | 40,8 |
| | 1908-1913 | 48,4 | 52,4 |
| Suécia ..... | 1816-1840 | 39,5 | 43,5 |
| | 1901-1910 | 54,5 | 56,9 |
| Dinamarca | 1835-1844 | 42,6 | 44,7 |
| | 1911-1915 | 56,2 | 59,2 |
| Alemanha | 1871-1881 | 35,5 | 38,4 |
| | 1910-1911 | 47,4 | 50,6 |
| Espanha ... | 1900 | 33,8 | 35,7 |
| | 1910 | 40,9 | 42,5 |
| Itália ....... | 1876-1887 | 35,1 | 35,4 |
| | 1901-1911 | 44,2 | 44,8 |
| Rússia ...... | 1896-1897 | 31,4 | 33,3 [24] |

2) A exploração demográfica europeia, associada aos demais efeitos da nova economia industrial, produziu um enorme *êxodo da população rural e agrícola* (as duas não se confundem, porquanto a rural abrange não só produtores agrícolas — jornaleiros, rendeiros, pequenos proprietários e

---

[24] ARMENGAUD, o. c., pág. 49.

jovens seus descendentes — mas também artesãos, operários e comerciantes). Este êxodo não significa — pelo menos até 1914 — deserção da terra.

3) Parte do êxodo rural está associado ao enorme desenvolvimento das grandes cidades. Em 1800 havia na Europa 23 cidades com mais de 100.000 habitantes, totalizando 5.500.000 habitantes. Em 1900 eram já 135 as cidades de mais de 100.000 habitantes, totalizando 46 milhões de habitantes.

Entre estas cidades foram as capitais as que mais velozmente cresceram. Assim Berlim cresceu 872%, Viena 490%, Paris 345%, Londres 340%, S. Petersburg 300% ([25]).

Os países mais industrializados viram criar-se grandes núcleos urbanos, quer pelo êxodo rural, quer pelo êxodo dos pequenos núcleos urbanos. Em 1800 a *Inglaterra* só tinha uma cidade importante — Londres — com um milhão de habitantes, a maior cidade do mundo de então, e mais 6 cidades (Edimburgo, Liverpool, Glasgow, Manchester, Birmingham e Bristol) com uma uma população entre 50 e 100 mil habitantes. Em 1850, Londres tinha já 2.363.000 habitantes e mais 9 cidades inglesas superavam os 100.000 habitantes e outras 18 tinham mais de 50.000 habitantes. O total desta população urbana atingia os 5.700.000 habitantes, correspondendo à quinta parte da população inglesa. Em 1910 eram já 46 as cidades inglesas com mais de 100.000 habitantes e Londres atingia os 4 milhões e meio de habitantes.

Em *França*, em 1801, Paris não tinha mais de 547.000 habitantes e só as cidades de Lião e Marselha ultrapassavam ligeiramente os 100.000 habitantes. Em 1851, Paris ultrapassava o milhão de habitantes e Lião e Marselha quase atingiam 200.000 habitantes cada. Em 1911 Paris atingia os 2.800.000 habitantes, Lião e Marselha superavam já os 500.000 e mais 14 cidades francesas ultrapassavam os 100.000 habitantes.

Na *Alemanha e na Áustria*, em 1800, só três cidades tinham mais de 100.000 habitantes, Viena (247.000), Berlim (172.000) e Hamburgo (130.000) e mais 4 cidades (Dresden, Breslau, Konigsberg e Colónia) superavam os 50.000 habitantes. Em 1850, já cinco cidades superavam os 100.000 habitantes e mais nove cidades superavam os 50.000 habitantes, num total de 1.850.000 habitantes. Em 1900, eram já 73 cidades alemãs e 3 austríacas a superar os 50.000 habitantes, num total de 13.650.000 habi-

---

([25]) ARMENGAUD, o. c., pág. 33.

tantes. Dez anos depois eram 45 as cidades alemãs com mais de 100.000 habitantes.

A *Itália,* em princípios do século XIX contava 6 cidades com mais de 100.000 habitantes: Nápoles com mais de 350.000, Roma, Milão, Veneza, Palermo e Génova com menos de 200.000. Mais três cidades, Florença, Turim e Bolonha, superavam os 50.000 habitantes. Correspondia o total a cerca de 7% da população italiana. Em 1860 apenas uma cidade mais — Messina — tinha população superior aos 100.000 habitantes. Até 1910, só mais quatro cidades ultrapassaram os 100.000 habitantes, mas as que já os possuíam em 1800 conheceram um saldo demográfico notável: Roma (539.000), Milão (599.000), Turim (427.000) Nápoles (723.000). O crescimento de Milão e de Turim deve-se à industrialização. Em 1910, a Itália tinha 13 cidades com mais de 100.000 habitantes.

Na *Rússia,* em 1800, Moscovo e São Petersburgo superavam os 200.000 habitantes. Em 1850, São Petersburgo atingia os 485.000 e Moscovo os 365.000 habitantes. Outras 5 cidades russas (Odessa, Saratov, Kiev, Kazan e Tula) tinham uma população entre 50 e 100 mil habitantes. Entre 1850 e 1900 as cidades russas duplicaram e quadriplicaram a sua população. São Petersburgo, em 1910, atingia os 1.900.000 habitantes, Moscovo os 1.500.000 e mais 12 cidades superavam os 100.000 habitantes [26].

4)   Uma tal modificação da estrutura da população nos espaços económicos atingidos pela industrialização não é ainda tão reveladora como a que se manifesta na *distribuição da população activa.* Por efeito da nova economia a agricultura deixa de ser a ocupação primordial durante a segunda metade do século XIX.

O seguinte quadro de Kuznets [27] sobre a distribuição do produto nacional bruto entre os três principais sectores de produção (Agricultura, Indústria e Serviços) esclarece não só a evolução deslizante da população activa da produção agrícola para a produção industrial, como o aumento preponderante da distribuição da população activa pelo sector dos serviços, nos começos do século XX.

---

[26]   ARMENGAUD, o. c., págs. 33-36.
[27]   MINCHINTOW, Walter — LOS MODELOS DE LA DEMANDA, 1750-1914, in História Económica de Europa, o. c., pág. 159.

| Distribuição do PNB entre os três sectores principais | | | | |
|---|---|---|---|---|
| Países | Datas | Agricultura | Indústria | Serviços |
| França .... | 1825-1835 | 50 | 25 | 25 |
| | 1872-1882 | 42 | 30 | 28 |
| | 1908-1910 | 35 | 37 | 28 |
| Alemanha | 1860-1869 | 32 | 24 | 44 |
| | 1905-1914 | 18 | 39 | 43 |
| Itália ...... | 1861-1865 | 55 | 20 | 25 |
| | 1896-1900 | 47 | 22 | 31 |
| Noruega .. | 1865 | 34 | 21 | 45 |
| | 1910 | 24 | 26 | 50 |
| Suécia .... | 1861-1865 | 39 | 17 | 44 |
| | 1901-1905 | 35 | 38 | 27 |
| Reino Unido | 1801-1832 | 32 | 23 | 45 |
| | 1841 | 22 | 34 | 44 |
| | 1901 | 6 | 40 | 54 |

## E — O PROBLEMA DAS CLASSES SOCIAIS

Sob o ponto de vista social, o efeito indubitavelmente mais importante da implantação e desenvolvimento da nova economia foi o crescimento de duas classes sociais, simultaneamente solidárias e antagonistas, nos respectivos interesses: *o proletariado* e a *burguesia.*

A *burguesia* constituída pelos proprietários dos meios de produção, para quem o *trabalho* se tornava uma mercadoria comprada (cujo preço era o *salário)* no mercado de trabalho, segundo a lei geral do mercado, pelo jogo-conflito da oferta e da procura.

O *proletariado* constituído pelos trabalhadores sem participação na propriedade dos meios de produção, participando na produção com a sua

*219*

*força de trabalho* (físico, intelectual e técnico), posta em venda no mercado de trabalho.

A inicial potência absoluta da burguesia deixava o proletariado completamente à sua mercê, criando problemas sociais graves. A ferocidade da lei do mercado de trabalho conduzia à criação de uma exploração de trabalho (até de crianças e mulheres) tão escandalosa que os poderes públicos tiveram de intervir. Em França, por exemplo, uma lei de 1841 teve de proibir a contratação de crianças com menos de 8 anos (!); só em 1872 a lei veio proibir o trabalho de crianças com menos de 12 anos e só em 1900 proibiu definitivamente que os adolescentes trabalhassem mais de 12 horas por dia (!). Na Bélgica só em 1876 um decreto real proibiu o trabalho das minas a rapazes com menos de 12 anos e raparigas com menos de 14 (!) [28].

A degradação da subsistência, do alojamento, da higiene e demais condições de vida do proletariado tornou-se clamorosa. Em meados do século XIX, os salários médios de trabalhadores ingleses e franceses oscilavam entre 60 a 70% do custo da sua alimentação [29]. A própria antropologia física começou a denunciar a distinção das classes sociais. Em França, no século XIX, os filhos de operários ao serem chamados à inspecção para serviço militar apresentavam uma estatura média com 10 cms. menos que os filhos da burguesia. Ainda no princípio do século XX, na Inglaterra, os estudantes universitários mediam, em média, 8 centímetros mais e pesavam 12 Kgs. mais que os jovens operários da mesma idade [30].

A proliferação da tuberculose, as terríveis epidemias de tifo, e da cólera, a "epidemia da pobreza", com multidões de famintos, de marginais, de instáveis e delinquentes, seguidas de levantamentos nos meios proletários e nos subúrbios das cidades, provocou o alarme dos meios burgueses mais paternalistas e pavor em todos os meios. E. Buret, em 1840, escrevendo "Acerca da miséria das classes laboriosas na Inglaterra e na França", constata que "parece que a indústria não multiplica os homens à volta dela senão para os destruir" [31].

---

[28] LEQUIN, Yves — LES HIÉRARCHIES DE LA RICHESSE ET DU POUVOIR, in Histoire Économique et Sociale du Monde, o. c., vol. 4, págs. 384-385.

[29] Id., 377.

[30] Id., 378.

[31] Id., 303.

O carácter estrutural dos antagonismos sociais da economia liberal não escapou aos seus teóricos, Adam Smith, Ricardo e Malthus, mas não passava para eles de um facto natural, como naturais eram para eles as leis económicas. O remédio não seria outro senão a resignação.

A minoria burguesa paternalista e certas instituições religiosas ensaiavam a elaboração de uma teoria social presidida pela ideia de que as empresas devem reproduzir como um microcosmo a sociedade, estabelecendo relações físicas e morais minimamente harmoniosas. Daí nascem iniciativas paternalistas de assistência e protecção aos proletários, contra a sua miséria material, a sua ignorância, a sua imoralidade e a sua agressividade. Le Play torna-se o teórico desta corrente, seguida por alguns burgueses católicos que se inspiram na *Sociedade de Economia Social* (1856) daquele teórico. O modelo deste tipo de sociedade é o de Antigo Regime, um modelo de solidariedades e obrigações recíprocas, baseado na imagem da família patriarcal, uma espécie de novo feudalismo, que não atinge a nova realidade estrutural criada pela economia industrial. Segundo esse modelo, Jules Chagort dirigente das minas de Blanzy dizia: ''nós aqui não somos mais que uma grande família de trabalhadores, de que me honro de ser o chefe e o protector'' ([32]).

A realidade era, porém, outra. Os proletários, desesperados e ganhando consciência da sua situação, sublevavam-se. Desde os princípios do século XIX que era de uso corrente a expressão''classes'' para designar grupos do mesmo nível social. Mas desde 1830-1840 a expressão começa a ser utilizada no mais restrito sentido de comunidade de interesses com a consciência respectiva. Por essa altura os proletários organizam-se e oferecem lutas colectivas. Em 1848, Karl Marx publica o *Manifesto Comunista.*

É nos anos 40 do século XIX que nascem as primeiras organizações sindicais na Inglaterra e na Alemanha. Em 1860 em França, em 1863 nos Estados Unidos (a Fraternidade dos mecânicos de locomotivas de Detroit). Em 1878 na Rússia. No Japão em 1896-98. Estes movimentos sindicais são muito instáveis e por vezes efémeros. As depressões económicas, ameaçando a quebra dos postos de trabalho, quebram também o militantismo operário, mas não evitam os afrontamentos. Para resistir-lhes, os patrões criam as suas associações. Em França, por exemplo, aparecem em 1824-1826. Tais associações, que inicialmente se orientavam para pressionar a legislação,

---

([32]) LEQUIN, o. c., 379-380.

sobretudo a legislação aduaneira, nos finais do século XIX e princípios do século XX são obrigadas a funcionar como resposta à pressão sindical: elaboração de listas negras de operários militantes, auxílio mútuo em casos de greves, concessão de certificados de boa conduta para novos empregos, criação de escritórios de espionagem operária, recrutamento de fura-greves e de polícias privadas ([33]).

---

([33]) LEQUIN, o. c., pág. 393.

# 4 — OS RITMOS DA NOVA ECONOMIA

## A — AS CRISES — CICLOS DE KONDRATIEFF E DE JUGLAR

As sociedades transformadas pela economia industrial são sacudidas por crises e sofrem movimentos flutuantes na sua evolução. Mas as características das suas crises são diferentes. São crises de "super-produção" que atingem os sectores da produção agrícola e industrial e não já crises de subsistência ou sub-produção como as do "antigo regime".

Todavia, como as transformações se não operam com a mesma velocidade em todos os sectores ou a todos os níveis da vida económica, ao longo do século XIX, os espaços económicos mais industrializados conheceram crises em que características de "antigo regime" se associavam a características da nova economia.

Têm sido analisadas essas flutuações na evolução dos preços agrícolas e industriais. Não tem sido fácil analisá-las na evolução dos volumes (quantidades) da produção. Alguns estudos têm sido efectuados a partir da evolução dos rendimentos, quer dos lucros, quer dos salários. As taxas de crescimento industrial anual permitem ver a evolução da amplitude quantitativa da produção.

A análise dos preços, em mercado "por grosso", permite descobrir ao longo do século XIX quatro flutuações. Atendendo a que este século não conheceu desvalorizações monetárias, não há praticamente correcções a fazer à comparação dos preços (agrícolas e industriais) ao longo do tempo. Assim, *entre 1815-1851* registou-se uma onda de tendência para a estagnação ou para a baixa dos preços, (uma fase B de François Simiand). Entre *1851-1873*, a onda inverte-se para tendência de preços que não descem ou sobem ligeiramente (uma Fase A). Entre *1873-1896* a onda volta a tender para a baixa (nova Fase B). Entre *1896-1914* a tendência é já para a subida nítida (Fase A).

As tendências de longa duração têm relações estreitas com a conjuntura económica. Uma tendência para a subida indica dinamismo económico, enquanto a tendência para a baixa indica retensão de expansão. Quando os preços sobem, aumentam normalmente os lucros que estimulam a criação de novas fábricas e criam ambiente de euforia. Quando os preços descem, quebra o estímulo pelo investimento, mas frequentemente provoca também investimento — sob a forma de inovações de equipamento — em luta contra a baixa, conservando-se assim certo equilíbrio de actividade produtiva, embora com diminuição de rendimentos (lucros e salários).

A tendência secular dos preços no século XIX até à 1.ª Guerra Mundial foi de baixa de preços. Porquê? Fundamentalmente por aumento da *produtividade* e da *oferta* de produtos; nos sectores industriais mais do que nos agrícolas.

Mas as fases A e B têm que ver com os meios de pagamento. Para os economistas "quantitativistas" a explicação estaria na relação entre as flutuações da massa monetária e os preços, tomados globalmente, é claro, não preço por preço. Assim as novas explorações de ouro na Califórnia em 1848 e na Austrália, em 1851, aumentando a massa monetária estaria na origem dos preços altos — fase A — até 1873. Com o esgotamento desta exploração, mais onerosa e mais lenta, os preços descem entre 1870--1890 — fase B — . Novas descobertas de ouro no Canadá, na Sibéria e na África do Sul, voltariam a originar uma nova fase A (1869-1914), com aumento de preços, reflorescimento dos negócios, correspondendo à "belle époque".

Hoje os historiadores não podem contentar-se com uma visão assim demasiado simples. Por várias razões: 1) A moeda não metálica (notas de banco, créditos bancários, letras, etc.) desempenha um papel muito importante e actua também nas flutuações. 2) Constata-se que as flutuações se relacionam mais com a velocidade do aumento da massa monetária do que com o volume dela. A maior ou menor aceleração desta é que determina as fases A e B, até porque a massa monetária aumenta continuamente, com o próprio crescimento económico.

De qualquer modo uma explicação meramente quantitativista parece insuficiente aos economistas para explicar os "kondratieff".Shumpeter ([34]) apela para o papel desempenhado pelos progressos técnicos, particularmente a máquina a vapôr, os transportes ferroviários, a utilização do petróleo e o automóvel. Outros economistas põem em relevo o papel desempenhado pela exploração de novas terras, com repercussão na baixa dos preços dos cereais do último quartel do século XIX.

Tudo quanto se disse se refere aos ciclos de longa duração. Outros há que considerar também.

Foi Clément Juglar ([35]), quem primeiro descobriu que as crises se inseriam em movimentos de carácter cíclico, em que períodos de prosperidade eram seguidos de períodos em que as causas da prosperidade se desactivavam. As crises situavam-se na inversão de tendência. Os ciclos estudados por Juglar nas crises comerciais de França, Inglaterra e Estados Unidos, tinham uma periodicidade de cerca de entre oito e onze anos. Joseph Kitchin, em estudos estatísticos sobre as taxas de juro e preços por grosso, entre 1890-1922, na Inglaterra e nos Estados Unidos, detectou um movimento cíclico mais curto que o de Juglar ([36]), de uma periodicidade de cerca de três anos e meio. Só posteriormente — em 1926 — o economista russo

---

([34]) Joseph Alois Schumpeter, economista austríaco (1883-1950), que fora ministro das Finanças do seu país em 1912, e exilado nos Estados Unidos aí foi professor de Economia, em Harvard (1932), apesar de socialista e com alguma influência dos escritos de Marx, acreditava no sucesso do sistema capitalista, relativizando-o, todavia, e concebendo-o como um movimento flutuante, cíclico, em que a acção do *empresário* era fundamental no estabelecimento de oscilações desequilibradoras do sistema, a partir sobretudo da introdução de inovações técnicas. Servindo-se dos ciclos económicos descobertos por Juglar e por Kitchin seriam submúltiplos dos de Juglar, e ambos submúltiplos dos de Kondratieff. Assim os ciclos de Juglar seria uma sequência de seis ciclos Juglar. Uma tal teoria não obteve, porém, a confirmação das análises estatísticas.

([35]) Clément Juglar (1919-1905), médico e economista francês, foi o primeiro economista que da análise estatística histórica das crises comerciais periódicas da França, da Inglaterra e dos Estados Unidos, já em 1862, concebeu as crises económicas não como fenómenos isolados, que se explicassem por si próprios, mas como momentos de movimentos ondulatórios da economia. Os seus ciclos têm sido os mais privilegiados pela análise da conjuntura.

([36]) NIVEAU, Maurice — HISTOIRE DE FAITS ÉCONOMIQUES CONTEMPORAINS, Paris, PUF, 1970, págs. 141-149.

N. D. Kondratieff, num célebre artigo ([37]) analisou o enquadramento dos ciclos curtos em movimentos longos de cinquenta e mais anos, que herdaram o seu nome. Shumpeter veio mais tarde estabelecer uma síntese destes três tipos de ciclos. Entretanto, mais recentemente, Gaston Imbert ([38]) detectou movimentos cíclicos intermediários entre os de longa duração e os de Juglar, chamados "hiper-ciclos", de entre 15-22 anos, observáveis particularmente nos Estados Unidos, na evolução da construção ferroviária e da indústria da construção de prédios.

Observados que foram já os ciclos de longa duração, vejamos sucintamente os ciclos curtos e as crises conhecidas, com a datação possível, ao longo do século XIX ([39]):

---

([37]) KONDRATIEFF, Nicolai Dmitrievich — THE LONG WAVES IN ECONOMIC LIFE, in Review off Economic Statistics, Novembro, 1935. (Existe uma tradução espanhola, LAS ONDAS LARGAS DE LA ECONOMIA, Madrid, 1944). Cit. NIVEAU, Maurice, o. c., pág. 143.

([38]) A descoberta de Kondratieff foi uma extraordinária abertura para a história económica, para a compreensão da conjuntura em movimentos largos. Uma série de estudos notáveis marcaram, a partir daí, o desenvolvimento de uma história económica de base fundamentalmente estatística. Bastará lembrar os nomes de Simon Kuznets (com *Secular Movements in Prices and Production*, 1930), François Simiand (com *Le Salaire, l'évolution sociale et monnaie*, 1932 — *Recherches anciennes et nouvelles sur le mouvement général des prix du XVI* siècle*, 1932 — *Les fluctuations économiques à longue période et la crise mondiale*, 1932), Ernest Labrousse (com *Esquisse du mouvement des prix et des revenus en France au XVIII* Siècle*, 1934). Earl J. Hamilton (com *The American Treasure and the Price Revolution in Spain*, 1934). Mais recentemente Gaston IMbert debruçou-se sobre um estudo aprofundado dos ciclos Kondratieff (com *Des mouvements de longue durée Kondratieff*, 1959), do qual para além do estabelecimento dos hiperciclos, que alguns historiadores não logram distinguir dos movimentos Kondratieff, se deve destacar a constatação de que os movimentos Kondratieff se apoiavam sobre uma tendência *(trend)* secular, enquanto os movimentos Juglar se apoiavam em fases ascendentes e descendentes dos movimentos Kondratieff. As fases ascendentes ou de expansão (fases A) e as fases descendentes, ou de recessão (fases B), já anteriormente haviam sido distinguidas por François Simiand.

([39]) NIVEAU, Maurice — o. c., págs. 149-184. François Simiand procurou demonstrar que os movimentos de preços e os da produção se opunham. Kuznets, Dupriez e Gaston Imbert, analisando as séries estatísticas, manifestam algumas discordâncias sobre uma tal generalização. As investigações ainda hoje não são perfeitamente concludentes sobre as relações entre esses dois indicadores, em todos os sectores da economia.

1) Crise de 1816.

Certamente a primeira crise da nova economia. Desde 1793 a Inglaterra era obrigada a grandes despesas militares, por causa da guerra contra a França; tendo aumentado as despesas públicas, favorecida a agricultura, cujos preços subiam, viu-se por alturas de 1815 (batalha de Waterloo) envolvida pela febre da especulação. Sobreprodução têxtil inglesa procura invadir a Europa, sem resultado, ante a concorrência francesa e belga. Os preços agrícolas descem. Mau ano agrícola e agitação social assombram o ano de 1817. A França sofre crise agrícola e sofre a concorrência inglesa. Os Estados Unidos vêm diminuídas as exportações. Uma certa imobilização opera-se a nível mundial. Ricardo presenciou e analisou a crise, concluindo que uma crise de sobreprodução prolongada era impossível.

2) Ciclo 1819-1832 — *Crise em 1825.*

Visível particularmente na Inglaterra. Expansão, entre 1819-1825, do comércio externo, de investimentos em extracção mineira na África do Sul, de investimentos internos nos sectores do têxtil, do carvão, nas construções de canais, nas primeiras vias férreas. Tudo acompanhado por movimento de alta na bolsa e nos preços de produtos manufacturados. Todavia, tudo se passa numa fase B (desde 1814) de um Kondratieff. O trend dos preços é descendente.

Em 1825 há inversão. A balança comercial acusa-a, apesar das recuperações curtas de 1826-1828 e 1829-1831.

Em 1825 a Bolsa fica bloqueada por movimentos especulativos aventureiros de bancos da América latina. Sobem as taxas de desconto, imobiliza-se o crédito, paralisa o investimento, recua a produção industrial (têxtil) e o comércio, sobretudo na Inglaterra e nos Estados Unidos [40].

3) Ciclo 1832-1842 — *Crise em 1836.*

J. B. Say e Sismondi viram nesta crise a primeira crise monetária e industrial autêntica [41]. É o período (1832-1836) de grandes avanços dos caminhos de ferro ingleses. A máquina a vapôr fornece novas fontes de energia e ocasião de novos investimentos. Por arras-

---

[40] NIVEAU, Maurice — o. c., pág. 164.
[41] RIOUX, Jean Pierre — A REVOLUÇÃO INDUSTRIAL, Lisboa, D. Quixote, 1977, pág. 161.

tamento, desenvolvem-se a siderurgia, os carvões, as bancas e as sociedades por acções. Entre 1832-1836 as exportações inglesas aumentam 46%, e as importações aumentam 61%. Foi o sector têxtil que mais beneficiou da expansão. O número de teares mecânicos para a produção do algodão passaram de 56.000 a 110.000 entre 1830-1835. Em 1836, porém, a procura excede a oferta, subindo os preços e provocando especulação pela alta.

As reservas de ouro inglesas fluem para os Estados Unidos. Mas os americanos, com enorme déficit no comércio externo e com uma estrutura bancária anárquica, sem banca central, caem em dificuldades financeiras. As notas de banco depreciam-se em relação ao ouro e a procura deste pressiona o mercado de Londres que se esvazia. A Banca de Inglaterra eleva a taxa de desconto para refrear os empréstimos de ouro. O mercado monetário é obrigado a recorrer mais ao redesconto excepcional que penalisa a Banca de Inglaterra. Diminuem as operações das casas de desconto e de aceitação e a emissão de letras de câmbio internacionais desce. A crise acaba por devolver-se aos Estados Unidos. Os exportadores americanos (de algodão) vêem a Banca de Inglaterra recusar descontar as letras de câmbio sobre as casas de aceitação de Londres, com que eles financiavam as exportações, porque a Banca de Inglaterra tem de evitar a saída de ouro para os Estados Unidos. Consequentemente os preços do algodão caem, os bancos quebram e a Banca de Nova York suspende os pagamentos em ouro e prata para salvaguardar as reservas. É finalmente a Banca de Inglaterra (em 1838) que vem salvar os pagamentos de Nova York com um empréstimo de um milhão de libras, mas os exportadores ingleses para os Estados Unidos sofrem quebra e o desemprego segue-se na Inglaterra. Uma ligeira melhoria em 1838, com o apoio da Banca de Inglaterra, não obsta a que a depressão continue. A agitação social foi inevitável. A "Associação dos Trabalhadores" publica a 8 de Maio de 1838 a "carta do povo" que inspira os movimentos operários de greves e revoltas. A "Liga do Livre-cambismo" de Richard Cobden pressiona a obtenção de liberdade de importação de cereais, que faz baixar os respectivos preços [42].

4)  Ciclo 1842-1848 — *Crise de 1847.*

É este o terceiro ciclo de Juglar na fase B Kondratieff 1815-1851. Quer a Inglaterra quer a França conhecem uma expansão neste decénio, dinami-

---

[42]  NIVEAU, Maurice — o. c., págs. 165-168.

zado por investimentos maciços nos caminhos de ferro. Em França, em 1847, estão construídos 1.247 km., e em construção mais 2.433 km. de vias férreas. Em Inglaterra estão construídas 3.120 Km. em 1848, que em 1850 atingem os 10.590 Km. Num e noutro país as acções do sector sobem na bolsa e provocam especulação. A indústria metalúrgica é beneficiada. Na Inglaterra a produção de ferro fundido, entre 1842 e 1847, passa de um milhão para 2 milhões de toneladas.

Impõe-se uma política monetária restritiva: subida da taxa de desconto de 3,5% em 1845 para 6% em 1847 e subida das taxas de juro de 2,96% para 5,85%.

A crise passa de Londres para Paris. As reservas de ouro baixam nas duas capitais. Novamente pretende-se bloquear a exportação de ouro para os Estados Unidos. Em fins de 1847, numerosos bancos ingleses, não obtendo redesconto para os seus clientes, vão à falência. O governo inglês tem de intervir para aliviar as restrições da Banca de Inglaterra. Em França desencadeia-se processo idêntico: levantamentos de depósitos, falências, subidas das taxas de desconto, intervenção governamental para facilitar operações de crédito, criando nas grandes cidades um Comptoir National de Escompte. Nos dois países afundam-se os valores das acções dos caminhos de ferro, os preços, os lucros, os salários. A paralisação das construções dos caminhos de ferro multiplica o desemprego. O renascimento do ''cartismo'' na Inglaterra e a revolução de 1848 em França, de cariz operário e socialista, têm aí a sua origem ([43]).

Nesta crise de 1847 têm ainda um papel fundamental crises típicas de ''antigo regime'' na produção agrícola: doença da batata na Irlanda, crises cerealíferas na Europa, pelo inverno de 1846-1847. O crédito externo tem de ser mobilizado para importações de produtos alimentares, complicando a crise financeira. O consumo geral baixa, porque os recursos são desviados pela alta dos preços agrícolas.

É portanto uma crise mista de um mundo em que a nova economia ainda não triunfou completamente ([44]).

5) Ciclo 1852-1861 — *Crise de 1857.*

Inicia-se nova Fase A de Kondratieff. Sobem os preços em relação estreita com o aumento considerável da produção de ouro no mundo, que

---

([43]) NIVEAU, o. c., págs. 169-171.
([44]) RIOUX, Jean Pierre — o. c., pág. 162.

de 55 toneladas em 1850 passa para 200 toneladas em 1855, com as descobertas das minas da Califórnia (1849) e da Austrália (1851). Caminhos de ferro, construção naval, telégrafo e construções urbanas, entram em euforia. As grandes cidades crescem. Preços, lucros, salários nominais, acções dos caminhos de ferro e das minas sobem notavelmente. A especulação acelera.

Em 1857 vem a crise. Diminuem os lucros das minas de ouro e de algumas vias férreas. Os custos da produção aumentam. A crise nasce na Inglaterra, na França, nos Estados Unidos, mas estende-se a todo o mundo. O carvão e a siderurgia sofrem da quebra dos caminhos de ferro, e por reacção em cadeia, todos os sectores sofrem. Desemprego e falências desencadeiam-se. A 22 de Agosto Nova York entra em pânico. Numerosos bancos suspendem as suas operações. A Banca de Inglaterra sobe a taxa de desconto para 7% e a Banca de França sobe a taxa para 7,5%. Os fundos do Estado tornam-se o refúgio da poupança. A depressão dura até 1860 ([45]).

Ainda nesta crise de 1857 funcionam mecanismos directamente relacionados com a produção agrícola, mas agora por razões de super-produção: o trigo americano não se exporta, porque a Europa abunda de cereal, por boas colheitas e por fornecimentos russos, libertos da Guerra da Crimeia (1854-1856). Os bancos americanos pressionam os empréstimos ingleses. A especulação ajuda à crise do crédito ([46]).

6) Ciclo 1861-1869 — *Crise de 1866.*

Novo período expansivo de 1861 a 1866 sobreleva algumas dificuldades particulares. A guerra de Secessão (1861-1865) quebra as exportações de algodão americano para a Europa e as exportações europeias para os Estados Unidos. Mas as principais produções inglesas e francesas sobem. A política libre-cambista entre a Inglaterra e a França favorece a expansão.

A França canalisa a poupança para investimentos exteriores, nos caminhos de ferro de Espanha, Portugal, Austria, Alemanha e Itália. Aumentam as sociedades (de 108 em 1861 para 239 em 1865). O número de operários franceses empregados nas minas sobe de 76.450, em 1861, para 91.225 em 1866. Entre 1864 e 1866 o aumento foi da ordem dos 4.000.

A Inglaterra canalisa a sua poupança para o investimento interno. Na falta de Bancos de Negócios, são os Bancos Comerciais que respondem aos

---

([45]) NIVEAU, Maurice — o. c., págs. 171-172.
([46]) RIOUX, Jean Pierre — o. c., pág. 162.

investidores, emprestando para o longo prazo, enquanto tomam de empréstimo a curto prazo, processo seguro só com expansão assegurada. Em 1866 a casa Overend Furney de Londres, que tinha investido nas companhias de caminho de ferro de Inglaterra e Estados Unidos, pela falência de duas companhias, é arrastada também para a falência, Só a intervenção da Banca de Inglaterra evita a falência, em cadeia, de numerosas empresas [47].

Provavelmente mais que as falências das citadas companhias de caminho de ferro, inglesa e americana, na base desta crise de 1866 está a necessidade que os países europeus, com a Inglaterra à frente, tiveram de se abastecer de algodão, apressadamente e a altos preços, na Índia e no Egipto, por quebra da importação americana na sequência da Guerra de Secessão [48].

A França, como a Inglaterra, conhece falências bancárias, queda dos valores na bolsa, paragem nas construções de vias férreas, queda da produção e dos preços e extensão do desemprego.

Terminada a Guerra de Secessão, os Estados Unidos lançam-se na expansão industrial. É à sua volta que, de futuro, se processarão mais visivelmente os grandes movimentos cíclicos.

7)   Ciclo 1869-1876 — *Crise de 1873.*

Desde 1866 os Estados Unidos entraram num ciclo expansivo até à crise de 1873, com pequena inflecção entre 1869 e 1871. De 1873 a 1876 conhecerão uma depressão contínua. De 49.310 Km de vias férreas em 1860, passa a 106.500 Km em 1873.

A Alemanha entra em expansão a partir de 1871, sobretudo pela sua siderurgia e pela anexação da Alsácia-Lorena e de indemnizações de guerra recebidas da França, na sequência da guerra franco-alemã de 1870-1871.

A França não conheceu expansão.

Em 1873 a crise difunde-se a partir dos Estados Unidos e da Alemanha. Segundo Ernest Labrousse é a crise já característica da nova economia, já caracterizada nas indústrias têxteis e siderúrgicas. Os países da semi-periferia não podem pagar, a Espanha em bancarrota, Rússia, Turquia e países da América Latina suspendem os pagamentos de dívidas. O jogo dos investimentos mundiais dos países dominantes quebra. Caem preços, salários e lucros. É a primeira crise de imperialismo económico [49].

---

[47]   NIVEAU, Maurice — o. c., págs. 172-175.
[48]   RIOUX, Jean Pierre — o. c., pág. 162.
[49]   NIVEAU, Maurice — o. c., págs. 175-177.

8) Ciclo 1876-1885 — *Crise de 1882.*

A depressão na Europa só termina em 1878-79, nos Estados Unidos termina em 1877. A França entre 1879—1882 conhece um salto expansivo notável. A emissão de valores industriais ascende de 350 milhões de francos no primeiro semestre de 1879 para 1.748 milhões no primeiro semestre de 1781, totalizando 4 biliões ao longo do ano. São particularmente obras públicas que dinamizam o período: vias férreas, vias fluviais, portos.

Em 1882 desencadeia-se a crise: quebra das obras públicas, falências de bancos (em França o krach da Union Générale) e de empresas industriais, retirada macissa de depósitos, fuga das casas de crédito ao investimento na indústria. A bolsa de Nova York só é afectada em 1884. De 3.261 bancos nacionais, 404 vão à falência. Desemprego e miséria são as consequências ([50]).

9) Ciclo 1886-1896 — *Crise de 1890-1892.*

A Inglaterra e a Europa lançam-se no investimento externo, particularmente na América do Sul. Caminhos de ferro e construção naval são sectores dinâmicos de expansão. Cerca de 1890 a Inglaterra atinge o pleno emprego nas indústrias pesadas. Os Estados Unidos conhecem também a expansão de 1886 a 1890, marcada por forte movimento de constituição de ''cartels'' e de concentração de empresas para quebrar a concorrência.

Pela primeira vez se constata um ciclo expansivo da produção sem subida notável de preços, consequência da baixa dos custos de produção e das economias de escala,resultantes da concentração de empresas.

Em 1890 estala a crise. Até 1896. A Inglaterra com fortes investimentos na Argentina sofre as consequências do mau ano agrícola e de uma revolução nesse país. Os valores argentinos colocam a banca inglesa em dificuldades. Nova York vê detidas as exportações de capitais ingleses e sofre a retirada de capitais investidos, em ouro. Casualmente, a crise cerealífera europeia de 1891 vem ajudar os Estados Unidos, que exportam macissamente os cereais necessários. No entanto, numerosas empresas de caminhos de ferro vão à falência nos Estados Unidos, provocando quebra da bolsa de Nova York em 1893. A indústria metalúrgica acusa a quebra. Desemprego e miséria das classes operárias seguem-se.

---

([50]) NIVEAU, o. c., págs. 178-179.
([51]) Id., págs. 179-182.

A expansão rápida dos caminhos de ferro chega a seu termo. É a construção naval que a vem substituir ([52]).

10) Ciclo 1897-1908 — *Crise de 1907.*
Novo ciclo Kondratieff, em fase A, começa. Este ciclo de expansão é dinamizado pelos investimentos na produção de energia elétrica, no telefone, nos metropolitanos e na construção naval.

Prossegue o movimento de concentração de empresas. Aumenta a produção de ouro, com o início da exploração das minas da África do Sul. Entre 1895 e 1913, o stock de ouro monetário mundial aumenta, à taxa média anual de 3,7%. Nos Estados Unidos ainda os Caminhos de Ferro são um sector dinâmico e atraem capitais europeus. O uso dos "tramway" nas cidades, o crescimento da indústria química e a electrificação crescente, demandam a produção de energia eléctrica. Começam a aparecer os primeiros automóveis. Todos os países mais avançados beneficiam da expansão.

A crise de 1907 é particularmente sentida pelos Estados Unidos, que sem uma estrutura bancária centralizada, e dependente dos mercados financeiros exteriores, sobretudo londrinos, sofrem da incapacidade de satisfazer às necessidades de crédito em períodos de dificuldade. Numerosas empresas bancárias americanas vão à falência. Só em 1913 os Estados Unidos criarão o "Federal Reserve System" ([53]).

11) Ciclo 1908-1921 — *Crise de 1913.*
A depressão de 1907 foi curta. O sector da produção automóvel começa a dinamizar os investimentos industriais. A França que produzia 45.000 unidades automóveis em 1909, produziu 91.000 unidades em 1913. A metalurgia e os armamentos estimularam a siderurgia dos países europeus antes da guerra. A crise de 1913 e a guerra 1914-1919 quebrarão o ímpeto europeu e darão a oportunidade aos Estados Unidos, que, aproveitando as necessidades da guerra, funcionarão a pleno emprego e se colocarão na posição de hegemonia mundial da produção industrial.

---

([52]) NIVEAU, o. c., págs. 182-183.
([53]) CARON, François — o. c., págs. 111-122.

*233*

# B — AS TRÊS VAGAS DA INDUSTRIALIZAÇÃO

Três vagas de industrialização se sucederam:

1.ª — Tem início em fins do século XVIII e princípios do século XIX e diz respeito à Inglaterra, à França, à Bélgica, à Suiça e aos Estados Unidos.

O sector "leader" desta vaga, que abrange a primeira metade do século XIX, foi a indústria têxtil.

2.ª — Desde meados do século XIX até finais deste século. O desenvolvimento dos investimentos de base e também as interacções que do crescimento da indústria têxtil arrastam a produção de equipamentos, atribuem às indústrias base um papel primordial, nos países mais avançados e naqueles que dão os primeiros passos na industrialização.

3.ª — As indústrias pesadas, quer destinadas a investimentos de base (ex. caminhos de ferro) quer à produção de equipamentos para produção de bens de consumo, tornam-se completamente dominantes. É no sector de produção de equipamentos que os países mais atrasados encontram a entrada na era industrial. Nele havia mais ocasiões de aplicar as novas técnicas, que aliás conheciam as mais céleres inovações, e correspondiam melhor às de formação de capital mais elevado, mais intensamente capitalísticas e em que a mão de obra era menos especializada e menos custosa.

Assim aconteceu na Rússia, a partir de 1890, imposta pelo Estado a um país arcaico, permitindo-lhe importar as técnicas muito elaboradas da indústria ocidental e lançar as bases de equipamento do país. Em consequência, poderia em 1906 criar um processo de industrialização orientado para a produção de bens de consumo. A Itália e a Suécia conheceram processos semelhantes. Na Suécia os bens de produção exportados representavam, em 1869-1878, 59% da sua produção e em 1904-1912 representavam apenas 52%. No Japão já o processo seguiu os caminhos da Inglaterra e da França, começando pelas indústrias ligeiras.

No entanto só poderá considerar-se que a industrialização foi conseguida, quando ela repousa sobre um processo de perpétua diversificação, que tanto pode ser orientada para os bens de consumo, como para os bens de equipamento, ou para bens intermediários ([54]).

---

([54]) CARON, o. c., pág. 115.

| Repartição da produção industrial mundial (em percentagem) | | | | | |
|---|---|---|---|---|---|
| Países | 1870 | 1881/1885 | 1896/1900 | 1906/1910 | 1913 |
| Estados Unidos . | 23,3 | 28,6 | 30,1 | 35,3 | 35,8 |
| Alemanha ...... | 13,2 | 13,9 | 16,6 | 15,9 | 15,7 |
| França .......... | 10,3 | 8,6 | 7,1 | 6,4 | 6,4 |
| Finlândia ....... | — | 0,1 | 0,3 | 0,3 | 0,3 |
| Itália ........... | 2,4 | 2,4 | 2,7 | 2,7 | 3,1 |
| Canadá ........ | 1,0 | 1,3 | 1,4 | 2,3 | 2,0 |
| Bélgica ......... | 2,9 | 2,5 | 2,2 | 2,1 | 2,0 |
| Suécia .......... | 0,4 | 0,6 | 1,1 | 1,0 | 1,1 |
| Rússia .......... | 3,7 | 3,5 | 5,0 | 5,5 | 5,0 |
| Japão ........... | — | — | 0,6 | 1,2 | 1,0 |
| Índia ........... | — | — | 1,1 | 1,1 | 1,2 |
| Outros países .. | 11 | 12 | 12,3 | 11,9 | 12,0 |
| Inglaterra ....... | 31,8 | 26,6 | 19,5 | 14,7 | 14,0 |

([54])

---

([54])  CARON, François — o. c., pág. 115.

# 5 — OS MEIOS MONETÁRIOS

## A — FORMAS DE MOEDA

A expressão *moeda*, como já atrás referimos, tem vários significados. É um instrumento de medida dos preços, é um meio de pagamento (que substitui a troca), é meio de acumulação de riqueza, de poupança, de investimento, e, consequentemente, torna-se num instrumento de desenvolvimento económico. O conjunto de todas as formas de moeda, de meios de pagamento, constitui o que se chama a *massa monetária*. Cada país, além da sua moeda nacional, de circulação *interna*, possui moedas de circulação *externa* (ouro, divisas) para as suas transacções com os mercados estrangeiros.

Até à primeira guerra mundial (1914-1919), cada país possuía moedas metálicas de bom metal, que valiam pelo seu peso intrínseco de ouro ou de prata, pelo que incitavam ao *entesouramento*, pela sua guarda, para segurança em alturas de crise, — ''o pé de meia'' — , que conduzia à paralização de capitais.

Todavia, desde finais do século XVII, a economia europeia conhecia a moeda fiduciária, iniciada pela Banca de Inglaterra, em 1694, sob a forma de *notas de banco*. Sob a influência de Law, também a França adoptara o sistema de notas, entre 1717-1720, sem resultado, porque a falência do sistema de Law criou a desconfiança do público. Só, porém, no século XIX as *notas de banco* se foram generalizando na Europa, porque o seu valor — indicado numericamente na nota — depende totalmente da confiança (valor fiduciário), que é garantida ao seu portador pela Banca que as emite. A sua generalização é paralela à menor utilização de moedas metálicas, excepto das moedas divisionárias de restrito valor intrínseco.

Desde a Idade Média, a economia europeia conhece outro tipo de moedas além das *metálicas* e das *moedas fiduciárias: as moedas escriturais*.

Com o nome de *letras de câmbio,* desde o século XIII, ou com os nomes de *tratos comerciais* ou *efeitos comerciais,* ou ainda de *papeis comerciais* usados desde o século XIX, corriam no comércio interno e no comércio internacional documentos constituindo reconhecimento de dívida ou compromisso de pagamento, passados de um comerciante para outro, e que assinados no dorso (endossados) passavam para terceiros comerciantes, que os aceitavam como forma de pagamento dentro de um prazo que os próprios documentos estipulavam. Tais documentos circulavam,pois, dentro do prazo estipulado, como verdadeira moeda que evitava a trasladação de espécies monetárias.

Desde o século XIX,outras formas de moeda escritural irão substituir as anteriores. São os *lançamentos* em conta de depósito bancário e os *cheques* bancários. O aumento do número de transacções e do valor das mesmas, ligado ao crescimento geral da economia, para maior rapidez e maior eficácia de movimentação dos meios de pagamento, é que está na origem destas modificações. As moedas escriturais antigas substituíram as espécies metálicas e as modernas vêm substituindo as notas de banco.

O manejo crescente dos depósitos bancários *à ordem* permite aos bancos dispôr de um conjunto de meios de pagamento a que se foi chamando *moeda de banco,* que é um instrumento importante da moderna economia. Acontece até que a partir desse conjunto de meios de pagamentos os bancos (não emissores de moeda) criam verdadeira moeda, posto que, pelo sistema de crédito, fornecem meios de pagamento superiores à massa de depósitos de que dispõem. Assim, por exemplo, um banco ao conceder um empréstimo a um cliente pode dar lugar a que este deposite noutro banco parte do dinheiro emprestado. Este segundo banco pode, baseado em tal depósito, conceder empréstimos a outro cliente. Este mecanismo torna-se num verdadeiro multiplicador de crédito, que evidentemente tem riscos e não pode ser utilizado sem limites, mas que se torna também num elemento dinamizador da economia.


## B — NOTAS DE BANCO E METAIS PRECIOSOS

As notas de banco, em princípio, eram convertíveis em ouro. O portador de uma nota poderia, em princípio, exigir ao balcão de um banco emissor, a quantidade de ouro correspondente ao valor inscrito na nota. O banco emissoar garantia essa conversão pelas suas *reservas* de ouro. Dissemos

238

em princípio, porque efectivamente assim não acontecia. Porque não era provável que todos os portadores de notas solicitassem a sua conversão em ouro e porque a vida económica exigia meios abundantes de pagamento (devidamente controlados), as notas emitidas pelo banco emissor superavam em valor inscrito o valor da reserva-ouro que as cobria.

No mercado internacional funcionava o mesmo princípio da *convertibilidade em ouro* das principais moedas fiduciárias em circulação (a libra esterlina, o dollar, o franco, o marco, a lira, o florim, o yen, o rublo, etc.). Tais moedas definiam-se pela sua correspondência a uma certa quantidade de ouro. O ouro era, pois, o estalão monetário universal — o Gold Standard — em relação ao qual funcionava todo o *sistema monetário internacional,* já que o ouro circulava e era comercializado livremente em todos os países. Eram, pois, *as reservas de ouro* de cada país que garantiam a convertibilidade da sua moeda, em face das moedas estrangeiras, como também as trocas de mercadorias e de capitais com o exterior. Elas financiavam portanto os *deficits* externos.

O grande mercado central do comércio do ouro situava-se em Londres, onde o ofereciam os grandes produtores mundiais e onde o procuravam, quer os compradores individuais, quer as bancas privadas, quer as bancas nacionais. Por essa razão a libra esterlina funcionava praticamente como moeda mundial, pelo que se falava de "gold sterling standard", em vez de "gold standard", embora, até data muito recente, a principal liquidez internacional se fizesse pelo ouro monetário. Após a primeira guerra mundial, o papel desempenhado pela *libra esterlina* como moeda internacional começou a ser desempenhado pelo *dollar* americano. [55]

| Produção de ouro no mundo entre 1493-1929 | | | |
|---|---|---|---|
| (em milhões de libras esterlinas à taxa de $84/11\frac{1}{2}$ por onça de ouro fino) | | | |
| Anos | | Produção por século | Produção total |
| 1493-1600 | | 103,2 = 2,4% | 103,2 |
| 1601-1700 | | 124,6 = 2,8% | 227,8 |
| 1701-1800 | | 259,9 = 5,9% | 487,7 |
| 1801-1850 | 162,0 | | 649,7 |
| 1851-1885 | 858,9 | 1.568,5 = 35,5% | 1.508,6 |
| 1886-1900 | 547,6 | | 2.056,2 |
| 1901-1929 | | 2.355,6 = 53,4% | 4.411,8 |
| | | 4.411,8 = 100 % | |

[55] BOUVIER, Jean — o. c., pág. 111.

Seria escusado dizer que o papel monetário desempenhado pelo *ouro* como estalão, tem como correlativo, ao longo do século XIX, o desaparecimento de uma função monetária outrora desempenhada pela *prata,* que, pela sua produção extremamente abundante, se desvalorizou. No princípio deste século os sistemas monetários nacionais tinham passado do bimetalismo ao monometalismo-ouro.

Embora, como se dizia, as notas de banco, em princípio, devessem ser convertíveis em ouro — moeda de papel — efectivamente, desde meados do século XIX, em certos países e com certa irregularidade, e em todos os países, desde a Guerra de 1914, as notas de banco deixaram de ser convertíveis em ouro e transformaram-se em *papel-moeda* de *curso forçado,* isto é, de circulação obrigatória, ainda que sem convertibilidade obrigatória em ouro. Esta transformação implica dois aspectos: por um lado, assegura ao banco emissor e ao Estado a preservação das suas reservas-ouro, por outro lado, permite ao Estado e ao Banco emissor aumentar a massa monetária em circulação, em sistema de empréstimo da banca central ao Estado, para obviar às suas despesas. Esta transformação foi-se operando em situações de crise, agravou-se durante as duas guerras mundiais, de 1914 e de 1939, e depois instalou-se definitivamente no sistema monetário e financeiro da nova economia, constituindo um dos aspectos dos fenómenos inflacionistas modernos — a *inflação monetária* — que virá a ter repercussão nos Preços.


## C — PARIDADES E DESVALORIZAÇÕES

A *paridade monetária* é a relação dos pesos respectivos de metal precioso contido nas diversas unidades monetárias. Antes da primeira guerra mundial as paridades eram fixas, porque cada moeda conservava uma relação fixa com o ouro, com apenas ligeiras variações nos câmbios, em razão da intensidade da oferta e da procura, dependente da intensidade do comércio e dos movimentos dos capitais, entre os espaços económicos das moedas em câmbio. Portanto, não havia instabilidade nos câmbios monetários.

Outras razões — uma monetária, como o crescimento da produção de ouro, e sobretudo, uma económica, como a grande *estabilidade relativa dos preços* (com fracas variações anuais) em tendência secular para a baixa, permitiram que, ao longo do século XIX, a *estabilidade monetária* — a fixidez do equivalente em ouro das grandes moedas — fosse extraordinariamente notável.

Depois da primeira guerra mundial, todas as moedas entraram em movimentos sucessivos de desvalorização, isto é, as unidades monetárias perderam no seu poder de compra. Quando este facto se dá, os poderes públicos vêem-se obrigados a sancionar por lei uma nova definição da unidade monetária em relação ao ouro e às demais moedas estrangeiras.

Têm sido, geralmente, de duas ordens as causas das sucessivas desvalorizações das moedas no século XX: 1) aumento dos preços e consequente perda de poder de compra da moeda; 2) desiquilíbrio, por deficit, da balança de pagamentos ao exterior. Este pode até coincidir com baixas de preços. É uma resposta à saída rápida de capitais para o exterior, favorecendo o poder de compra das moedas exteriores, favorecendo as exportações e bloqueando as importações, pelo seu encarecimento.

Estes movimentos, que retiraram a estabilidade monetária à economia europeia, deixando-a entregue à extrema variabilidade das relações de valor entre as moedas internas e as moedas externas (por causa das inflações nacionais) foram muito propícios às manipulações especulativas de moedas — *especulação monetária* — por movimentos de capitais a curto prazo de uns países para outros, que originam ou agravam as crises monetárias do século XX [56].

---

[56] BOUVIER, o. c., págs. 103-109.

# 6 — O SISTEMA DE CRÉDITO

## A — FORMAS DE CRÉDITO

O sistema de Crédito compreende os instrumentos de crédito — a moeda — e os organismos bancários que manejam esses instrumentos. Os organismos bancários têm na vida económica uma posição ambígua: têm um papel económico activo, na medida em que podem intervir pelo emprego dos capitais de que dispõem, e portanto a economia depende deles, mas, por outro lado, esse papel só o poderão desempenhar se puderem dispôr de capitais, isto é, estão dependentes dos depósitos, portanto dependentes da economia, da conjuntura e dos comportamentos dos agentes económicos.

As formas de Crédito são de dois dipos: — Público e Privado, segundo se trata de créditos a instituições de carácter público, ao Estado e autarquias, ou de créditos a particulares e a instituições de carácter não público.

Desde o século XVI que os Estados, para obviar a problemas de liquidez, vêm pondo a público *títulos* de dívida, que os particulares adquiriam mediante o compromisso do Estado pagar anualmente uma renda correspondente a uma taxa de juros sobre o capital que o particular lhe emprestava. Esses títulos de dívida pública eram ou reembolsáveis, quando o capital, dentro de um certo período de tempo — alguns anos — , era reembolsado, por partes, ou *perpétuos,* quando o Estado nunca reembolsava o capital, mas assegurava perpetuamente o pagamento dos juros respectivos. Estes títulos de dívida referem-se a dívidas de longo prazo. Os Estados vêem-se, por vezes, necessitados a contrair dívidas de curto prazo (porque as receitas públicas não têm um ritmo constante), constituídas por ''bonus do Tesouro Público'', reembolsáveis dentro de um curto período de tempo (de 3 meses a um ano) e que, por constituirem um volume de dívida que não é constante, que oscila, geralmente se designa por *dívida flutuante*. Por vezes o Estado tem necessidade de transformar estas dívidas de curto prazo em dívidas de longo prazo, consolidando-as, pelo que se vulgarizou chamar a estas dívidas a *dívida pública consolidada*.

Inicialmente era o próprio Estado que directamente vendia os seus títulos de dívida pública. Desde o século XIX, com o desenvolvimento do sistema bancário, ou o Estado se serve dos bancos para oferecer ao público os seus *títulos de dívida*, mediante o pagamento de uma comissão, a título do serviço prestado pelos bancos, ou os próprios bancos compram ao Estado os títulos, ou parte deles, e os vendem depois, cobrando sobre eles uma taxa. Os títulos de dívida pública tornam-se verdadeiros valores negociáveis no mercado monetário, oscilando em alta ou em baixa nas Bolsas de valores, segundo as conjunturas económicas, financeiras e políticas, e segundo o jogo dos especuladores.

O crédito privado é normalmente de dois tipos: *comercial* ou *industrial*, segundo se destina a financiar operações comerciais ou empreendimentos industriais.

Não se confunde o crédito comercial com o *crédito ao consumo*, empréstimo feito pelo comerciante a um cliente para pagamento em prazos diferidos (venda a prestações). Trata-se de crédito aberto por instituições bancárias a um comerciante, para financiar o seu stock de mercadorias, ou a um industrial para o seu stock de matérias primas. É geralmente um crédito de curto prazo (geralmente de 30 dias), mediante o sistema de *desconto*, sobre *letras* de reconhecimento de dívida, em que a instituição bancária cobra o valor de uma taxa sobre o valor emprestado — *a taxa de desconto* — correspondente ao preço de crédito.

O crédito industrial, diferentemente do crédito comercial, é um crédito a longo ou a médio prazo, reembolsável em período de tempo superior a um ano. Modernamente vem-se desenvolvendo o crédito a médio prazo (entre dois a cinco anos).


## B — MODIFICAÇÕES DO SISTEMA BANCÁRIO

As várias formas que o sistema de crédito foi criando estão associadas a modificações, quer do papel, quer das funções das instituições bancárias. Antes da ''revolução industrial'', nem as notas de banco, nem a moeda escritural, nem os instrumentos de crédito comercial e industrial conheciam grande volume, nem grande circulação. O aumento do seu volume e da sua circulação, envolvendo crescentemente as populações, exigiram novas modalidades de instituições de crédito.

Os primeiros bancos criados na economia europeia são de origem privada, geralmente com características locais ou regionais e frequentemente de origem familiar. Mas, desde cedo, as suas ligações com o Estado foram inevitáveis, tornando-se os grandes instrumentos de crédito do Estado. Para não falar das primeiras iniciativas bancárias medievais, dos ''lombardos'', dos Caorcinos, etc. que, a títulos morais novos (''periculum sortis'', ''damnum emergens'', ''lucrum cessans''), conseguiam obter lucros com o comércio do crédito, contra as normas morais dominantes, ou usando os subterfúgios dos contratos de câmbio, com as taxas respectivas do crédito, do câmbio e do recâmbio, devem recordar-se, dos primórdios das instituições bancárias, a *Casa di San Giorgio* (desde 1148) em Génova, o *Monte Vecchio* (desde 1156) em Veneza, este último transformado no século XVI no *Banco della Piazza del Rialto*, instituídos por grossos comerciantes, grandes financiadores de operações comerciais e de empreendimentos dos Estados ou dos Príncipes. Durante os séculos XVI, XVII e XVIII, nas centrais da economia europeia, célebres banqueiros, comerciantes e industriais, dinamizavam o sistema de crédito comercial e de crédito público. Ficaram célebres os Medicis na Itália, Jacques Coeur na França e, sobretudo, os Welser e os Fugger na Alemanha.

À medida do alargamento e complexidade da economia europeia, as funções bancárias foram-se tornando mais complexas também. É assim que o *Amsterdam Wisselbank* (1619), cuja origem é municipal, como já dissemos, mas que naturalmente se tornou na grande plataforma de comércio mundial, para onde eram canalizadas as moedas de todas as nações e de todos os negócios, adopta, pela primeira vez, uma unidade de conta bancária, o *florim branco;* ali surgem também, pela primeira vez, as *modernas sociedades por acções.*

A hegemonia mundial exercida por Amsterdan Wisselbank veio a ser perdida, em meados do século XVIII, a favor do *The Governor and Company of the Bank of England,* fundado em 1694. Este banco vai ser o primeiro a conhecer oficialmente o privilégio monopolista da emissão de *notas de banco,* em 1708. Mas a Inglaterra já conhecia, durante o século XVII, as notas de crédito, as "goldsmiths notes" emitidas pelos ourives, que funcionavam como banqueiros e agentes de crédito comercial. Também em França, como já se viu, surgiu, nos inícios do século XVIII, a tentativa desastrosa de uma Banca central emissora de notas, sob a inspiração de Law.

Durante o século XIX, em todos os países europeus, proliferaram bancos, criados geralmente por grandes comerciantes do comércio internacional, com o seu próprio capital e o de uma clientela restrita, mas poderosa, e especializando-se nos descontos comerciais, nos empréstimos públicos e na criação de companhias de seguros. Só depois — particularmente com a implantação dos caminhos de ferro — os bancos se lançaram a apoiar, ou mesmo a empreender, actividades industriais.

A proliferação regional e local de bancos foi exigindo a centralização do sistema num *Banco Central* que servisse de apoio e segurança a todo o sistema. Assim funcionava já o Banco de Amsterdam e o Banco de Inglaterra atrás referidos. Mas durante o século XIX cada economia nacional teve de criar o seu próprio banco central, comercial e industrial, e *também emissor* de moeda. É o Banco dos banqueiros e dos bancos. O seu sistema de funcionamento pode comparar-se, como o faz Jean Bouvier, ao de uma bomba que aspira e lança notas de banco e letras comerciais:

— aspira as *letras* comerciais (compromissos de pagamento sobre vendas) que a ele recorrem para *desconto* e *redesconto*.

— emite *notas de banco* (meios de pagamento) correspondentes ao crédito que fornece aos comerciantes e banqueiros subscritores de *letras*.

Mas o Banco Central e Emissor emite moeda, baseado em três outros factos económicos:

1) Compra de ouro.

2) Avances sobre garantia de *depósitos de títulos* seguros.

3) Avances ao Tesouro Público, sem contrapartida de mercadorias ou de serviços.

Esta última função do Banco Central, que se desenvolveu depois da primeira guerra mundial, que corresponde a problemas específicos de Política económica, está na origem da *inflação fiduciária* moderna.

Os grandes empreendimentos industriais do século XIX, particularmente nos domínios dos caminhos de ferro, dos carvões, da siderurgia e das construções mecânicas, pela necessidade de grandes capitais, exigiram dois tipos de mecanismos capazes de os fornecerem: — o mecanismo do *auto-financiamento* das sociedades industriais, que restringiam a distribuição dos lucros pelos accionistas, para os reinvestirem. Este mecanismo era porém limitado e incerto, dependente da situação conjuntural. Havia então o recurso a um mecanismo de criação de fontes de investimento em sistemas bancários de grande concentração de capital, em *sociedades bancárias por acções*, portanto de origem não familiar.

Entre estas sociedades bancárias por acções há que distinguir os *Bancos de Negócios*, característicos da sociedade francesa, criados a partir de algumas, pouco numerosas, grandes fortunas e destinados essencialmente ao fornecimento de crédito a longo prazo à indústria, e os *Bancos de Depósitos*, sociedades anónimas orientadas para a captação indiscriminada de toda a espécie de capitais (poupanças, vendas de títulos, créditos ao comércio e à indústria), através de uma extensa rede de agências de carreamento de depósitos à ordem e a prazo.Muitos destes bancos passaram por graves dificuldades, e até falências, quando, imprudentemente, durante o século XIX e princípios do século XX, comprometiam em créditos de longo prazo, muitas vezes no estrangeiro, depósitos que eram sobretudo depósitos à ordem e não podiam entregá-los ao público, que os reclamava macissamente e em pânico, em épocas de crise.

O desenvolvimento da nova economia e as dificuldades que os mercados de capitais foram encontrando até à Primeira Guerra Mundial produziu dois tipos de fenómenos:

1) Crescente *concentração* do sistema bancário privado.
2) Aumento da influência e da intervenção do sector bancário público.

A concentração do sistema bancário privado operou-se por dois processos: 1) pela *integração vertical* de diversos tipos de bancos privados numa determinada operação bancária, por exemplo participando,pela união de capitais e de serviços,num empréstimo a um determinado projecto industrial, ou a um Estado; 2) pela formação de *grupos bancários*, como constelações de bancos à volta de um núcleo central e dominante, ou à volta de uma empresa industrial. A formação de grupos bancários é um dos elementos da moderna concentração capitalista — a concentração financeira — crescentemente de carácter internacional e multinacional.

# C — O ESTADO BANQUEIRO

Desde a primeira guerra mundial, e muito mais intensamente depois da crise dos anos trinta, que a intervenção do Estado nos sistemas monetário e de crédito se vem tornando em todo o mundo mais larga e mais intensa, por três tipos de razões: — para funcionar como suporte e controle do sistema bancário, e do crédito, a fim de prevenir e evitar as grandes crises que o mundo económico conheceu, com graves repercussões sociais e políticas; — para fazer chegar os instrumentos de crédito a largos sectores produtivos que o simples jogo da economia liberal marginalizava; — para possibilitar a reconstrução económica (nos após-guerras) e a realização de planos de desenvolvimento, de modo a que todos os sectores da população deles venham a beneficiar equitativamente.

Esta intervenção do Estado faz-se por diversos modos:

1) Controlando a Administração do Banco Central emissor, se ele é privado.
2) Nacionalizando o Banco Central emissor.
3) Nacionalizando a totalidade ou a maioria das instituições bancárias.
4) Criando instituições de canalização de poupanças populares (Caixa Geral de Depósitos, Caixa Económica Postal, etc.) ou de recursos monetários para-fiscais (Caixas de Previdência) para certos tipos de crédito com função social elevada e a que o sistema bancário privado não é atraído.

O peso crescente das obrigações sociais que o Estado tem de cumprir exige-lhe que possa dispôr de vultuosos capitais e que possa controlar o seu mercado, pelo que, mau grado as mais diversas relutâncias ideológicas dos governos democráticos, as realidades vão impondo aos Estados uma política económica em que o sector do crédito público e dos instrumentos bancários públicos se sobrepõem largamente, sobre os sectores privados. [57].

---

[57] BOUVIER, o. c., págs. 131-149.

# 7 — O ESTADO AGENTE ECONÓMICO

Desde sempre que o Estado é o agente económico mais importante dentro de um espaço económico, é o maior recaudador do rendimento colectivo e o maior dinamizador do produto colectivo. Pelo volume de capitais que movimenta (impostos, outras receitas fiscais, empréstimos, etc.), pelo volume de serviços que presta (administrativos, militares, sociais, culturais, económicos) e pelo número de pessoas que envolve. Este lugar primordial de agente económico que sempre desempenhou vê-se modernamente acrescido por novas funções de *agente directo* que deve desempenhar. Hoje o Estado não pode deixar de ser um produtor económico, um investidor e um banqueiro. As contas deste agente económico têm o nome de *Finanças Públicas*, e não são apenas um instrumento de análise da situação económico-financeira do Estado, mas acompanhando a evolução do papel interventor do Estado na economia, tornaram-se num verdadeiro instrumento de acção política sobre a economia. É por essa razão que as Finanças Públicas se caracterizam por três tipos de relações:

1) *relações políticas*. Cada sistema político tem as Finanças Públicas que necessita. Assim os sistemas representativos e parlamentares, característicos do controle do poder pela burguesia, desde o século XIX (na Inglaterra desde o fim do século XVII) modificaram o tipo de previsões das receitas e das despesas do Estado, privilegiando objectivos que as monarquias tradicionais não contemplavam.

2) *relações sociais*. Embora os sistemas políticos derivem de determinado tipo de organização das relações sociais, são estas que mais influem

naqueles e lhes exigem modificações da estrutura das receitas e das despesas públicas. Assim quanto maior força o operariado e as populações de menores recursos tiverem junto das instâncias de poder político, mais as receitas públicas serão procuradas nos rendimentos avultados e mais as despesas se orientarão para melhoria das condições de vida colectiva. Um Estado dominado pelas camadas mais afortunadas da população não privilegiará os *impostos directos* (sobre rendimentos e fortunas), mas privilegiará os *impostos indirectos* (sobre o consumo) que, numa aparente igualdade de imposição, penaliza excessivamente a população de fracos recursos.

3) *relações económicas e monetárias*. As Finanças Públicas como instrumento de um Estado cada vez mais interventor na economia, como distribuidor de salários, de subvenções e de créditos, como industrial, fornecedor de serviços, vendedor e banqueiro, e também comprador de bens e serviços, tem as suas finanças e a sua política financeira condicionadas pelo desenvolvimento económico existente e pelo que pretende alcançar, condicionadas também pela qualidade e quantidade da sua moeda nacional. A massa monetária e o seu poder de compra dependem sobretudo da política do Estado, pelo controle sobre a quantidade da moeda fiduciária e, mais modernamente, sobretudo, pelo controle dos créditos bancários.

A história política moderna tem sofrido as consequências do crescente poder Financeiro do Estado. No próprio seio do Estado a distribuição desse poder tem sido objecto de disputa entre o *poder executivo* (Governo) e o poder legislativo (Assembleia).

Os problemas de ordem financeira que se põem aos Estados referem-se ao *Orçamento* e à *Tesouraria*.

A Tesouraria tem de assegurar diariamente o pagamento das despesas do Estado, despesas que são constantes, enquanto as fontes de receita (receitas fiscais e empréstimos) não são constantes. Acresce ainda o facto de o Estado moderno ter frequentemente dois orçamentos, um *ordinário*, para as despesas correntes e outro *extraordinário* para despesas extraordinárias (casos de guerra, de reconstrução, grandes empreendimentos), despesas que não podem ser cobertas com as receitas correntes, até porque os Estados modernos adoptam políticas de *déficit orçamental*, mesmo para os seus orçamentos ordinários.

A Tesouraria é obrigada a recorrer ao crédito. Torna-se um gigantesco solicitador de empréstimos, gigantesco concorrente dos mercados financeiros da poupança, aspirando a moeda disponível — em acção de *deflacção* — ; simultâneamente, como gigantesco solicitador de bens e serviços e como empresário, lança no mercado quantidades macissas de moeda e créditos em verdadeira acção de *inflacção*, tanto maior quanto numerosas das suas despesas não correspondem a solicitações do mercado (armamentos, por exemplo) ou correspondem a necessidades políticas (preços políticos).

De qualquer modo, a Tesouraria Pública e o Orçamento Público actuam gigantescamente sobre os mercados, sobre os preços, sobre as disponibilidades e os depósitos bancários.

A política de recaudamento de receitas tem evoluído com as novas existências sociais. No "antigo regime" o Estado, além dos empréstimos, tinha como fontes de receita os rendimentos dos domínios agrícolas e as receitas fiscais. Modernamente, os Estados não dispõem normalmente de receitas significativas no sector agrícola, mas recaudam-nas, significativamente, em diversos sectores industriais monopolizados ou estrategicamente nacionalizados (Siderurgias, Transportes, Telecomunicações, Tabacos, etc.) e recaudam-nas, sobretudo, pela fiscalidade. A política fiscal tem evoluído também no sentido de fazer crescer os *impostos directos*, (por exemplo no caso de direitos de sucessão, modificando e alargando os *impostos indirectos* sobre o consumo, que antes da primeira guerra mundial incidiam apenas sobre produtos de grande consumo e depois se foram alargando a todo o tipo de produtos e serviços, e que, de uma *taxa sobre o volume de negócios*, passou, modernamente, a aparecer sob a forma de *taxa sobre o valor acrescentado*.

A definição da política económica, financeira e fiscal dos Estados, que o próprio desenvolvimento da economia industrial moderna vem exigindo, tem sido campo de conflitos, que estão no cerne da própria história política e económica moderna, porquanto no espaço político se exercem as pressões organizadas dos vários sectores da população, com os seus respectivos interesses: associações patronais, sindicatos, partidos, associações profissionais, opinião pública e pressão dos tecnocratas, especialistas das diferentes áreas do conhecimento social, economistas, sociólogos, politólogos e técnicos do desenvolvimento. O que virá a dizer-se sobre a história mais recente da economia europeia (e mundial) concretizará melhor estas afirmações. Desde as lutas entre políticas proteccionistas e liberais, libre-cambistas, até às políticas de inspiração Keynesiana, as políticas de desvalorizações monetárias, políticas monetárias inflacconárias, planos de fomento de grandes trabalhos, alargamento de benefícios de Segurança Social, em que os problemas de "desemprego", de "salários", de "reforma", de "condições de trabalho" desempenham um papel primordial, no confronto com os interesses da burguesia empreendedora, orientada para a busca do lucro, e de uma dinâmica económica e social em que o sector privado e a livre concorrência são valores a respeitar, é toda uma panorâmica movediça, que dificulta a percepção das causas das graves crises económicas e sociais da actualidade [58].

---

[58] BOUVIER, o. c., págs. 151-170.

# 8 — TRANSACÇÕES COMERCIAIS E PREÇOS

## A — FLUTUAÇÕES DE PREÇOS E INFLAÇÃO MODERNA

As transacções comerciais — ou mercados — estabelecem relações entre pessoas (vendedores que constituem a oferta e compradores que constituem a procura) e objectos (mercadorias), mediante uma transferência de propriedade em que os objectos sofrem uma avaliação de valor (o preço). Entre os objectos-mercadorias, consideram-se também o *dinheiro* (cujo preço se exprime na taxa de juros) e os *serviços*, produtos imateriais (serviço de médico, de advogado, de cabeleireiro, etc., etc.),também objecto de custo e de transacção.

A avaliação do *preço* das mercadorias é estabelecida nos mercados — no espaço em que se afrontam os agentes económicos e as mercadorias — e tem como elemento primordial o custo da sua produção. O custo da produção inclui: salários, matérias primas, energia, amortização do custo dos instrumentos e maquinarias, os gastos financeiros e fiscais e outros gastos gerais, como publicidade, gestão, etc. Estes elementos, naturalmente,têm um peso variável, segundo o volume da produção, o nível de produtividade e o grau de mecanização da empresa produtora.

Já houve ocasião de fazer referência aos movimentos cíclicos,verificados ao longo do século XIX, sobre as modificações dos preços. Agora cabe chamar a atenção para o facto de que as subidas de preços se verificam em época de *expansão* económica, enquanto as descidas se verificam em épocas de *crise* e de *depressão*. Até à primeira guerra mundial,estes movimentos cíclicos apresentam-se com certo carácter *automático, espontâneo*, independente de qualquer intervenção de autoridades políticas e económicas, isto é: parece claro que os *níveis* de preços (e uma certa concordância existe entre a generalidade dos preços, pelo que se criou a expressão "nível geral dos preços'') dependem, fundamentalmente, da acção conjunta da massa monetária, da produtividade, das quantidades produzidas e do jogo da oferta e da procura no mercado.

Após a primeira guerra mundial, um facto novo se constata: os preços conhecem flutuações cíclicas, mas as flutuações de longa duração são sempre de *tendência ascendente* e por vezes acelerada, que se vem designando de *inflacionista*, porque à primeira vista se apresenta em relação imediata com a *inflação* dos meios de pagamento.

De facto, o fenómeno tão vulgarizado da *inflação* dos preços parecia dar razão aos economistas "quantitativistas", para os quais os níveis de preços são função primordial da quantidade de moedas em circulação e suas variações.

O agravamento constante da *inflação dos preços*, com as perturbações económicas, sociais e políticas que acarreta, exige dos economistas explicações mais complexas. Efectivamente, os economistas constatam que com a *inflação dos preços* se dão outras inflações simultâneas — *inflação de rendimentos* (de lucros e de salários), *inflação da massa monetária* — numa relação que não é estritamente proporcional.

É um facto hoje inegável que as guerras de 1914-1918 e de 1939-1945 e também as reconstruções do pós-guerra estão na origem da *inflação fiduciária*, acelerada depois, por períodos de expansão (1922-1926 e 1945-1960), pela inflação do *crédito*.

No entanto, outros factores são considerados agora igualmente fundamentais no movimento inflacionista, factores económicos e factores psicológicos, que resultam numa tensão, em mercado, entre a oferta e a procura, de que provêm distorsões entre esses dois elementos, quando *a procura ultrapassa a oferta*, ou porque esta se torna escassa, ou porque aquela se acelera. Os factores monetários é que vieram complicar este esquema, contribuindo para aumentar a procura, aumentando os meios de pagamento.

Mais recentemente, outros factos de natureza económica intervieram, como a *inflação dos custos de produção* pela subida dos *preços das matérias primas, da energia* (caso do petróleo) e dos *salários*.

Factores psicológicos, desde que os consumidores ganharam consciência do fenómeno inflacionista, são agora incontíveis na produção da inflação. Assim, a população tende a comprar mais depressa para evitar a subida posterior dos preços, criando pressão da procura sobre a oferta. Por sua vez os comerciantes criaram a tendência para armazenar produtos a vender mais tarde a preços mais elevados, criando tensões da oferta sobre a procura. Por isso se diz que a inflação se alimenta por si mesma.

Esta complexidade de factores converteu a inflação num *facto social* e num *facto político,* sobre o qual jogam as pressões do patronato, dos assalariados, e do Estado, qualquer delas procurando retirar proveito, pelo menos a curto prazo, da subida dos lucros, dos salários, do pagamento de dívidas ao Estado, da solução provisória de tensões sociais.

A inflação moderna acarreta toda uma série de graves consequências, como sejam desvalorizações monetárias, perturbações nas relações entre preços de diversos produtos *(preços relativos)* e entre os rendimentos, queda do poder de compra dos que vivem de rendimentos fixos ou pouco elásticos (de rendas de Estado, de pensões de reforma), ou dos que são apenas consumidores, como a generalidade dos assalariados. No entanto, a inflação pode ser a fortuna de vendedores, industriais, comerciantes e proprietários agrícolas, de devedores — pelo que certos empresários investem e procuram capitais em período de inflação — e do próprio Estado, o maior devedor, que ganha em pagar com a moeda debilitada.

É um facto que, na nova economia industrial e financeira, os períodos expansivos são períodos inflacionistas e aos períodos de quebra de inflação corresponde estagnação económica. Só na actual crise, após 1975, é que a economia aparece associando estagnação económica com inflação, com a agravante de esta ser dificilmente controlável.

Na inflação não imperam apenas mecanismos automáticos, mas também mecanismos conscientes, como a Concentração Industrial, a intervenção de *intermediários* nas cadeias comerciais e a própria intervenção voluntária do Estado.

Teoricamente, a economia liberal defende como princípio a lei do jogo livre entre a oferta e a procura. Na prática, a economia liberal tenta fugir a tal jogo e dominar os preços do mercado. Nunca existiu economia concorrencial, e os preços ou são impostos ou são "acordados". As grandes unidades económicas, quer por sistema de monopólio, que por acordos de "cartel" *estabilizam* a alto nível os preços. Como exemplo, basta recordar o que se passava em relação ao petróleo, antes das grandes nacionalizações dos seus poços. Entre 1928 e 1950 o cartel internacional do petróleo estabelecia os preços, pelo nível mais alto.

Quanto à produção agrícola, são a multidão de transportadores, de comerciantes grossistas e de cadeias de armazenistas que elevam, junto do consumidor, produtos que, na origem, são reconhecidamente baixos.

Finalmente o Estado, que até à primeira guerra mundial intervinha apenas numa pequena série de preços (transportes, energia — gás e electricidade — serviços postais), é obrigado a intervir, quer porque necessita de alargar as suas fontes de receitas, criando impostos indirectos generalizados — ex.: taxa sobre o valor acrescentado — , quer porque deve proteger os produtores industriais agrícolas, estabilizando (fixando) os preços.

Acresce a tudo isto o facto de que não há hoje mercados nacionais fechados e cada espaço económico é influenciado pelo *Mercado Internacional*, no qual o problema dos preços se põe e se *estabiliza*, sempre sob o domínio das *grandes empresas multinacionais*, e através das quais todos os mercados sofrem a *inflação importada*.

A inflação moderna dificulta a apreciação estatística das variáveis económicas, pelo que certas operações são necessárias e certos novos termos são utilizados para uma percepção rigorosa dos fenómenos. Assim, para uma correcta apreciação dos *depósitos bancários*, é preciso medi-los através do seu *poder de compra*, com uma operação denominada ''deflação de valores'' pelo coeficiente de aumento do índice de preços. Jean Bauvier apresenta o seguinte exemplo: Entre 1913 e 1918, os depósitos efectuados nas seis principais bancas francesas subiram de 5,9 a 8,5 biliões de francos a *''preços correntes''*, isto é, como eram registados nas datas respectivas. Ora esta subida de depósitos, em termos de poder de compra, significava uma descida, porque, entre as duas datas referidas, os preços haviam triplicado. Quer dizer que para se obter uma imagem real da evolução — em ''preços constantes'' — será necessário dividir os 8,5 biliões de francos de ''preços correntes'' pelo índice 3, de aumento dos preços: 2,8 biliões.

Outra noção exigida pelo fenómeno da inflação é a de ''preços relativos'' entre produtos ou entre conjuntos de produtos, posto que a inflação não se dá à mesma velocidade para todos os produtos. O fenómeno tem particular importância quando um vendedor-comprador não compra produtos de preços inflacionados que vende. É o caso das distorções de inflação entre preços de produtos agrícolas e preços de produtos industriais.

O historiador-economista Jean Fourastié ao analisar a influência da produtividade sobre os preços, nas tendências seculares, teve de usar a noção de *''preço real''* e de *''preço salarial''*, obtidos pela divisão do preço corrente pelo salário horário da mão de obra. Assim se obtem o preço de um produto, pela quantidade de horas de trabalho de um assalariado para o comprar. O seguinte exemplo histórico é esclarecedor: em França, em 1701, um quintal de trigo correspondia a 300 horas de trabalho de um assalaria-do, enquanto em 1968, a mesma quantidade de trigo correspondia, apenas, a 11 horas de trabalho do assalariado. Este tipo de análise dá relevo à in-fluência da produtividade nas baixas seculares de preços e à razão funda-mental do aumento dos níveis de vida ([59]).


## B — MERCADO INTERNACIONAL, BOLSAS, DESORDENS DOS MOVIMENTOS DE CAPITAIS


Os produtos, desde o século XIX, vêem-se confrontados, em qualquer parte do mundo, com compradores de todos os países, que os procuram pe-lo seu mais baixo preço e melhor qualidade. O que quer dizer que qualquer produto se vê confrontado com produtos da mesma natureza provindos de outras áreas geográficas. Isto é, desde o século XIX, os produtos encontram--se num verdadeiro *mercado internacional,* pelo que tendem a ser produzi-dos em termos de concorrência internacional, portanto, em condições de po-derem ser consumidos em larga escala, em qualquer parte do mundo.

Este facto vem-se tornando possível pelo desenvolvimento acelerado, não só de todos os factores de produção, como dos meios de transporte e co-municação, e da concentração de capitais que os torne exequíveis.

Naturalmente, alguns lugares geográficos privilegiados pela sua capa-cidade de produção, ou pela sua maior capacidade financeira para centrali-zar as grandes transacções, tornaram-se verdadeiros mercados interna-cionais, ou mundiais. Já conhecemos o papel desempenhado pela cidade de Londres, desde meados do século XVIII, como grande mercado mundial dos grandes produtos coloniais e do crédito internacional.

As grandes capitais nacionais de hoje podem considerar-se mercados internacionais, mas as capitais dos países mais industrializados, com parti-cular relevo para Londres, Paris, Bruxelas, Amsterdam, Tóquio e sobretudo

---

([59])  BOUVIER, o. c., págs. 171-176.

Nova York, centralizam os movimentos das grandes transacções mundiais. Essas transacções operam-se sobretudo nas *Bolsas de Comércio* — para mercadorias — e nas *Bolsas de Valores* para os títulos de crédito. As *Bolsas de Comércio* são hoje muito diversificadas e especializadas por produtos — do Algodão, do Café, de Cereais, etc.. As *Bolsas de Valores*, à escala mundial, estão sobretudo concentradas em Nova York (Wall Street), em Londres (Stok Exchange).

Os negócios nas Bolsas, operados através dos correctores, fazem-se geralmente *a prazo* (embora seja possível fazê-los a pronto pagamento), porque compradores e vendedores procuram aumentar os seus lucros especulativamente, sobre as inconstâncias dos preços ao longo do ano. A produção, quer nos sectores agrícolas, quer nos sectores industriais, está sujeita a flutuações. A previsão de más colheitas ou a previsão de colheitas superabundantes, a previsão de dificuldades de transportes ou de perturbações sociais e políticas, são circunstâncias que podem influir no custo da produção, ou no custo da sua colocação no mercado. Um comprador antecede-se na compra de um produto ao preço baixo de hoje, mas que só lhe será entregue e pago daqui a três meses, quando, segundo as suas previsões (ou informações), esse produto já terá subido de preço. Provavelmente, esse comprador (especulador) venderá hoje ainda, para ser entregue daqui a 3 meses, ao preço que terá nessa altura, o mesmo produto que compra hoje a baixo preço.

Tal como um produto, assim os títulos de crédito, acções, obrigações, são negociáveis em Bolsa. O comércio internacional opera-se neste sistema e sejam quais forem as objecções morais que possam levantar-se-lhes, a economia capitalista moderna só com ele pode funcionar e ele é efectivamente o grande animador das trocas internacionais.

No Mercado Internacional, tem hoje uma importância vital o mercado de dinheiro, *mercado monetário*, tratando-se de dinheiro comercializado a curto prazo, isto é, tratando-se de créditos a reembolsar no prazo curto de dias a alguns meses, e *mercado financeiro*, tratando-se de créditos e títulos reembolsáveis a longo prazo, depósitos a prazo, acções, obrigações, rendas do Estado, etc..

O mercado monetário, normalmente, dirige-se a necessidades de curto prazo, de negociantes para financiar compras, de industriais para pagamentos de salários e de matérias primas, e dos bancos para assegurar pagamentos.

São as disponibilidades dos bancos, de algumas empresas industriais, particularmente as dos transportes, com dinheiro fresco diário, e do Estado, em certo período de recaudação fiscal abundante, que satisfazem o mercado. É sob a forma de letras comerciais, bónus do Tesouro, inscrições em contas bancárias, dinheiro líquido e divisas que o mercado monetário se realiza. As diferenças de taxas (taxas de juro, taxas de desconto — estas fixadas pelos governos — taxas de operações), mormente entre diferentes países e em momentos diversos, é que permitem o jogo especulativo — pedir empréstimo aqui para emprestar além — no mercado das moedas.

O mercado financeiro sofreu modificações estruturais com a primeira grande guerra. Até então os *capitais circulavam livremente,* quer sob a forma de notas de banco, quer sob qualquer outra forma. As notas eram convertíveis em ouro. As paridades flutuavam pouco, a *estabilidade monetária* e a consequente *confiança monetária* facilitavam a circulação. Por outro lado, os Estados não opunham barreiras, nem fiscais, nem aduaneiras, ao livre trânsito de capitais. Acções das minas de ouro da África do Sul, títulos de valores dos caminhos de ferro americanos, empréstimos russos, lãs australianas, trigo argentino, eram valores procurados e circulando em toda a parte, antes da guerra 1914-1918, apenas controlados por alguns especialistas, bem informados, no interior dos grandes mercados e bolsas.

Com a guerra de 1914-1918 e suas sequelas, a circulação de capitais tornou-se difícil, e teve de ser forçosamente restringida.

A *inflação* moderna foi, sem dúvida, a principal causa da modificação advinda. A partir do segundo decénio deste século, a *instabilidade monetária* instaurou-se no sistema económico. As bancas centrais, sob determinação dos Estados, por razões económicas, comerciais e monetárias, impuseram barreiras às transacções de capitais, controlando-as através de autorizações, quando se justificavam economicamente. Os Estados tinham de garantir o equilíbrio das respectivas *balanças de pagamento.*

Desde então, a Europa e, através dela o mundo, vem conhecendo crescentes crises sociais e políticas, internas e externas, que perturbam interna e externamente (o sistema é agora único à escala do universo) os mercados monetários e financeiros, dando aso, quer a *fugas maciças de capitais* de uns países para outros, quer a *fortes movimentos especulativos.*

As grandes moedas abandonaram a livre convertibilidade em ouro das moedas fiduciárias (notas de banco). Já sem o suporte ouro, o poder de compra das notas de banco ficou pendente — em razão inversa — do movimento de inflação dos preços. Consequentemente, as paridades monetárias tornaram-se flutuantes e com movimentos rápidos e amplos, alimentando uma especulação vivaz. A moeda tornou-se "quente" ("hot money"), queimando as mãos de quem a detenha. Daí, os movimentos de capitais tenderem só para o comércio a curto prazo [60].

---

[60] BOUVIER, o. c., págs. 176-194.

# 9 — AS EMPRESAS

O Capitalismo, numa expressão sem rigor do moderno sistema económico, foi definido como o regime da "livre empresa". Esta expressão nasceu da mentalidade económica liberal, para quem o pleno poder concedido às mais poderosas empresas sempre foi príncipio absoluto, porque nunca aquela expressão serviu para defender a *concorrência* a todo o preço.

As empresas eram inicialmente *sociedades de pessoas,* em geral um grupo familiar, mais ou menos alargado a alguns amigos, que reuniam um capital formado pelas respectivas fortunas privadas. Hoje são já raras estas sociedades de pessoas. A cada vez maior necessidade de capitais tornou dominantes na economia moderna as *sociedades de capitais* sob diferentes formas jurídicas:

1) *Sociedades em nome colectivo,* formadas por um número restrito de sócios, cujo capital está dividido em "partes" que são negociáveis. Nestas sociedades, os próprios sócios dirigem conjuntamente os negócios e a sua *responsabilidade é ilimitada,* de modo que, em caso de falência, assumem o compromisso de reembolsar todos os credores.

2) *Sociedades anónimas,* formadas por um conjunto mais ou menos numeroso de proprietários do capital dividido em acções, sem que qualquer dos proprietários-accionistas, tenha, individualmente e como proprietários, qualquer responsabilidade. Nestas sociedades a responsabilidade jurídica é, portanto, *limitada*. A propriedade não implica a gestão nem as responsabilidades desta. Em caso de falência, perante os credores, só os bens da socieda-

*261*

de estão em causa e não a fortuna pessoal dos sócios. As acções são negociáveis. Estas características permitem uma flexibilidade atractiva de numerosos capitais, e da sua gestão, de modo a facilitar grandes empreendimentos. Por essas razões, as Sociedades Anónimas constituem agora as formas preferidas de empreendimentos capitalistas. Os perigos — sobretudo de especulação — a que podem estar sujeitas são eliminados pela legislação, que as obriga a prestar contas públicas da sua gestão, e pelo controle que o próprio sistema económico capitalista exerce sobre elas, através sobretudo dos bancos. A gestão das Sociedades Anónimas incumbe a um Conselho de Administração eleito pelos sócios, em Assembleia Geral. Será escusado dizer que em Assembleia Geral é um certo número restrito de capitalistas que a domina, quer pelo número de acções individuais que possuem, quer porque a grande maioria de pequenos accionistas não comparece à Assembleia, não esperando mais que a eventual distribuição de dividendos anuais ou a subida do valor das suas acções no mercado bolseiro.

3) *Sociedades em Comandita,* que são sociedades de tipo intermédio entre as anteriores. São constituídas por um número restrito de membros. O seu capital está dividido em ''partes''. Entre os sócios há necessariamente dois tipos: — *os comanditários,* que apenas fornecem capitais e não assumem mais responsabilidade que a referente aos capitais que fornecem (responsabilidade limitada) — e *o comanditado* que é o sócio dirigente e gerente da empresa e que assume solidariamente todas as responsabilidades, ilimitadamente, da gestão. Estas Sociedades em Comandita são chamadas *Simples,* se as suas ''partes'' de capital não são negociáveis (como nas sociedades em nome colectivo), ou são *Por Acções,* se as ''partes'' forem negociáveis, funcionando como acções.

As Sociedades em Comandita tendem a desaparecer.

4) *Sociedades por Quotas* são sociedades de tipo intermédio entre as *sociedades de pessoas* e as *sociedades de capitais,* constituídas por sócios que se comprometem a formar o capital social, participando com parte dele — ''quota'' — e responsabilizando-se pela participação solidária dos demais sócios na integração desse capital. As ''quotas'' não são negociáveis, nem são transmissíveis ''inter vivos'' sem o consentimento de todos os sócios através de escritura pública. A gestão destas sociedades é conduzida por *gerentes* designados pelos sócios.

Este tipo de sociedades representava, em 1972, 87 % das sociedades portuguesas ([61]).

As *Sociedades Anónimas* são, porém, de todo o tipo de empresas, aquele que mais se desenvolveu e mais foi favorecido pelos Estados, porque corresponde ao melhor instrumento de concentração capitalista de fundos, e da sua gestão, através de alguns sócios que podem não ser maioritários na posse de acções (e hoje dificilmente o poderiam ser, tal a ampliação tomada pelas empresas), mas assumem o controle da grande massa de fundos da empresa. Nem sequer se poderá dizer que tais sociedades, pela sua grandeza e complexidade, estão nas mãos de *tecnocratas gestores*, porque estes são meros empregados, que são afastados se não correspondem aos objectivos dos que controlam os fundos da empresa, ao *crescimento da empresa pelo aumento dos seus lucros.*

É o mesmo princípio que concentra — por concentração geográfica, técnica (horizontal e vertical) e financeira — em *grupos* à escala mundial, as *multinacionais.*

Em 1963, as 200 primeiras empresas americanas controlavam 10.000 estabelecimentos industriais, empregando 5 milhões de trabalhadores, com um volume de negócios que atingia os 175 biliões de dólares ([62]).

Em 1967, segundo a revista americana "Fortune", o volume de negócios das 50 primeiras empresas americanas atingia os 173 biliões de dólares. As duzentas primeiras atingiam os 288 biliões.

Em 1969, as oito primeiras empresas europeias produziam ou detinham 87,2 % do total da produção de fibras sintéticas, 83,3 % da produção automóvel e 66,1 % da produção de matérias plásticas ([63]).

Desde o século passado que as maiores concentrações se iniciaram com as empresas petrolíferas. É típico o exemplo da *Standard Oil Co. of Ohio*, fundada em 1870 por John D. Rockefeller, em Cleveland, que eliminou concorrentes, absorveu e monopolizou os transportes, pela sua filial *Southern Improvement Co.*, depois passou à exploração de oleodutos. Conseguiu praticamente controlar toda a produção petrolífera americana. Nos fi-

---

([61]) LOBO XAVIER, V. G. — SOCIEDADE, in Enciclopédia Luso-Brasileira de Cultura, Lisboa, Verbo, vol. 17, págs. 419-421.

([62]) HOUSSIAUX, J. — CONCENTRATION ÉCONOMIQUE, in Encyclopaedia Universalis, Paris, E. U. F., 1974, vol. 4, pág. 822.

([63]) LUTFALLA, M. — OLIGOPOLE, in Encyclopaedia Universalis, o. c., vol. 12, pág. 53.

nais do século, como Rockfeller tivesse dificuldades de coordenar a gestão das 14 empresas principais e das 26 subsidiárias destas, que controlava, colocou todas as acções destas empresas sob um só conselho de gestão de nova pessoa, criando o *trust*. Obrigado pelo tribunal de Ohio a dissolver o trust, em 1892, Rockfeller, aproveitando a legislação particular de Newjersey, que permitia concentrações financeiras, transformou o seu *trust* dissolvido da *Standard Alliance Oil Co. of Ohio* no holding *Standard oil of New Jersey*, com o mesmo grupo de gestores.

Nos princípios do século vinte vão-se formando os grandes trusts internacionais do petróleo. Em 1907 a *Royal Dutch Co*, holandesa, e a *Shell Transport and Trading Co.*, fundem-se na poderosa *Royal Dutch Shell*. A *Standard Oil* era a grande rival, mas lograram entender-se — em cartel — para a fixação dos preços. Em 1914 fundava-se na Inglaterra a *Anglo-Persian Oil Co.*, o terceiro grande grupo petrolífero, que controlava todo o petróleo da Ásia britânica. Os três grupos controlavam o petróleo mundial, com excepção do petróleo do Cáucaso.

Em 1969, as sete maiores companhias de petróleo controlavam ainda 60% da produção mundial [64]. Apesar das nacionalizações dos poços de petróleo, ocorridas no Médio Oriente, Ásia e África do Norte, a Organização dos Países Exportadores de Petróleo (O. P. E. P.) não estabelece os seus preços de produção sem discutir com o Cartel petrolífero mundial.

| Sectores em que as oito maiores empresas americanas realizavam em 1966, mais de 70% de negócios | | | |
|---|---|---|---|
| Sector | 1947 | 1958 | 1966 |
| automóvel | 64 | 81 | 83 |
| siderurgia | 66 | 70 | 66 |
| aeronáutica | — | 83 | 88 |
| pneus | — | — | 90 |
| equipamento fotográfico | 70 | 74 | 79 |
| alumínio | — | — | 78 |
| cigarros | 99 | 100 | 100 |
| conservas | 86 | 89 | 83 |
| equipamentos telefónicos | — | 97 | 97 |
| sabões e detergentes | — | — | 80 |
| café | — | — | 70 |
| Fonte: "Annual Survey of Manufactures", New York, 1966 — cit. M. Latfalla. | | | |

[65]

---

[64] LUTFALLA, ib.

[65] Id. ib.

Segundo o historiador Kaulkner, citado por Jean Bouvier, desde 1928 que nos Estados Unidos 2.000 pessoas, administram e controlam 45% dos investimentos e 45% dos lucros da indústria ([66]).

Esta dinâmica de concentração é um processo normal do sistema capitalista, por factores que são permanentes — "factores de concentração", como diz J. Bouvier, no sistema: 1) *Progressos técnicos*, crescentemente caros e exigindo cada vez maiores fundos financeiros. 2) A livre *concorrência*, que conduz ela mesma a se auto-limitar para impedir a descida dos preços e, portanto, a descida dos lucros. 3) *A distribuição do crédito* que só favorece as grandes empresas, quer porque estas dominam os bancos — por participações — quer porque os bancos preferem fornecer grandes créditos a um número limitado de empresas. 4) *As crises económicas*, que vão eliminando as empresas mais débeis. 5) *As liberdades aduaneiras* (exemplo: o que se passa na C. E. E.), favorecendo certos sectores — industriais e bancários — geralmente dominados por grandes empresas multinacionais.

Todavia, os factos económicos modernos obrigam a constatar que só através do Estado, o sistema económico capitalista se mantém. Como banqueiro, como industrial (empresas nacionalizadas e empresas mistas), como comerciante, como distribuidor do crédito e como distribuidor de trabalho, é a primeira peça do sistema. Quando surgem as grandes crises do sistema é ele o sustentáculo.

---

([66]) BOUVIER, Jean — o. c., pág. 199.

# III — O EXPANSIONISMO ECONÓMICO

## 1 — A SUPREMACIA EUROPEIA

A história económica e social da Europa,no quadro da nova economia industrial e financeira,tem, sem dúvida alguma, como carácter essencial,o *expansionismo* e *dominação económica* dos países mais industrializados que, durante o século XIX e até à Primeira Guerra Mundial, se situavam na Europa, pelo que esta jogava ainda o papel de *centro* mundial.

O expansionismo é comercial e financeiro e é também político e social; por vezes, militar também.

Desde o século XVI que a Europa vinha tornando o universo num mercado cada vez mais unificado. Tal realidade intensifica-se durante os séculos XVIII e XIX ao ponto de as potências europeias chegarem a estabelecer verdadeira dominação colonial sobre os demais espaços políticos e económicos do mundo, e de modo a que as libertações políticas dos países saídos da dominação colonial se fizessem sob o signo da dominação económica, social e cultural.

São os mecanismos económicos desta dominação que importa, aqui, perceber e fazer sobressair. A Europa, mercê de toda uma história de contacto com os povos mais diversos do mundo, mercê de um aumento de população que lhe permitiu implantar colónias por toda a parte, mercê de um desenvolvimento científico e cultural que lhe permitia encontrar instrumentos multiplicadores do seu esforço produtivo e de rapidez de trocas, mercê também do desenvolvimento científico das técnicas bélicas que lhe permitia recorrer ao domínio insuperável das suas armas, quando outros recursos não eram eficazes, criou uma preponderância absoluta sobre os demais povos e Estados do mundo; mas tal preponderância foi sobretudo no domínio do económico, fio condutor, aliás, de todo o processo.

O expansionismo económico europeu,pelas próprias características que a nova economia europeia ia criando e implantando no grande mercado mundial, fazia aparecer um certo número de problemas que se tornaram permanentes do sistema económico: problemas de *regimes aduaneiros*, surgidos das medidas defensivas ou liberalizantes dos Estados nas relações comerciais externas; problemas de *rivalidades conómicas*, entre potências económicas e seus pretendidos espaços de expansão; problemas de equilíbrio de (balança de) pagamentos entre países; e,mais que tudo,problemas de *degradação estrutural* das trocas comerciais mundiais do século XX e seus reflexos nos desiquilíbrios sociais e políticos das várias regiões do mundo ([1]).

O expansionismo económico europeu foi um expansionismo comercial e um expansionismo financeiro.

Resumidamente,pode assegurar-se que este expansionismo foi fruto dos progressos conseguidos por certas potências europeias no domínio da produção material e da concentração de capitais,que necessitavam, por natureza, de novos espaços onde colocar o excedente de produção e onde os capitais se tornassem mais lucrativos.

A expansão comercial tinha dois objectivos:

1) Criar um mercado exterior para o excedente de produção não consumida pelo mercado interno.

2)Ter acesso fácil e barato às matérias primas.

Quando se fala de produção *"excedente"* pretende-se falar em termos relativos e não em termos absolutos, porquanto o excedente de produção ou super-produção se devia a que a *produção crescia mais rápida que as possibilidades de consumo* das populações dos países mais industrializados: *a)* As empresas seguiam uma dinâmica cega de obtenção de lucro pela produção e venda máximas. *b)* Os mercados internos viam-se enleados em contradições entre os movimentos dos preços, rendimentos, da produção e da capacidade de produção; só os períodos de guerra é que logravam o pleno emprego de homens, equipamentos e de produção. *c)* Uma das consequências dessas contradições é que *a estrutura do consumo evoluia mais lenta que a da produção*. Havia uma desiquilibrada distribuição social do poder de compra: a grande massa da população não participava dos rendimentos — baixos salários — de modo a tornar-se consumidora. Os rendimen-

---

([1]) BOUVIER, Jean — INITIATION AU VOCABULAIRE ET AUX MECANISMES ECONOMIQUES CONTEMPORAINS (XIX\(^e\)-XX\(^e\) S.), Paris, S. E. D. E. S., 1977, pág. 227.

tos concentravam-se. Todavia, a longo prazo, havia uma evidente subida do nível de vida, sem que, porém, pudesse evitar grandes crises, em que os Estados tiveram de intervir com políticas dirigistas ([2]).

A procura de matérias primas, sobretudo de "materiais estratégicos" foi, historicamente, a origem principal da criação de colónias fora da Europa. Nos séculos XIX e XX, vão desempenhar um papel fundamental as fontes de petróleo, os metais não ferrosos, para produção de aços especiais, fosfatos, e também certos produtos tropicais, como o café e outros.

Ao lado da expansão comercial, realizou-se, no enquadramento da nova economia, como um elemento verdadeiramente novo, a *expansão financeira* através da *exportação de capitais.*

Na origem desta exportação de capitais está também, indubitavelmente uma *baixa das taxas de juro* sobre os mercados nacionais, sobretudo nos *créditos a curto prazo,* isto é, nos *descontos comerciais,* o que quer dizer que a exportação de capitais tem relação com a expansão comercial. Mas também tem relação estreita com os *investimentos industriais,* isto é, com os créditos a longo prazo, quando, em período de estagnação, (por exemplo na Fase B de 1873-1895) o rendimento dos dividendos das acções baixa, os lucros das sociedades industriais e bancárias baixam também e, consequentemente, os empréstimos à indústria tornam-se de menor interesse e mais difíceis.

Este fenómeno é particularmente visível na sequência dos progressos do próprio sistema de crédito e do sistema bancário.

A expansão do sistema bancário, com o alargamento nos mercados nacionais dos países mais desenvolvidos, das redes de agências bancárias, alargou as facilidades de pagamentos e de drenagem de massas monetárias mais vultosas e mais rápidas. O aumento da circulação monetária, embarateceu o dinheiro aos comerciantes e aos industriais. As melhorias técnicas, o aumento da produção e a melhoria e aumento dos meios de transporte, baixou os preços destes e os preços das mercadorias. Os bancos veriam diminuídos os seus lucros.

Foi o que aconteceu por exemplo, em França, depois de 1870. Enquanto os bancos beneficiaram largamente do período de implantação de equipamentos e de construções ferroviárias, entre 1840 e 1870, período de *grande procura de capitais,* que se tornavam custosos, após esse período, as construções ferroviárias decresceram e tornaram-se menos rentáveis, e crises

---

([2]) BOUVIER, o. c., pág. 229.

cíclicas de preços e de lucros foram-se sucedendo (1874-1879, 1882-1886), com baixa de investimentos e *decréscimo de procura de capitais*. Simultâneamente, as redes bancárias alargam-se e completam-se, aumentam os depósitos e os capitais disponíveis avolumam-se. ''Encontro desafortunado de uma conjuntura desfavorável com estruturas do sistema de crédito em expansão'' como descreve Jean Bouvier [3].

Nestas circunstâncias, os capitais dos países desenvolvidos são atraídos pelos países menos desenvolvidos, Egipto, Portugal, Espanha, Itália, Turquia, Rússia, Japão e China, onde podem obter lucros consideravelmente maiores, quer porque os governos desses países os procuram (necessidades de luxo, prestígio e necessidades militares), quer atraídos para projectos de investimentos industriais, quer ainda para financiamento de produtos brutos, matérias primas e produtos agrícolas, que esses países podem fornecer. O mesmo se passa com investimentos das colónias americanas, africanas e asiáticas dos países expansionistas.

Este processo é visível na análise dos movimentos cíclicos, entre 1850 e a primeira guerra mundial, dos países mais avançados: Inglaterra, Alemanha, França, Estados Unidos, Japão, Itália, em que as fases de aceleração (Fases A dos movimentos de Kondratieff) correspondem ou a crescimento dos investimentos exteriores, ou a acumulação interna de capitais, e em que as fases de desaceleração (Fases B dos movimentos de Kondratieff) correspondem a desaceleração dos investimentos externos e da acumulação interna de capitais [4].

Todo o processo tem que ver também com *um certo nível de desenvolvimento industrial* que ''parece coincidir com a concentração do poder económico, o aparecimento de acordos ou carteis, de trusts e da constituição de poderosas sociedades industriais e financeiras'', como afirma Jean Bouvier, que agrupam os acumuladores e distribuidores de capitais com os seus utilizadores, por um dinamismo próprio do sistema concentrador capitalista [5].

---

[3]  BOUVIER, o. c., pág. 231.
[4]  Id., pág. 232.
[5]  Id. id.

## 2 — COMÉRCIO EXTERIOR — LIVRE-CAMBISMO E PROTECCIONISMO

As transacções europeias, desde o século XVI até finais do século XVIII, operevam-se segundo uma prática política — que foi construindo também a sua teoria — a que se dá o nome de *Mercantilismo*. A grande preocupação dos Estados, na sua política económica, era a de fazer crescer as suas reservas de ouro, procurando favorecer as suas vendas aos estrangeiros e evitando a necessidade de comprar-lhes, produzindo o mais possível no seu próprio espaço, para o próprio consumo e para exportação, e impondo taxas alfandegárias às importações, de modo a impedir a concorrência e a saída de ouro.

Em 1815, a Inglaterra, para proteger os preços dos seus trigos ante a baixa generalizada, estabeleceu as célebres "corn laws" — "leis sobre os trigos". Trinta e um anos depois, em 1846, a abolição das "corn laws", marcou uma data na história económica, porque significou o nascimento de uma política económica que tem o nome de Livre-Cambismo, e que exprimia a necessidade do liberalismo comercial, pela eliminação das barreiras alfandegárias ainda existentes no interior dos próprios países, entre as suas regiões.

Por um tratado franco-inglês de 1860, a França decide-se também a adoptar uma política livre-cambista. Atrás da França, outros países se seguiram na adopção de tal política. Não é que estes países tenham abolido pura e simplesmente todas as taxas alfandegárias; comprometem-se, por acordos, ao abaixamento recíproco das tarifas e ao abandono progressivo de contingentação de importações.

*271*

Este movimento de liberalismo comercial teve, porém, duas características assinaláveis: 1) Só durou até 1876; 2)Correspondia aos interesses dos seus iniciadores, a Inglaterra e a França.

O livre-cambismo interessou à Inglaterra, em 1846, como processo de penetração nos mercados exteriores e processo de controle das suas importações: se queria vender em mercados externos, teria de facilitar aos seus compradores meios de pagamento, pelo fornecimento de produtos brutos ou de matérias primas.

Teoricamente obter-se-ia assim uma harmoniosa economia mundial. Só que tal harmonia tinha subjacente uma específica divisão internacional de trabalho, com países industriais e países fornecedores de matérias primas, em que se cavava uma distinção entre países ricos e pobres, e países industriais dominando e sujeitando países que deveriam permanecer rurais.

Os acontecimentos ocorridos nas relações dos países mais industrializados com as zonas coloniais manifestam a face bélica de uma política económica que não obtinha a submissão pacífica: Entre 1840 e 1843, ingleses e franceses impõem à China, pelas armas, a importação de ópio indiano. É a ''guerra do ópio'' que terminou com a abertura forçada das portas chinesas. Entre 1853 e 1858, ingleses, franceses, americanos e russos impõem, belicamente, ao Japão a abertura dos seus portos ao comércio ocidental. Entre 1858 e 1860, ingleses e franceses impõem à China e ao Japão tratados comerciais e situações privilegiadas. A criação forçada dos mercados africanos já será posterior, quando as veleidades do liberalismo económico haviam desaparecido.

Entre 1876 e 1890, os países europeus, com excepção da Inglaterra e dos Países Baixos, levantavam defesas aduaneiras, com taxas elevadas e contingentações firmes, e alguns países laçavam-se em autênticas guerras aduaneiras, barrando a importação de certos produtos, para lograr dos parceiros facilidades em favor das suas exportações. Os industriais siderúrgicos alemães, que se haviam desenvolvido, lançavam-se à super-produção e à venda a preços mais reduzidos no mercado exterior — ''dumping'' — que no mercado interno.

Este *surto proteccionista*, que durou até à primeira guerra mundial, conheceu um período duro, entre 1876 e 1895, e um período mais brando, entre 1895 e 1914.

O período duro de 1876-1895 relaciona-se com a nessidade de adopção de políticas de segurança para os mercados nacionais, um período de generalizada baixa de preços e dos lucros, por necessidade dos países do leste europeu se defenderem de importações maciças de produtos agrícolas de novos grandes produtores como os Estados Unidos, a Austrália, a Rússia e a Argentina, ao mesmo tempo que o *nacionalismo económico* dos diferentes países (e que encontrara na Alemanha um teorizador qualificado na pessoa de Friedrich List, que escreveu em 1841 o *"Sistema Nacional de Economia Política"*, em que se opõe ao liberalismo de Ricardo e desmascara a tirania comercial inglesa) reage à dominação económica da Inglaterra e da França.

Por efeitos desta reacção de nacionalismo económico e de melhoria conjuntural (Fase A, 1895-1913), os Estados encaminham-se para o estabelecimento de acordos bilaterais e de *convenções comerciais* que mantinham regularizados, consensualmente, regimes aduaneiros moderados. Só a Inglaterra e a Holanda continuaram a praticar o livre-cambismo.

Os acordos aduaneiros, as convenções comerciais entre Estados, e ainda os acordos entre empresas — "cartels" — para a regularização acordada dos preços, e ainda com as formas já conhecidas de formação de grupos de carácter internacional, forçados pelos riscos de uma concorrência desvantajosa, vão efectivamente criando uma realidade nova que é a unificação do mercado mundial ([6]).

Mas era a Europa Industrial que presidia a este mercado, mostrando todavia sinais de uma mudança que se daria com a primeira guerra mundial. A Europa Industrial, na grande divisão mundial do trabalho, vivia em equilíbrio económico; os lucros da sua *balança de invisíveis* (de serviços e de transferência) compensavam e superavam o seu déficit comercial. Isto é, a Europa Industrial consumindo alimentos e matérias primas provindas de todo o mundo, pagava-os com a venda dos seus produtos elaborados, pelos lucros dos capitais exportados, investimentos industriais e empréstimos aos Estados, e ainda por diversos serviços (seguros, fretes marítimos, patentes industriais, traduções, direitos de autor, espectáculos artísticos, turismo). A Europa Industrial era o grande banqueiro mundial. Os Estados Unidos, já em 1913, eram a primeira potência industrial do mundo, mas a sua balança de indivisíveis era deficitária, mantendo desiquilibrada a sua balança de pagamentos, já que o excedente da sua balança comercial não era suficiente para o equilíbrio.

---

([6]) BOUVIER, o. c., págs. 240-243.

| Comércio dos Principais Países * | | | | | | | | | |
|---|---|---|---|---|---|---|---|---|---|
| Anos | Mundo | Inglaterra | Alemanha | E. Un. | França | Bélgica | Itália | Canadá | Japão |
| 1890 | 15 835 | 3 015 | 1 780 | 1 622 | 1 580 | 600 | 428 | 200 | 68 |
| 1895 | 15 310 | 2 838 | 1 748 | 1 511 | 1 369 | 591 | 429 | 215 | 131 |
| 1900 | 19 835 | 3 655 | 2 472 | 2 197 | 1 699 | 799 | 586 | 355 | 243 |
| 1905 | 24 460 | 3 976 | 3 068 | 2 582 | 1 861 | 1 042 | 718 | 519 | 400 |
| 1910 | 31 810 | 4 890 | 3 909 | 3 232 | 2 587 | 1 442 | 1 028 | 727 | 457 |
| 1913 | 38 995 | 5 764 | 4 870 | 4 204 | 2 952 | 1 596 | 1 188 | 1 051 | 674 |

\* em milhões de dólares-ouro antigos, segundo Ch. Rist in "Tableaux du commerce international", 1890-1938, citado por Vasquez de Prada — "História Económica Mundial", Porto, Livraria Civilização, vol. II, pág. 269.

Segundo Sombart, o comércio internacional, que entre 1860 e 1880 havia duplicado de valor, entre 1880 e 1914 triplicou [7].

A Grã-Bretanha ocupava o primeiro lugar mundial, quer quanto ao volume quer quanto ao valor do tráfego. Em 1913 o seu comércio externo era só por si um sexto do comércio mundial.

| Percentagens Nacionais no Comércio Mundial | | |
|---|---|---|
| Países | 1900 | 1913 |
| Inglaterra ............................... | 20% | 15% |
| Alemanha ............................... | 13% | 13,5% |
| Estados Unidos ......................... | 12% | 10% |
| França ................................. | 8% | 7% |
| Holanda ................................ | 1% | 5% |

[8]

Em 1914, 37% das suas importações eram representadas por produtos alimentares e tabaco, outros 37% eram matérias primas, sobretudo algodão, lã, ferro, nitratos, fosfatos, petróleo e metais e os 25% restantes representados por artigos manufacturados. As suas exportações equivaliam à terça parte da produção nacional, constituída sobretudo por tecidos de lã e algodão, carvão, ferro, aço, máquinas e motores, produtos químicos, navios a

---

[7] VAZQUEZ DE PRADA, Valentin — HISTORIA ECONOMICA MUNDIAL, Porto, Civilização, 1978, vol. II, pág. 266.

[8] Id., pág. 269.

vapor, etc. As exportações inglesas não compensavam as importações de bens materiais visíveis, estes chegaram a alcançar um desiquilíbrio de 15%. Eram porém os *invisíveis*, sob a forma de fretes — a Inglaterra possuía a maior frota do mundo — e sob a forma de lucros de exportação de capitais que a sua balança de pagamentos se comportava com *superavit* amplo.

| FROTA MUNDIAL | | | | | | | | |
|---|---|---|---|---|---|---|---|---|
| Em toneladas líquidas e respectivas percentagens | | | | | | | Em toneladas brutas e respectivas percentagens | |
| | 1 8 5 0 | | 1 8 8 0 | | 1 9 0 0 | | 1 9 1 3 | |
| Z o n a s | T o n . | % | T o n . | % | T o n . | % | T o n . | % |
| Inglaterra .... | 3 565 | 39,4 | 6 575 | 32,9 | 9 304 | 35,5 | 18 696 | 39,8 |
| França ....... | 688 | 7,6 | 919 | 4,6 | 1 029 | 3,9 | 2 201 | 4,7 |
| Alemanha . | — | — | 1 182 | 5,9 | 1 942 | 7,4 | 5 082 | 10,8 |
| Países Baixos | 293 | 3,2 | 328 | 1,6 | 347 | 1,3 | 1 310 | 2,8 |
| Noruega .... | 298 | 3,3 | 1 519 | 7,6 | 1 508 | 5,8 | 2 458 | 5,2 |
| Suécia ....... | — | — | 503 | 2,5 | 614 | 2,3 | 1 047 | 2,2 |
| Itália ........ | — | — | 999 | 5,0 | 948 | 3,6 | 1 522 | 3,2 |
| Rússia ....... | — | — | 755 | 3,8 | 975 | 3,7 | 974 | 2,1 |
| Resto da Europa | 35 | 0,4 | 1 208 | 6,0 | 2 023 | 7,7 | 3 807 | 8,1 |
| Total da Europa | 4 879 | 54,0 | 13 988 | 69,9 | 18 691 | 71,3 | 37 097 | 78,9 |
| Est. Unidos .... | 3 485 | 38,5 | 4 068 | 20,3 | 5 163 | 19,7 | 5 429 | 11,6 |
| Japão ........ | — | — | 40 | 0,2 | 864 | 3,3 | 1 500 | 3,2 |
| Resto do Mundo | 668 | 7,4 | 1 894 | 9,5 | 1 486 | 5,7 | 2 944 | 6,3 |
| Total do Mundo | 9 032 | 100,0 | 19 992 | 100,0 | 26 203 | 100,0 | 46 970 | 100,0 |

(9)

| BALANÇA DE PAGAMENTOS DO REINO UNIDO — Médias anuais em milhões de libras a preços correntes — | | | | |
|---|---|---|---|---|
| | 1846-1850 | 1871-1875 | 1896-1900 | 1911-1913 |
| Custo das importações ................ | 87,7 | 301,8 | 413,3 | 623,2 |
| Lucros das exportações ............... | 60,9 | 239,5 | 252,7 | 488,8 |
| Balança ................................. | —26,8 | —62,2 | —160,6 | —134,4 |
| Lucros de serviços ..................... | 22,0 | 86,8 | 100,7 | 152,6 |
| Lucros de capitais ..................... | 9,5 | 50,0 | 100,2 | 187,9 |
| Balança ................................. | 4,7 | 74,6 | 40,3 | 206,1 |
| Soma acumulada dos Saldos ........ | 209 | 1 065 | 2 397 | 3 990 |

(10)

---

(9) CARON, François — L'INDUSTRIALISATION DU MONDE AVANCE, in Histoire Économique et Sociale du Monde, dir. Pierre Léon, Paris, Armand Colin, 1974, vol. 4 (La Domination du Capitalisme, 1840-1914), pág. 169.

(10) MATHIAS, Peter — A PRIMEIRA NAÇÃO INDUSTRIAL — Uma história económica da Inglaterra — Lisboa, Assírio e Alvim, 1969, pág. 240.

O segundo lugar no comércio mundial era ocupado pela Alemanha, tal como ocupava o segundo lugar na produção industrial. Entre 1880-1914, o seu comércio externo, quer em volume, quer em valor, quadriplicou. Em 1913, era a seguinte a estrutura do seu comércio exterior: 56% das suas importações eram por matérias primas e produtos semielaborados, 28% eram artigos alimentares e de consumo, 25% eram manufacturas; nas exportações, 75% eram de artigos manufacturados, 14% eram de matérias primas e adubos, e 10% eram de artigos alimentares. As suas exportações, tal como no caso da Inglaterra, só eram compensadas na balança de pagamentos pelos capitais exportados e outros invisíveis.

Os Estados Unidos conheceram um desenvolvimento do comércio externo maior no período de 1901 a 1913 que de 1880 a 1900, de 75% contra 50%, o que se explica sobretudo pelo aumento espectacular da sua população. Todavia não exportavam mais que a décima parte da sua produção, e dessa parte, 10% eram bens de consumo imediato e matérias primas. A política proteccionista não é alheia ao facto. Entre 1910-1914, a exportação de matérias primas ou produtos semi-elaborados (algodões e minérios) constituiam 41% das exportações, os produtos manufacturados constituiam 30,7% e os produtos alimentares, sobretudo cereais e carne, perfaziam 19,7%. As matérias primas e alimentos destinavam-se à Europa e os produtos manufacturados destinavam-se ao Canadá e aos países da América Latina, o que era significativo do papel dos Estados Unidos de então, na divisão internacional do trabalho, que viria a modificar-se algum tempo depois.

A França, entre 1850 e 1914, desceu do segundo para o quarto lugar no valor das transacções mundiais. Entre 1880 e 1900, teve o seu período mais crítico, em grande dependência das exportações agrícolas, das condições climatéricas. 65% das suas importações eram matérias primas para a indústria. Os lucros invisíveis, de investimentos exteriores, do turismo e outros, compensavam os déficits da balança comercial.

Estas quatro potências só por si dominavam 50% do mercado mundial.

Depois a Holanda, que reconstruíra um império colonial entre 1890--1913, quadriplicava o valor do seu comércio externo, em que predominava a borracha, o petróleo e o estanho.

A Itália triplicou o seu comércio em finais do século XIX, exportando sobretudo sedas, vinho e cânhamo.

A Rússia era um exportador de cereais e outros produtos alimentares (65%), muito dependente das condições climatéricas; exportava ainda madeira, linho, peles e petróleo.

| INVESTIMENTOS FRANCESES NO MUNDO — 1852-1914 (em milhões de francos) | | | | |
|---|---|---|---|---|
| Regiões | Empréstimos Públicos | Transportes | Indústria e Banca | Total |
| Países Mediterrânicos... | 2 200 | 2 450 | 735 | 5 385 |
| Próximo Oriente ......... | 2 850 | 400 | 200 | 3 450 |
| Europa Central .......... | 800 | 1 450 | 550 | 2 800 |
| Europa Oriental ......... | 990 | 240 | 100 | 1 330 |
| Europa do Noroeste ..... | 100 | 285 | 200 | 585 |
| Colónias ................. | 100 | 350 | 200 | 650 |
| Resto do Mundo ......... | 700 | 75 | 25 | 800 |
| Total ..................... | 7 740 | 5 250 | 2 010 | 15 000 |

[11]

A maioria do comércio externo europeu realizava-se no interior da Europa. Só a Inglaterra superava o seu comércio intra-europeu pelo extra-europeu [12].

Em 1914, 40% das trocas mundiais é comércio intra-europeu, 21,5% é de comércio que de fora da Europa a esta se dirige, 15,2% de comércio europeu para fora da Europa, e 23,3% representa comércio entre países de fora da Europa.

A Europa, em 1914, absorve mais de 80% das exportações belgas, holandesas e argentinas, 75 a 80% das exportações alemãs, russas e australianas, mais de 60% das exportações francesas, italianas e dos Estados Unidos e mais de metade das exportações indianas e canadianas. A Inglaterra repartia em partes iguais o seu comércio com a Europa, os seus domínios coloniais e o resto do mundo.

Entre 1876-1880, os *"produtos primários"* (incluindo produtos siderúrgicos de base) representavam 63,5% do comércio mundial, e chegariam a representar 64,7%, entre 1896-1900, para descer para 63%, em 1913. Só os países do noroeste europeu (incluindo Finlândia, Alemanha, Áustria, Suiça e França) e a Inglaterra absorviam, em 1876-1880, 69% das importações de produtos primários, descendo para 63% em 1913. Eram estes mesmos paí-

---

[11] CAMERON, Rondo — LA FRANCE ET LE DÉVELOPPEMENT ÉCONOMIQUE DE L'EUROPE — (1800-1914), Paris, Seuil, 1971, pág. 96.
[12] VAZQUEZ DE PRADA, Valentin — o. c., págs. 267-268.

ses que forneciam 85% e 73%, respectivamente, nas mesmas datas, de produtos manufacturados para exportação.

O comércio de produtos primários, em 1913, constituído por 14% de minerais e 22,7% de matérias primas vegetais e produtos alimentares, correspondia à intensa industrialização da Europa, que exigia grandes quantidades de matérias primas para elaborar e grandes quantidades de alimentos para uma população em forte crescimento, e cujo rendimento médio por cabeça subia.

As principais matérias primas agrícolas importadas pela Europa eram o algodão e a lã. O *algodão* representava dois terços do valor das exportações dos Estados Unidos, em 1860, que em 1913 exportava três vezes mais que em 1860. A *lã* provinha sobretudo da Austrália e da Nova Zelândia, desde 1850.

Estes países, em 1913, forneciam metade da *lã bruta* do comércio mundial. Os outros maiores produtores eram a Argentina e a África do Sul.

As matérias primas minerais eram sobretudo do mercado intra-europeu. A Bélgica, a Grã-Bretanha e a Alemanha eram grandes fornecedores de *carvão*; 2% das exportações inglesas, em 1850, e 10%, em 1913, era carvão. Era também intra-europeu a maior parte do comércio de produtos siderúrgicos, mas já o não era o de *metais não ferrosos*, como o cobre, nem o da borracha e do petróleo. O *cobre*, cuja importação, em 1850, era de 57 000 toneladas, subia em 1900, para as 526 000 toneladas e, em 1913, subia para o milhão de toneladas, de que os Estados Unidos produziam metade.

Em 1870, 55% da produção da *borracha* provinha do Brasil, que em 1913 já só produzia 29% do fornecimento mundial, que era então de 1 milhão e 250 mil quintais.

Em 1865, os Estados Unidos exportavam 45,6% do seu *petróleo*, cuja produção atingia 1 milhão e 300 mil barris (barril = 150 litros) de produto refinado. A Rússia superou os Estados Unidos no fornecimento mundial de petróleo, em fins do século XIX. Mas os Estados Unidos, entre 1900-1913, quadriplicaram a sua produção (cerca de 183 milhões de barris em 1913) da qual a quarta parte era para exportar, o que constituía 65% do mercado mundial, dominado pela Standard Oil.

O comércio de *produtos alimentares* foi um dos grandes animadores do comércio internacional, com particular relevo para o comércio de cereais, carnes e produtos lácteos. Até 1850 este comércio era intra-europeu, depois foi-se alargando.

278

A criação de transportes frigoríficos, em 1880, desenvolveu o comércio de carnes e produtos lácteos, cujos maiores fornecedores foram os Estados Unidos, a Argentina, a Austrália e a Nova Zelândia.

Os *produtos manufacturados*, circulando no comércio mundial, eram 89% produzidos pelos países do noroeste europeu e Estados Unidos, em 1876-1880. Em 1914 eram ainda 84% desses países. Nas mesmas datas, 65 e 55% das importações desses produtos eram feitos pelos restantes países da Europa e do mundo.

A estrutura das exportações de artigos manufacturados pode perceber--se pelo seguinte quadro referente a 1913 e aos sete países mais desenvolvidos em produção industrial: ([13]).

| Sectores | Inglaterra | Alemanha | França | Itália | Bélgica | Suiça | Luxemburgo | Suécia | Est. Unid. |
|---|---|---|---|---|---|---|---|---|---|
| Metalurgia ..... | 16,5 | 22,4 | 8,9 | 3,1 | 22,7 | 5,6 | 32,6 | 35,2 | 19,7 |
| Máquinas ...... | 9,9 | 13,7 | 3,1 | 3,3 | 3,6 | 10,2 | 18,1 | 16,6 | 10,7 |
| Transportes .... | 6,0 | 3,2 | 6,9 | 4,3 | 5,7 | 1,6 | 0,7 | 6,2 | 5,1 |
| Química ........ | 5,1 | 11,2 | 6,7 | 5,3 | 7,2 | 5,7 | 3,3 | 3,7 | 6,9 |
| Têxtil .......... | 48,2 | 18,5 | 39,2 | 53,4 | 45,4 | 51,7 | 2,5 | 7,4 | 32,7 |
| Diversos ........ | 14,3 | 31,0 | 35,2 | 30,6 | 15,4 | 25,2 | 42,8 | 29,9 | 24,9 |
| TOTAL ...... | 100,0 | 100,0 | 100,0 | 100,0 | 100,0 | 100,0 | 100,0 | 100,0 | 100,0 |

A Alemanha, a Suécia e os Estados Unidos, formam um grupo e formam um conjunto que domina a percentagem geral de exportações metalúrgicas e de maquinaria. A Inglaterra, a França e a Bélgica dominam nas exportações de têxteis e de equipamentos de transportes. A Suiça é forte na exportação de têxteis e faz-se notar na exportação de máquinas. Nas exportações de produtos químicos a Alemanha e a Bélgica sobressaem.

Parece notar-se no conjunto destes países uma relação estreita entre o crescimento do seu comércio externo e o seu crescimento interno. As suas taxas de exportação (isto é, a parte das suas exportações no produto nacional) cresce, durante o século XIX, ainda que amortecendo um pouco no último decénio, devido à forte baixa dos preços dos produtos exportados. Com os primeiros decénios do século, XX as taxas de exportação voltam a acelerar. Segundo Paul Bairoch, a Europa Continental

---

([13]) CARON, François — o. c., pág. 178.

passou de uma taxa de crescimento de 6% para 11,5%, em 1880, depois descendo para 10,8%, em 1900, e voltando a subir para 12,3%, em 1910.

O comércio internacional, até 1914, foi um verdadeiro motor de crescimento, quer para os países exportadores de produtos industriais, quer para os que se especializaram na produção de produtos primários. Certos países não-europeus tiveram uma ocasião de forte crescimento, iniciado pela exportação de produtos primários e que se foi modificando, por efeito da forte imigração europeia, por investimentos europeus, e porque as suas ecomomias foram sendo levadas ao mesmo tipo de funcionamento das europeias, inclusivamente, pela adopção de desenvolvimento técnico para obviar ao crescente custo do trabalho [14].

---

[14] CARON, o. c., págs. 176-179.

# 3 — RIVALIDADES NACIONAIS E IMPERIALISMO ECONÓMICO

Antes da guerra de 1914-1919, o comércio internacional, que se processava sob uma total liberdade de movimentos de capitais (e total convertibilidade das grandes moedas em ouro) e em que as mercadorias, apesar do relativo proteccionismo das políticas económicas, se movimentavam, conhecia uma clara preponderância da Europa Industrial sobre as economias do resto do mundo, baseada sobretudo nos lucros da sua balança de invisíveis.

Sob o ponto de vista monetário, essa época era também relativamente harmoniosa e equilibrada, em que as moedas não conheciam grandes oscilações, em que a sua paridade estava assegurada, e em que os pagamentos internacionais eram garantidos, fortalecendo assim as moedas. Naturalmente, esta harmonia não era mais que a expressão da preponderância dos países industrializados, particularmente da Inglaterra, com balanças de pagamentos sem déficits graves nem permanentes, com liquidez assegurada, em libras esterlinas, verdadeira moeda externa; Londres funcionava como o centro do sistema económico europeu e mundial, fornecedor de créditos e investidor, cabeça do maior império colonial e distribuidor dos mais importantes produtos coloniais e a maior potência de transportes navais.

No entanto, a preponderância da Inglaterra foi sendo posta em questão e os países mais avançados industrialmente foram conduzidos para rivalidades, afrontamentos e até guerras (onde a força das armas surgiu), procurando a *conquista de mercados* para as suas exportações, o *controle de certas matérias primas,* indispensáveis e só existentes fora de fronteiras, e ainda a *colocação exterior dos seus capitais.*

Jean Bouvier cita o exemplo da luta feroz entre a Inglaterra, a Alemanha, a Holanda e a França para conseguirem a concessão das instalações ferroviárias russas, em 1868, e bem assim, emissões de empréstimos e adiantamentos de fundos ([15]).

As pressões diplomáticas, políticas e económicas confundem-se. É então que surge o que o economista liberal inglês Hobson, em 1902, designa de *Imperialismo*, expressão que Lenine veio a adoptar, catorze anos depois, ao procurar caracterizar o "último estádio do capitalismo". Independentemente dos intuitos políticos e ideológicos com que os marxistas, ainda antes de Lenine, com Hilferding na Áustria e Rosa de Luxemburgo na Alemanha, utilizaram a noção de "imperialismo" e dos factos que o demonstram, todos os analistas concordam em que a *concentração* capitalista exige a sua *expansão* — expansionismo — e esta tem implicações de carácter político e social, levando os Estados para uma intervenção exterior que não pode limitar-se à esfera do meramente económico e deriva para o político e militar.

Os grandes acontecimentos do século XIX e do século XX não têm explicação cabal fora deste esquema.

Uma primeira grande *partilha económica* do mundo, existente desde o século XVIII entre a Inglaterra e a França, na última metade do século XIX é posta em questão pela Alemanha, pelos Estados Unidos e pelo Japão, que se vão industrializando. Nos últimos decénios do século, as potências industriais procuram talhar-se *impérios coloniais* e criar *zonas de influência* (Médio Oriente, Balkans, China, América Latina, etc.). Tais pretensões são cheias de contradições, que conduzem a conflitos e guerras, para as quais são elaboradas ideologias que as justificam: "missão civilizadora", "génio da raça", "superioridade do modo de vida", "descoberta científica do globo", "ideia imperial", etc., são expressões correntes signifacativas de tais ideologias dominadoras.

A aceleração das trocas comerciais à escala do mundo, não conduziu, pela concorrência, à concórdia universal, como profetizavam os técnicos da economia liberal livre-cambista, mas exactamente ao seu inverso, à divisão conflituosa do mundo, pela dominação e pela guerra. As guerras económicas de bastidores, no teatro das guerras diplomáticas e políticas, só pelo estudo de casos podem ser evidenciadas. Jean Bouvier exemplifica tais processos com o caso das pretensões francesas e inglesas ao controle financeiro e económico do Egipto, entre 1875 e 1882. Grupos financeiros franceses e ingleses, concorrentes ao domínio dos caminhos de ferro, dos

---

([15]) BOUVIER, Jean — o. c., pág. 260.

portos, do comércio do algodão, da cana do açúcar, e sobretudo aos empréstimos do Chefe de Estado Egípcio, o Khédive, implicaram os respectivos Estados, de modo que o governo britânico, apoiando os bancos ingleses, comprou ao Khédive as 176.000 acções da Companhia do Suez e só a bancarrota do Khédive obrigou os bancos ingleses e franceses, apoiados pelas respectivos governos, a um compromisso, sob a forma de um acordo tripartido entre os governos de Londres, Paris e o Cairo. O Egipto e o seu governo caíram completamente sob o controle anglo-francês, em 1876. No entanto, entre 1877 e 1882, a guerra entre financeiros franceses e ingleses continuou, até que os bancos ingleses lograram deitar mão sobre os caminhos de ferro e sobre o porto de Alexandria, e em 1882 as tropas inglesas deram o golpe final nas pretensões francesas, ocupando o Egipto, controlando totalmente o canal de Suez e acabando por dominar todo o Médio Oriente, que era o caminho para o império britânico oriental. Financeiros, políticos e militares confundiam-se nas decisões económicas, políticas e militares ([16]).

Casos semelhantes, com os mesmos países protagonistas ou com outros, foram-se sucedendo, por todo o mundo, entre 1870 e 1913, talhando-se países sob *regime colonial* ou semi-colonial. Muitos destes países-colónias nasceram de objectivos de estratégia militar e política, e transformaram-se, rapidamente, em verdadeiras reservas de desenvolvimento económico das suas metrópoles, sem que estas tivessem de dispender ou de atrair consideráveis investimentos industriais.

| Estruras geográficas das exportações da Europa Continental e da Inglaterra, em 1860 e 1910 | | | |
|---|---|---|---|
| **1860** | Para a Europa | Para a América do Norte | Para o resto do mundo |
| Da Europa Continental ......... | 82 % | 5,8% | 12,2% = 100 |
| Da Inglaterra ........................ | 34,3% | 16,6% | 49,1% = 100 |
| **1910** | | | |
| Da Europa Continental ............... | 78 % | 6,4% | 15,6 = 100 |
| Da Inglaterra ........................ | 35,2% | 11,6% | 53,2% = 100 |

([17])

---

([16]) BOUVIER, o. c., pág. 263.

([17]) BAIROCH, Paul — COMMERCE EXTÉRIEUR ET DÉVELOPPEMENT ÉCONOMIQUE DE L'EUROPE AU XIXᵉ SIÈCLE, Paris, Mouton, 1976, pág. 88. Cit. Jean Bouvier in LES MÉCANISMES DE DOMINATION, Histoire Économique et Sociale du Monde, dir. Pierre Léon, o. c., vol. 4, pág. 462.

## Estrutura e Comércio Exterior em 1913

| | | Comércio | |
| --- | --- | --- | --- |
| | Ivestimentos | Exportação | Importação |
| Na Europa ......................... | 26,8 | 67,8 · | 60 |
| Na América do Norte ............ | 24,3 | 7,6 | 14 |
| No resto do mundo ............... | 48,9 | 24,6 · | 26 |
| TOTAL ........................... | 100 | 100 | 100 |
| EXTRA-EUROPEU | | | |
| Na América do Norte ............ | 33,2 | 23,7 | 34,9 |
| No resto do mundo ............ | 66,8 | 76,3 · | 65,1 |

[18]

## Valor dos investimentos brutos dos países investidores
## fora de fronteiras, entre 1840 e 1913
### (em milhões de dólares correntes)

| | 1840 | 1870 | 1900 | 1913 |
| --- | --- | --- | --- | --- |
| Inglaterra ................... | 720 | 3 850 | 12 500 | 20 300 |
| França ...................... | 300 | 2 500 | 5 200 | 9 000 |
| Alemanha ................... | | | 3 600 | 4 700 |
| Países Baixos ............... | 200 | 500 | 1 100 | 1 200 |
| Europa ..................... | 1 600 | 8 800 | 26 000 | 40 000 |
| Estados Unidos ............. | | 100 | 700 | 3 500 |
| Total — Mundo .......... | 1 600 | 9 000 | 28 000 | 44 000 |

[19]

## Estrutura geográfica dos investimentos no exterior em 1913
### em %

| Países onde o capital foi investido | Países investidores | | | | | |
| --- | --- | --- | --- | --- | --- | --- |
| | Inglaterra | França | Alemanha | Europa | Est. Unidos | Mundo |
| Na Europa ............................. | 5,2 | 51,9 | 44 | 26,8 | 20 | 26,4 |
| Na América do Norte ................. | 35,2 | 5,5 | 19,8 | 24,3 | 25,7 | 24,4 |
| No resto do mundo ................... | 59,6 | 42,6 | 36,2 | 48,9 | 54,3 | 49,2 |

[20]

[18] BAIROCH, o. c, pág. 463.
[19] Id., pág. 465.
[20] Id., pág. 466.

À medida que a nova economia industrial capitalista avança no tempo e se aproxima da primeira grande guerra do século XX, as formas antigas de expansão, mercantil, marítima e colonial, vão convergindo acentuadamente para as novas formas de expansão de equipamento e de industrialização, nas diversas regiões, consoante as condições económico-sociais e políticas de acolhimento ou de influência à penetração estrangeira e consoante a capacidade expansiva dos países avançados. A expansão capitalista na Rússia e em África são da mesma natureza imperialista, as suas diferenças específicas partem das diferenças das condições das regiões onde se processa. Expansão colonial ou não-colonial, é sempre extensão, à escala mundial, do novo tipo de economia e sociedade capitalista (o "modo de produção" capitalista no dizer dos marxistas) que vai destruindo e submetendo outros (anteriores) tipos de economia e de organização social. O lançamento de filiais de produção no exterior, por parte das grandes empresas industriais dos países mais avançados, ingleses, franceses, americanos, alemães, suiços, etc., a partir da segunda metade do século XIX, é o início do mesmo fenómeno que na actualidade se observa pela dominação tentacular das "empresas multinacionais", à escala mundial. E este fenómeno é acompanhado pelas intervenções dos Estados, partilhando o mundo em zonas de protecção, em zonas-reservas e zonas de influência.

O processo não deixou de criar dialeticamente as suas reacções. As regiões dominadas não deixaram de resistir, militarmente, se preciso. Não foram pacíficas as colonizações asiáticas e africanas. Outras regiões semi--coloniais desencadearam movimentos e guerras nacionalistas de alijamento dos juros dominadores: o Egipto d'Arabi Pacha contra a Inglaterra, em 1880, o México contra os Estados Unidos, entre 1900-1910, a Rússia contra a dominação dos grupos financeiros franceses, entre 1906-1913.

# IV — EVOLUÇÃO E CRISES DO SÉCULO XX (1914-1970)

## 1 — CONSEQUÊNCIAS DA PRIMEIRA GUERRA MUNDIAL

A guerra mundial de 1914-1919 foi, indubitavelmente, uma consequência do desiquilíbrio mundial gerado pela expansão capitalista da "belle époque", necessitada de zonas de reserva e de zonas de influência, em disputa, entre potências económico-político-militares.

Ela própria deixou consequências enormes:

1) — A preponderância económica americana e a modificação do equilíbrio capitalista mundial.
2) — O aparecimento de um sistema de organização económica, social e política, com a revolução russa de 1917 e a formação da União Soviética.

\*

A partir de 1919 deixa de falar-se da dominação mundial da Europa Ocidental. Os Estados Unidos, com a guerra de 1914-1917, aceleraram consideravelmente o seu aparelho produtivo e a sua capacidade de produção e de devedores da Europa passaram a seus credores, fornecedores dos meios bélicos e de meios financeiros, durante a guerra e no pós-guerra.

No fim da guerra, o conjunto das dívidas dos países beligerantes ascendia a 225 biliões de dólares. A dívida francesa passou de trinta biliões de francos-ouro, em 1913, para 300 biliões em 1928. A dívida britânica passou de 17,6 biliões de francos-ouro para 197, e a da Alemanha de 6 biliões passou para 168. Acrescendo a estes débitos o facto de estes países haverem perdido os seus mercados americanos e asiáticos, em proveito dos Estados Unidos e do Japão.

*287*

No fim do primeiro quartel do século XX, os Estados unidos eram credores de 11 biliões de dólares e detinham, em reserva, metade do ouro mundial. As acções das grandes empresas americanas subiam aceleradamente de valor, pelo aumento do valor dos dividendos que distribuiam. A produção industrial aumentou de 26%, entre 1919 e 1929. Mas, entetanto, o valor das acções triplicou, porque, à solicitação do mercado financeiro, a especulação jogava abertamente na alta das acções.

O papel desempenhado antes pela Inglaterra desempenhava-o, depois de 1920, os Estados Unidos, mais amplamente e com uma diferença fundamental: enquanto a Inglaterra, libre-cambista, permitia aos seus devedores estrangeiros o pagamento com vendas de produtos que adquiria, estabelecendo até o equilíbrio da balança de pagamentos, pelos invisíveis, posto que a balança comercial lhe era deficitária, (isto é, a Inglaterra mantinha uma dominação equilibrada), os Estados Unidos, depois da guerra 1914-1918, nunca permitiu uma dominação equilibrada, protegendo o seu mercado da penetração estrangeira e obrigando todos os países a dependerem dos seus créditos, da sua moeda, criando *penúria de dólares* (dollar gap) permanente. Assim, o dollar tornou-se a *única divisa convertível em ouro*, até 1925, altura em que a libra esterlina readquiriu esse poder, seguida do franco francês em 1928. Mas o dollar nunca mais deixou de funcionar como *moeda externa* dominante, no quadro do "gold exchange standard".

A Rússia porém, com a sua Revolução de 1917, vai estar na origem da criação de um espaço social e político que debilitará todo o mundo da economia capitalista e implantará uma barreira (que na sequência da segunda guerra mundial se alargará na Europa, na China e em outras diversas partes do mundo) ao expancionismo comercial e financeiro da economia capitalista, embora não tenha inventado um novo sistema económico e social a contrapôr ao Capitalismo. Implantou, porém, uma nova organização social e política que não deixou de perturbar o sistema económico capitalista mundial, e de estabelecer zonas de influência, que desafiam o expansionismo das potências capitalistas. Para além da perda de todos os investimentos exteriores na Rússia, pelas expropriações, sem indemnização, realizadas pelo regime dos sovietes de 1917, foi a perda de imenso campo de expansão financeira para o capitalismo, e o aparecimento de uma parte considerável do mundo regendo-se por normas de comportamento social e económico perturbadoras do expansionismo mundial capitalista.

Estes acontecimentos maiores das duas primeiras décadas do século XX foram seguidos, à escala mundial, de algumas crises particularmente assinaláveis e significativas.

O ano de 1919 foi de relativa euforia económica, mas seguido de uma caracterizada crise de super-produção, semelhante às do século XIX, entre os anos 1920 e 1922. De 1922 a 1929, a economia mundial lançou--se com vivacidade num período de expansão, de tal modo próspero que, em Setembro de 1929, nas vésperas da escandalosa crise de 1929, o presidente do Stock Exchange, pensava que os ciclos económicos haviam terminado e que se havia chegado à era da prosperidade ininterrupta.

No entanto, alguns factos ensombravam a prosperidade dos anos vinte: — Os países que absorviam *mão de obra imigrante* (Estados Unidos, Canadá, América do Sul, África do Sul, Austrália) começam a fechar-se e a expansão demográfica a pressionar, sem saída, os países europeus. — Os Estados Unidos, e atrás deles os demais países, instalam *barreiras aduaneiras* com atitudes de um nacionalismo económicoexacerbante. — Os *preços* das matérias primas e dos produtos agrícolas baixaram, ou subiram pouco, enquanto os preços industriais subiram folgados. Sectores e regiões criavam distâncias acentuadas. — As *grandes moedas* (à excepção do dollar e da libra) enfraqueceram, (o franco em 1928, de 322 mg. de ouro passou a valer só 65 mg. de ouro), devido à quebra do poder de compra, ou, por outras palavras, à alta inflacionária dos preços. — Estas perturbações monetárias acarretam, para certos países, perturbações no sistema de *crédito internacional,* porque certos *capitais errantes,* à cata de mercados de curto prazo, voam sem se fixar, perturbando as balanças de pagamentos. — O *mercado do trabalho* paralisou, principalmente nos de indústria mais antiga, como dos têxteis, da siderurgia, do carvão. A Inglaterra tinha, em permanência, um milhão de desempregados. Os progressos tecnológicos e a nacionalização do trabalho começavam a criar o novo problema do desemprego.

Estes factos se não invalidam a constatação de que os anos vinte foram de autêntico progresso, nos sectores da produção autómóvel e de electricidade, particularmente, manifestam também que novos problemas concernentes aos mercados de capitais e do trabalho surgiram, capazes de provocar desiquilíbrios inesperados.

## 2 — A DEPRESSÃO DOS ANOS TRINTA

A célebre crise de 1929, se apresenta aspectos completamente originais na história económica, não deixa de inserir-se nas flutuações cíclicas da nova economia, como a vertente mais funda de uma Fase B de um Kondratieff.

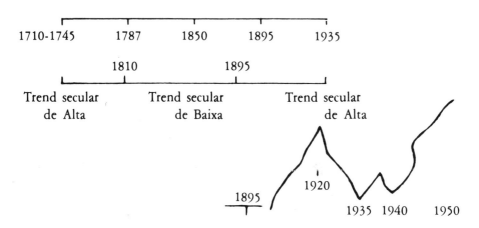

A crise insere-se, ainda, no interior de três ciclos de Juglar desde a Primeira à Segunda Guerras Mundiais:

1) 1914-1922 — com o máximo em 1920
2) 1922-1932 — com o máximo em 1929
3) 1932-1938 — com o máximo em 1937

1920 — crise de reconversão
1922-1929 — período expansivo
1929 — depressão
1937 — crise

A crise eclodiu nos Estados Unidos, como uma brutal *crise* bolseira. A 24 de Outubro de 1929 — A Quinta Feira Negra — cerca de treze milhões de títulos procuravam precipitadamente compradores. Os bancos alarmados procuraram sustentar o curso bolseiro, injectando no mercado um bilião de dólares. A confiança foi breve. A 28 de Outubro, mais de nove milhões de títulos procuravam comprador, e no dia seguinte mais de dezasseis milhões de títulos eram lançados no mercado.

Com a crise bolseira eclodiu a *crise do crédito*. Especulando sobre a subida dos valores da bolsa, muitos americanos tinham multiplicado as compras a crédito. A queda da bolsa deteve as compras e os pagamentos. Os stoks acumularam-se, a produção parou, as empresas faliam, os trabalhadores eram despedidos. Em poucos meses os desempregados eram doze milhões, nos Estados Unidos. Queda de rendimentos, queda da procura, queda da produção, baixa de preços, declínio do comércio.

Dos Estados Unidos a crise exportou-se para o resto do mundo. A especulação bolseira também havia sido exportada. Os valores estrangeiros em Paris, cotados a 100 em 1913, eram cotados a 675 em 1929, e a 223 em 1931. Os próprios valores franceses desceram de 507, em 1929, para 267, em 1931.

Muitos empréstimos americanos na Áustria e na Alemanha, para a reconstrução do após-guerra, Nova York atraía-os. O Kreditanstalt de Viena faliu. A crise provocava o repatriamento dos fundos americanos. Grandes empresas alemãs, francesas e inglesas entraram em falência. A Companhia de Navegação Royal Mail, inglesa, a companhia de seguros alemã Favag de Franckfort, o Darmstadler und National Bank, alemão, o trust da lã Norddentsche Wolle, também alemão, o Banco Nacional de Crédito, a Companhia Geral Transatlântica e a Citroen, franceses, só puderam suster-se com o apoio governamental.

Os detentores de poupanças acorriam aos bancos, a levantar os seus depósitos. Os bancos encerravam, por incapacidade de reembolso.

Nos Estados Unidos, 642 instituições bancárias faliram em 1929, 1345 em 1930, 2298 em 1931.

A *Crise do Crédito* arrastou a da *Produção*.

| Produção industrial mundial | | |
|---|---|---|
| | 1929 | 1932 |
| Hulha (milhões de toneladas ............................... | 1332 | 960 |
| Aço ........................................................ | 120 | 50 |
| Cobre ...................................................... | 1,9 | 0,9 |
| Automóveis (milhares de unidades) ....................... | 6300 | 1980 |

(¹)

A *Crise da Produção* era seguida da *Crise do Emprego*, com trinta milhões de desempregados no mundo, dos quais 12 nos Estados Unidos, 6 na Alemanha e cerca de 3 na Inglaterra.

O comércio internacional declinou aceleradamente:

| Montante mensal das trocas internacionais (em dollars-ouro) | |
|---|---|
| Janeiro 1929 — 5 350 milhões<br>Janeiro 1930 — 4 850<br>Janeiro 1931 — 3 260 | Janeiro 1932 — 2 135<br>Janeiro 1933 — 1 785 |

(²)

Os paśes mais tocados pela crise foram, naturalmente, aqueles que dependiam das exportações de produtos industriais. Assim a Inglaterra, que viu descer a sua produção de aço em 50% e a sua produção de texteis em 30%. Em reacção, a Inglaterra foi obrigada, em Setembro de 1931, a suspender o nível de convertibilidade da libra, definido pelo Gold Standart Act de 1925, provocando uma desvalorização de 30%, em relação às demais moedas. A maior parte dos outros países tiveram de acompanhar a libra. Concomitantemente, a Inglaterra renunciou ao livre-cambismo e *estabeleceu (1932) tarifas aduaneiras* de protecção aos seus produtos. Já os Estados Unidos haviam agravado em 50% os seus direitos aduaneiros, em 1930, e em 1933 também se descomprometiam do Gold Standard Act de 1925, desvalorizando o dollar em mais de 50%. Também a França teve

---

(¹) FURIA, Daniel — et SERRE, Pierre Charles — TECHNIQUES ET SOCIÉTÉS, Paris, Armand Colin, col. U, 1970, pág. 356.

(²) Id., pág. 357.

de reforçar a sua política proteccionista, e baixar os preços dos produtos franceses. Tal política deflacionista só resultaria se os custos de produção também baixassem, pelo aumento de produtividade, o que não aconteceu, por não ter havido renovação das estruturas de produção: o resultado foi a quebra dos benefícios e dos salários, falência e desemprego. A vitória política da frente Popular, em 1936, deve-se, em parte, à crise social derivada da crise económica.

Os movimentos sindicais, exprimindo as reivindicações organizadas do descontentamento do proletariado e dos operários, e os movimentos fascisantes e fascistas, seduzindo os descontentamentos das classes médias, foram duas expressões sócio-políticas, que floresceram nas sequelas desta crise dos anos trinta.

As verdadeiras causas da crise não eram meramente conjunturais, como inicialmente se pensou. Apesar da brutalidade com que sacudiu os Estados Unidos em 1929, a população americana era, em 1930, incitada, pela propaganda, a comprar — "buy now" — porque a crise estaria no fim. O Presidente Hoover empenhou-se numa tal ilusão. A realidade fê-lo perder a presidência a favor de F. D. Roosevelt.

Já antes da crise, as políticas proteccionistas dos países industriais, os mercados coloniais, incapazes de absorver os excedentes de produção das metrópoles, os salários menos acelerados que a produção estimulada (pela segunda revolução industrial, a da electricidade e do automóvel) os países industriais e os produtores agrícolas não encontrando saída para os seus produtos, o descontrole dos mercados financeiros, davam sinais de que a economia capitalista liberal ia ser sacudida e posta em causa. A crise era estrutural. A economia capitalista liberal não podia prever uma evolução económica sem obstáculos e era incapaz de distribuir, com justiça e equilíbrio, os rendimentos, de modo a evitar o subconsumo. A *iniciativa privada* não podia responder às grandes exigências do mundo moderno.

Consequentemente, modificações profundas tiveram lugar, quer nas teorias económicas, quer sobretudo nas políticas económicas, estas caracterizadas predominantemente pela intervenção directa do controle do Estado sobre a economia e sobre as organizações sociais: o das economias semi-liberais, das economias autárcicas e o das economias planificadas.

# 3 — REACÇÕES ÀS CRISES

## A — AS NOVAS IDEIAS ECONÓMICAS

Desde que, em meados do século XVIII, a reflexão sobre os factos económicos começou a exigir a elaboração de teorias de tipo científico, e isso deu-se com os chamados Fisiocratas, de que François Quesnay (1694--1774) foi o elemento mais destacado, com a sua obra fundamental o "Quadro Económico", *os processos económicos eram considerados como obedecendo a leis naturais* às quais era subjacente um equilíbrio natural. Assim entre produção e consumo haveria sempre um equilíbrio natural, sem perturbações que não fossem precárias e corrigíveis. Um dos aspectos dessas leis naturais era, segundo eles, *o interesse pessoal* do indivíduo. Portanto, a ordem e a harmonia dependiam da plena liberdade de produzir, de trocar, de possuir — o individualismo pleno, a plena propriedade privada, a liberdade económica total ("laissez faire, laissez passer").

Na mesma linha de optimismo liberal, Adam Smith (1723-1790), principal teórico dos chamados economistas clássicos, autor do célebre "Ensaio sobre a natureza e as causas da riqueza das nações", aprofunda, num contexto de sociedade em revolução industrial, os mecanismos dos preços, como manifestação da adaptação automática da oferta à procura. Para ele, também os salários funcionariam, de igual modo, como expressão da oferta e da procura no mercado de trabalho. O interesse pessoal é também para Smith, o motor da actividade, e a riqueza de uma nação re-

*295*

side no trabalho do indivíduo e na sua eficácia. Proteger a eficácia do trabalho individual, proteger a liberdade da produção, a liberdade das trocas, a liberdade do mercado, era criar as melhores condições das riquezas nas nações (já que o interesse pessoal, isto é, a procura do máximo de satisfação, assegurava o movimento), cujos mecanismos naturais corrigiriam eventuais desiquilíbrios. Casos de superprodução seriam reajustados, naturalmente, pelas baixas de preços e lucros; casos de subprodução, seriam reajustados pelo aumento de preços e lucros. Já em plena euforia industrial, o economista liberal francês Jean Baptiste Say (1767-1832), com a obra "Tratado de Economia Política" (1803), vai mais longe, não acreditando que existissem verdadeiras crises de super-produção generalizada, porque, segundo ele, a criação de um produto haveria de gerar um valor que permitiria aos homens procurar e obterem um outro produto de valor equivalente.

Entretanto, os fenómenos económicos e sociais modificavam-se: ao *capitalismo comercial*, conhecido de mercantilistas e de fisiocratas, sucedia-se o *capitalismo industrial*, sobre o qual refletiam Smith e Say. Desenvolvia-se, entretanto, o *Capitalismo Financeiro*, que aqueles economistas não chegaram a conhecer bem. As crises de super-produção e de estagnação económica sucederam-se, rupturas sociais surgiram e o optimismo do equilíbrio e da harmonia liberal eram postos em causa. Em primeiro lugar, pelos movimentos operários, e em seguida, pelos teóricos do socialismo, Charles Fourier (1772-1837), Robert Owen (1771-1858), Saint-Simon (1760-1825), Sismondi (1773-1842), Proudhon (1802-1864) e Karl Marx (1818-1883). Os socialistas anteriores a Marx, denominados "utópicos", recusavam-se a admitir que o indivídualismo pudesse ser o motor da economia e da sociedade, e atribuíam-lhe até a causa das desarmonias e dos conflitos sociais. Numa atitude mista de economistas, de moralistas e políticos, buscavam fórmulas capazes de fazer aproveitar o progresso técnico e económico, com o máximo de bem estar colectivo, sem desiquilíbrios individuais. Karl Marx foi mais longe, pretendendo mais que a formulação de uma utopia social, a análise científica do sistema económico e social dominante, do capitalismo, que procurou situar e relativisar historicamente, retirando-lhe o carácter de um dado natural, para o situar como um sistema histórico, transformável, destrutível, cuja essência está na exploração da força de trabalho, pelo poder do capital. É esta exploração que permite a acumulação de capital, que tenderá a concentrar-se e a dominar monopolisticamente todos os meios de produção.

As teorias socialistas nasceram como processo de esclarecimento de uma luta que lhes é anterior, e que através das crises da economia capitalista se reforçava entre as camadas da população, que, no trabalho, têm a única fonte de rendimento.

No entanto, nem as lutas operárias, nem os movimentos socialistas, nem sequer o aparecimento do Estado Comunista Soviético e a sua influência perturbadora, entre as sociedades liberais, lograra quebrar as ilusões optimistas da economia política liberal, muito embora as práticas proteccionistas fossem um desmentido da utopia liberal.

Foi a crise económica dos anos trinta que obrigou a teoria económica liberal a retroceder. Viu-o o economista inglês Keynes (1883-1946), com a sua obra "A Teoria Geral do Emprego, do Juro e da Moeda", onde mostra que não há equilíbrio natural entre produção e consumo, isto é, entre o valor da produção e os rendimentos que permitem aos homens adquirir essa produção. Mostra como o sistema é por natureza desequilibrado e conduzido a crises de sub-consumo, de sub-emprego, e de marasmo económico, que exigem a intervenção do Estado, distribuindo rendimentos através de trabalhos públicos, ou concedendo subvenções às populações em situação mais débil, ou facilitando investimentos, para relançar a procura e a economia em geral.

Estava posto em questão o cerne das teorias económicas do sistema capitalista. É claro que Keynes não pôde, como liberal que era, procurar mais que corrigir o capitalismo, sem o questionar radicalmente, através da oposição capital-trabalho. A necessidade de recurso à intervenção do Estado não é encarada senão como recurso, para estabelecer um equilíbrio que não podia esperar-se já do livre jogo da oferta e da procura.

Os factos vieram confirmar a falência das economias liberais.

Nos Estados Unidos, origem primeira da crise, o novo Presidente F. Roosevelt implantou a política do *New Deal* (1933), ( = dar as cartas de novo) ([3]).

Na Inglaterra o *Coal Mines Act*, em 1930, criou uma comissão governamental de intervenção económica nos sectores e zonas em dificuldade. Em França o governo da Frente Popular foi mais longe na intervenção: — nacionalizações, controle de preços, etc.

---

([3]) ARTAUD, Denise — LE NEW DEAL, Paris, Armand Colin, col. U, 1962.

# B — AS NOVAS POLÍTICAS ECONÓMICAS

Sistematizemos, com Jean Bouvier, os remédios adoptados em toda a parte:

1) — Auxílio directo dos Estados aos sectores em dificuldades. Os Estados Unidos, entre 1932 e 1935, injectou 11 biliões de dollars em empresas privadas.

2) — Criação, pelo Estado, de grandes trabalhos públicos, para diminuir o desemprego e fazer crescer o volume de consumidores.

3) — Medidas proteccionistas e contingentações das importações — *Neomercantilismo,* suprimindo a liberdade de movimentos de capitais, constituindo *zonas e blocos monetários* (zona do esterlino, do dollar, do franco, do marco, do yen), onde barreiras alfandegárias protegiam a dominação de alguns países sobre outros, e em que a preocupação primordial era a protecção das reservas de ouro.

4) — Destruição dos excedentes de produção, quer agrícolas, quer industriais, e dos stocks invendáveis.

5) — Regulamentação da produção e das trocas exteriores, isto é, *Economia Dirigida* pela intervenção dos Estados.

6) — Forte impulso às despesas públicas. As relações entre os governos e os empresários serão estreitadas. Quando as empresas estão em dificuldade o Estado vem viabilizá-las, quando são inviáveis o Estado nacionaliza-as, ou o Estado associa-se aos empreendimentos com participações-controle.

Com tais reacções o Capitalismo adquiriu feições novas na sua expansão: a concorrência internacional tornou-se agressiva, quer para a conquista de fontes de matérias primas e de saída para as suas vendas, quer devido aos mercados de capitais.

A dominação económica enleou-se em fenómenos de nacionalismo exacerbado, ou criou-os, de modo que a segunda guerra mundial adveio como inevitável.

Dois grandes blocos — sem contar com o bloco comunista soviético, de características muito particulares — formaram-se:

1) — O bloco dos países que dispunham de reservas de ouro, de matérias primas e energéticas, de mercados coloniais, de zonas protegidas. Constituiam-no sobretudo, os Estados Unidos, a Inglaterra e a França, com seus satélites, e que na guerra 1939-1945, formaram o bloco dos *Aliados*. Hitler chamava-lhes as "nações plutocráticas" por oposição às "nações proletárias".

Neste bloco, a dominação monetária, pelo sistema do *Gold Exchange Standard* (sistema do estalão de troca-ouro), em que os países sem reservas de ouro garantiam a sua moeda fiduciária nacional com divisas convertíveis em ouro (o dollar e a libra), foi um facto de "imperialismo camuflado", que concentrava o ouro mundial nas bancas centrais americanas e inglesas. O sistema foi perturbado pelas crises dos anos trinta e consequentes desvalorizações das divisas fortes. Veio a ser restaurado depois da segunda guerra mundial, e durou até 1971, como sistema monetário internacional.

A dominação monetária era acompanhada por outros comportamentos de dominação, como o *Neo-mercantilismo* e a forte expansão de *Monopólios Internacionais*. Não eram só os Estados que criavam fronteiras económicas rígidas, eram também grandes empresas que se implantavam em vários mercados nacionais, sobretudo firmas petroleiras anglo-americanas, siderúrgicas, como as Krupp e a Schneider, químicas, como a Imperial Chemical, Du Pont de Nemours, Saint Gobain, de produção automóvel, como a Ford, de produção de material eléctrico, como a Philips e a Thomson-Houston, e de tratamento de matérias primas como a Unilever, grandes unidades de produção e de comércio — *Sociedades Multinacionais* ou segundo a linguagem marxista *Monopólios Internacionais* — que constituiam seus espaços reservados (ex.: o cartel petrolífero, em 1928), a sua própria balança comercial e de pagamentos e forças de pressão sobre os governos.

2) — O bloco dos países devedores, com maiores sequelas da primeira guerra mundial e mais atingidos pela crise, sem reservas de ouro, sem colónias. Era constituído, particularmente, pela Alemanha, pela Itália e pelo Japão. Estes países viram-se obrigados a praticar uma *política agressiva,* em relação ao exterior, e uma *política económica autárcica,* no seu interior.

A política autárcica corresponde a um conjunto de medidas económicas de resistência de um espaço económico nacional a ser dominado por outro, e tendentes a criar o seu espaço de dominação e influência próprio. Essas medidas são de natureza económica, embora conduzam a medidas de natureza política. Não deixa de ser uma forma nacionalista de resistência de um espaço económico capitalista. O caso mais representativo foi o da Alemanha, na sequência da crise de 1929. Jean Bouvier explica-o assim:

Entre 1924 e 1930, pela reconstituição e alargamento da capacidade de produção industrial, sob o influxo de abundantes capitais estrangeiros, a Alemanha viu agudizar-se uma contradição que trazia, do século XIX, na estrutura do seu desenvolvimento: a incapacidade de absorção da sua própria produção. Os capitais americanos, ingleses, belgas, holandeses e franceses, haviam sobreequipado a indústria alemã, e abruptamente retiraram-se dela. Os capitais estrangeiros, de curto prazo, imobilizados em empréstimos de longo prazo, não poderam ser reembolsados, os bancos alemães encerraram durante os meses de Julho e Agosto de 1931 e o grande *Darmstadter Bank* foi à falência. As reservas de ouro do banco central caminhavam para o esgotamento. O governo alemão suspendeu os seus pagamentos das Reparações de guerra, e a 29 de Julho de 1931 iniciou o seu autarcismo, com o bloqueio à saída de ouro, estabelecendo rigoroso controle de câmbios.

O desemprego avolumou-se e em 1932 a Alemanha contou seis milhões de desempregados.

A reacção alemã visava objectivos internos e externos:

— *Objectivos internos:* dinamização da indústra e supressão do desemprego, sem preocupação de mercados. Uma economia de guerra, de rearmamento intensivo, satisfazia os problemas económicos e sociais e respondia às reacções psicológicas colectivas. Tudo presidido por uma *política de "circuito"*. O reequipamento oferece trabalho e dava lucros. A estes foi o Estado buscar, por impostos e empréstimos internos, com que pagar os fornecedores do exército. Bloqueando os preços e restringindo o consumo, o Estado manteve o equilíbrio e assegurou o crescimento.

— *Objectivos exteriores:* 1) assegurar as importações de matérias estratégicas, como o petróleo e minerais — 2) manter o equilíbrio das transacções. Como não dispunha nem de ouro, nem de divisas fortes, era obrigada a dirigir-se às zonas exteriores do domínio do dollar, do esterlino e do franco, isto é, à Europa Oriental, à Europa Balkânica e à América Latina. Foi nestas zonas que construiu os seus próprios mercados, com mecanismos muito particulares, onde não funcionava o crédito internacional e onde as barreiras aduaneiras eram firmes, e sem poder consentir-se a inflação, que adviria da desvalorização do marco, para mais facilmente exportar.

O Banco oficial alemão controlava estreitamente todo o movimento de divisas, criando Contas Especiais Estrangeiras, para as relações com os mercados ocidentais, e criou também uma Caixa de Compensação, para as transacções com os países da Europa Danubiana e Balcânica, que se faziam sem divisas e por igualdade de trocas. Assim a Alemanha chegou a criar o seu próprio espaço económico próspero, marginal e agressivo, em relação ao espaço do dollar e da libra. Entre 1935 e 1939, já agora sob a inspiração política nazista, a Alemanha não escasseava de alimentos e de matérias primas energéticas e de minerais e via alargar-se o mercado para a sua produção industrial. A guerra económica iniciara-se antes da luta armada [4].

---

[4] BOUVIER, Jean — INITIATION AU VOCABULAIRE ET AUX MECANISMES ÉCONOMIQUES CONTEMPORAINS (XIX$^e$-XX$^e$), Paris, S. E. D. E. S., 1977, págs. 280-303.

# 4 — AS ECONOMIAS PLANIFICADAS

Quando, em Outubro de 1917, os bolcheviks subiam ao poder em Moscovo viam-se a braços com a organização da sociedade russa e do seu Estado, em conformidade com os seus princípios socialistas. Para eles a propriedade privada dos meios de produção, e a empresa privada, porque se movem pela *lei do lucro,* eram incapazes de resolver, duradouramente, e com equilíbrio, os problemas de uma sociedade: as decisões económicas, investimentos, e produção, conduzem-se pelo sentido dos interesses particulares e não pelas necessidades gerais. Por tais razões, segundo eles, a economia capitalista é radicalmente desiquilibrada, geradora de crises, de conflitos de interesses, de lutas sociais, económicas e políticas: uma economia geradora de dominação, exploração e alienação. Pela apropriação dos meios de produção, a burguesia apropriava-se da "mais valia do trabalho", que era retirada do circuito económico e social, em proveito do industrial, do banqueiro e do comerciante. Esta apropriação impedia a extensão do mercado interno. Anarquia, pela concorrência, desvio de mais valia, exploração do trabalhador, bloqueio da expansão do mercado, eram os grandes desiquilíbrios da economia capitalista.

Era necessário construir uma sociedade em que os meios de produção não pudessem ser propriedade privada, mas *propriedade colectiva.* Assim, ao novo regime de propriedade devia corresponder um novo *regime de produção* e de *distribuição,* isto é, *novas formas de utilização das forças económicas,* o que quer dizer que as forças económicas teriam de ser planificadas, segundo os interesses colectivos, e dirigidas por dirigentes representativos das classes trabalhadoras e já não representativas da burguesia. Uma tal planificação não estava estudada pelos teóricos do socialismo, mas a posse do poder efectivo manifestou que ela emanava das teorias socialistas.

O novo Estado Soviético, dirigido pelo Partido Comunista, não viu facilitada a sua tarefa, quer pelo atraso secular da Rússia, quer pela situação de guerra, quer pelas resistências tradicinais da maioria da população camponesa a qualquer transformação profunda. Foram precisos 15 anos para a Rússia estruturar uma economia planificada.

Depois de haver nacionalizado a terra, o sub-solo, as fábricas, os transportes, os bancos, as empresas comerciais, o governo de Lenine viu-se a braços com uma *grave crise económica e social* em 1920-1921, de que ficaram célebres as rebeliões de camponeses e dos marinheiros do Kronstadt. Lenine compreendeu que, na origem da crise, não estavam reflexos da sociedade capitalista em vias de desmantelamento, mas também reacções a um comportamento demasiado ditatorial do Estado e do Partido.

O X Congresso do Partido, em 1921, sob a inspiração de Lenine, decidiu adoptar uma "nova política económica" (N. E. P.), moderando o radicalismo socialista e consentindo em desnacionalizar pequenas empresas privadas, quer agrícolas, quer industriais, e até, em 1922, consentindo na criação de sociedades mistas de capital estatal e de capital de grupos financeiros estrangeiros. Cresceu a preocupação pela boa gestão e não só pela criação de postos de trabalho e pelo volume de produção. Em 1923, as fábricas do mesmo ramo foram agrupadas em espécies de "trusts". À morte de Lenine em 1924, sucedeu Estaline na direcção do Partido e do Estado, prosseguindo com a N. E. P. e conseguindo levar a Rússia ao nível de produção agrícola e industrial anterior à guerra. Esta fase corresponde à da recuperação de um certo número de capitalistas, que controlavam a quarta parte do comércio russo e a sexta parte da produção industrial, assim como a de alguns ricos agricultores, que produziam um quinto da produção do trigo comercializado (⁵).

Esta fase terminou em 1927, a instigação de Staline, no XV Congresso do Partido.

De 1929 a 1953, toda a economia russa foi dirigida por um plano estatal, obrigatório. Toda a produção industrial foi colectivizada e imperati-

---

(⁵) FURIA-SERRE — oc. c., pág. 401.
— ANNUAIRE DE L'URSS, Paris, 1968, C. N. R. S., págs. 731 e 743.

vamente lançada para objectivos fixos, em planos quinquenais, primordialmente orientados para a produção de bens de equipamento.

Pretendia-se aumentar o rendimento do trabalho, pelo que foram criados mecanismos de emolução psicológica colectiva, de encorajamento à produção.

A produção agrícola foi também totalmente, colectivizada. A terra passou a ser explorada sob a forma de "sovkhoz" — quintas do Estado — unidades agrícolas pilotos, ou sob a forma de "Kolkhoz", cooperativas de camponeses. A mecanização do trabalho agrícola foi intensificada, graças à criação de estações de máquinas colectivas.

Quer a produção industrial, quer a produção agrícola, processavam-se sob dura vigilância do Partido, com mecanismos de "purgas" periódicas dos responsáveis pelas empresas e pela sua fiscalização, segundo uma estrutura extremamente centralizadora, burocrática e autoritária. Os sacrifícios humanos foram dramáticos; no entanto, a Rússia pôde manter anualmente uma taxa de crescimento notável. Terá de se ter em conta a situação de atraso da população russa e da falta de quadros técnicos para as necessidades de tão vasto território e tão ambicioso projecto social e político, que a União Soviética se propôs.

A guerra de 1941-1945, as reconstruções do após-guerra e a "guerra fria" com o ocidente capitalista, dramatizaram mais a dureza de vida das populações soviéticas, obedecendo imperativamente aos planos económicos estalinianos de equipamento e de implantação de infraestruturas.

À morte de Staline, em 1953, o XX Congresso do Partido exprime a necessidade de tornar mais flexível o sistema, com oportunidades de formalizar críticas, de favorecer iniciativas, de instaurar motivações económicas. Khrouchtchev, sucessor e crítico de Staline, organiza uma planificação mais descentralizada, e concedendo mais autonomia às empresas, na sua própria gestão. Um dos aspectos em que a Rússia post-staliniana se modificou foi no aumento algo febril do *consumo*, no desejo de *desburocratização* consentânea, quer com a experiência negativa de uma planificação demasiado autoritária, quer como fruto do desenvolvimento cultural, particularmente dos quadros técnicos, cuja formação científica tem sido notável.

Na actualidade, a economia soviética continua fundamentalmente baseada nos mesmos princípios de economia política socialista, mas muito mais preocupada pelas regras da *gestão racional* de tipo capitalista, procurando a rentabilidade das empresas, a melhoria da produção e uma produção diversificada, tendo em conta todos os critérios financeiros de uma boa gestão.

Os progressos da economia soviética, desde os anos cinquenta até aos anos setenta, foram espectaculares, com uma taxa de crescimento superior à de países ocidentais, resolvendo alguns problemas básicos das populações de modo mais satisfatório que os países ocidentais, embora com sacrifícios de valores humanos que não podem deixar de fazer questionar sobre o seu modelo de economia e de sociedade, aliás em evolução, de sentido imprevisível.

Um quadro estatístico sobre a evolução da Economia Soviética, entre 1928 e 1970, pode permitir uma imagem do tipo de economia e do ritmo que a própria evolução do modelo socialista vem experimentando na Rússia [6].

Uma palavra sobre outras economias planificadas, de objectivos socialistas, não viria a despropósito. Os diversos países europeus (Jugoslávia, Checoslováquia, Roménia, Hungria, Alemanha Democrática) e os extra-europeus, particularmente a China e Cuba, apresentam modalidades diversas de planificação das suas economias, experimentadas em situações extremamente diversificadas, que servirão certamente de laboratório para economistas e sociólogos, quando as suas experiências puderem transformar-se em dados científicos, que permitam ser comparados aos paises de regime liberal, o que por enquanto não sucede. Constituem factos históricos que hão-de servir para uma reflexão, que terá de ser feita, sobre os graves problemas que, à escala mundial, a civilização ''capitalista'' tem provocado.

---

[6] BOUVIER, Jean — o. c., pág. 329.

| A Economia Soviética de 1928 a 1970 | 1928 | 1932 | 1937 | 1940 | 1950 | 1955 | 1960 | 1965 | 1970 |
|---|---|---|---|---|---|---|---|---|---|
| **População** | | | | | | | | | |
| Total | 150,5 | 163 | 163,6 | 170,6* | 183 | 197 | 213 | 231 | 241,7 |
| Urbana | 27,3 | 35,5 | 50,2 | 60,4 | — | — | 104 | 122 | 136 |
| | | | | | | | | | (56%) |
| **Agricultura** | | | | | | | | | |
| Áreas semeadas (milhões de ha.) | 87,3 | 97 | 98,8 | 110,7 | 101,5 | 123 | 115 | 128 | 119,3 |
| Cereais-produção (milhões de quintais) | 733 | 698 | 959 | 779 | 997 | 1080 | 1344 | 1470 | 1850 |
| Bovinos (milhões de cabeças) | 60 a 70 ? | 40,7 | 47 a 57 ? | 54,8 | 57,2 | 58,8 | 75,8 | 90 | 101 |
| Ovinos (milhões de cabeças) | 107 a 146 ? | 52 | 53,8 a 80 ? | 107 ? | 99 | 116 | 133 | 139 | 139 |
| **Indústria** | | | | | | | | | |
| Carvão (milhões de toneladas) | 36,4 | 64,4 | 127,3 | 165,9 | 260 | 390 | 510 | 578 | 624 |
| Petróleo (milhões de toneladas) | 11,6 | 21,4 | 27,8 | 31,1 | 37,9 | 70,8 | 148 | 243 | 349 |
| Electricidade (biliões de KW/h) | 5 | 13,5 | 35 | 48,3 | 87 | 166,8 | 306 | 507 | 740 |
| Aço (milhões de toneladas) | 4,3 | 5,9 | 17,5 | 18,3 | 27,3 | 45,2 | 65 | 91 | 116 |
| Ferro Fundido (milhões de toneladas) | 3,3 | 6,2 | 14,5 | 14,9 | 19,2 | 33,3 | 46,8 | 66 | 82 |
| Cimento (milhões de toneladas) | 1,8 | 3,5 | ? | 5,7 | 10,2 | 22,5 | 45 | 72 | 95 |
| Algodão (tecidos — milhões m2 correntes)) | 2698 | 2694 | 3448 | 3954 | 4500 | 5905 | 6387 | 7077 | 7481 |
| Lã (tecidos — milhões m2 correntes) | 86,7 | 87 | 108 | 119 | 155 | 252 | 342 | 360 | 495 |
| Tractores (milhares de unidades) | 1,8 | 50,8 | 50,9 | 66,2 | 117 | 163 | 239 | 350 | 458 |
| Camiões V. U. (milhares de unidades) | 0,7 | 23,7 | 82,4 | 145 | 300 | 337 | 385 | 410** | 572** |
| Adubos químicos (milhões de toneladas) | O,13 | 0,92 | | 3,2 | 5,5 | 9,7 | 13,9 | 31,3 | 46 |
| **Comércio Externo** | | | | | | | | | |
| Exportações (milhões de rublos/1974) | 621 | 451 | 295 | 240 | 1615 | 1378 | 5007 | 7359 | 11520 |
| Importações (milhões de rublos/1974) | 741 | 552 | 229 | 245 | 1310 | 1224 | 5066 | 7252 | 11565 |
| **Rendimento Nacional** | | | | | | | | | |
| A preços constantes/1965 (biliões de rub.) | 27,5 | 45,5 | 96,3 | 154 | 252 | — | 500 ? | 840 | 1166 |

Cf. R. GIRAULT — M. FERRO — DE LA RUSSIE À L'URSS,
Paris, Nathan, 1974, pág. 163.

\* — No território de 1939.
\*\* — Automóveis: 1965 — 201.000
1970 — 344.000 unidades.

# 5 — OS ÚLTIMOS DECÉNIOS

A segunda guerra mundial contribuiu para acelerar os processos de intervenção dos Estados na Economia e para transformar profundamente as relações económicas e sociais, de tal modo que se pode bem falar de um novo tipo de civilização à escala mundial. Os Estados Unidos, por exemplo, conheceram, pela sua indústria de guerra, um aumento do seu produto nacional bruto da ordem dos 154%, entre 1939 e 1944, com lucros que alcançaram os 290%, durante o mesmo período de tempo.

O após-guerra trouxe o problema da reconversão das economias desmanteladas, dos desiquilíbrios de balanças de pagamentos, das dívidas de guerra, etc. A Inglaterra, por exemplo devia mais de 4.700 milhões de libras, pelo que teve de desvalorizar a sua moeda em 30,5% em 1949.

A "guerra fria" entre os países ocidentais e os da área socialista, e o "plano Marshall", criaram situações que impuseram a intervenção dos Estados nas organizações económicas de todos os países. A Alemanha, por exemplo, cuja indústria devia ter sido desmantelada, foi favorecida pela "guerra fria", já que a sua fronteira, que era a do mundo ocidental, exigia o restabelecimento da sua estrutura económica. Uma porção muito significativa dos seus sectores produtivos ficaram, todavia, nas mãos do Estado ou sob o seu controle, em empresas mistas, fundamentalmente por razões de ordem política, abrangendo 70% da produção do alumínio, 45% da produção automóvel, 37% da produção de ferro, 27% da construção naval, 25% da produção de hulha, 23% de adubos azotados, 17% da produção de electricidade, etc., mas conservando, porém, os princípios liberais na gestão, com liberdade empresarial, iniciativa individual e respeito pela propriedade privada. Também a França e a Inglaterra se viram obrigadas a nacionalizar largos sectores da sua produção, por razões económicas, por razões políticas e por razões sociais. A França nacionalizou largos sectores da Banca privada, empresas de gás e electricidade, de produção de hulha, a produção automóvel Renaud e a indústria aeronáutica. A Inglaterra nacionalizou parte do sector bancário, a siderurgia, a produção de hulha, os transportes ferroviários e aéreos e sectores dos transportes viários.

A coordenação de tão largos sectores de produção e as exigências sociais e políticas impunham uma certa *planificação* da vida económica, que era imperativa, mas mais ou menos dirigista, mais ou menos orientadora.

Nestes países, conservou o Estado meios poderosos de acção sobre todo o aparelho produtivo, particularmente nos sectores financeiro e gestionário. Em 1965, 50% dos investimentos operados na economia francesa eram estatais, directamente canalizados para empresas nacionalizadas e também para empresas privadas, sob variadas formas de concessão.

A orientação dos planos económicos sofreu uma evolução importante: de objectivos de produção, para objectivos de consumo, para corresponder a tipos de necessidades, reais ou fictícias, de um modelo de civilização muito discutível.

Uma das características essenciais da Economia dos últimos decénios é o incessante e acelerado aumento das taxas de crescimento da Produção, pela adopção acelerada de inovações técnicas nos processos produtivos. Mencionaremos, muito sucintamente, os sectores em que tais inovações se têm processado:

## 1) ENERGIA

— Multiplicação do uso energético do carvão, do petróleo e da electricidade. Compare-se o consumo mundial: [7]

| | Carvão (milhões de toneladas) | Petróleo (milhões de toneladas) | Electricidade (biliões de Kw.) |
|---|---|---|---|
| 1910 | 1200 | 50 | — |
| 1955 | 1593 | 772 | 1535 |
| 1956 | 2250 | 1505 | 3345 |
| 1968 | 2045 | 2000 | 4111 |

— Aparecimento da tracção Diesel, em 1964.

— Aproveitamento da energia nuclear para a produção de electricidade.

---

[7] FURIA-SERRE — o. c., pág. 307.

*310*

## 2) TRANSPORTES

— Nos transportes viários as transformações são de monta. Foram multiplicadas as redes viárias e melhorados tecnicamente os seus pisos, para suportar o gigantismo do peso do crescente tráfico automóvel. Iniciou--se a "era das auto-estradas", encurtando as distâncias e permitindo a aceleração da velocidade, descentralizando os polos industriais, o comércio e turismo. Em França, por exemplo, entre 1959 e 1967 o tráfico viário mais que duplicou em tonelagem por Km.

— Nos transportes marítimos a evolução tomou o sentido do gigantismo e da rentabilidade, pelo aumento da capacidade (por exemplo, os petroleiros chegaram a atingir o transporte de 300-400 mil toneladas) e pela adopção de processos de carregamento (em contentores) que acelera as operações de carga e descarga, em funcionamento automatizado, com grandes incidências nos preços e na diminuição das equipagens.

— Nos transportes aéreos a evolução foi também impressionante, pelo gigantismo das aeronaves (para centenas de passageiros), pelo crescimento das rotas, frequência do tráfico, e velocidade super-sónica alcançada.

## 3) METALURGIA

— Na siderurgia, a produção de aço entre 1946 e 1965 quadruplicou. A relação entre o desenvolvimento económico e a produção de aço tornou-se tão estreita que se passou a medir o equipamento industrial de um país pelo seu consumo de aço, em média anual e por habitante. Compare-se: [8]

| Produção Mundial de Aço e Alumíneo (em milhões de toneladas) | | |
|---|---|---|
| | Aço | Alumíneo |
| 1910 ............................. | 60 | — |
| 1946 ............................. | 110 | 0,6 |
| 1965 ............................. | 458 | 6,6 |
| 1968 ............................. | 532 | 8,1 |

---

[8] FURIA-SERRE, ib., pág. 317.

| Consumo de Aço por habitante em 1968 |||
| (Relação entre produção e população — em Kgs.) |||
|---|---|---|---|
| Estados Unidos ...... | 591 | U.R.S.S. ............. | 448 |
| Alemanha Ocidental | 700 | India .................. | 12 |
| França ............... | 405 | Japão .................. | 661 |
| Inglaterra ........... | 474 | | |

Os processos de produção de ferro e de aço sofreram importantes transformações — aços eléctricos e a oxigénio — com enormes incidências sobre os seus custos e sobretudo sobre a sua qualidade. Por se tornar menos necessário o coke, as siderurgias passaram a localizar-se preferentemente junto dos portos de mar, beneficiando das melhorias dos transportes. O caso do Japão é exemplar: de uma produção de 9 milhões de toneladas, em 1955, passou a produzir 67 milhões de toneladas, em 1968.

A produção de alumíneo cresceu também a um ritmo extremamente rápido, duplicando cada decénio e substituindo quer o cobre, quer o aço.

## 4) INDÚSTRIAS QUÍMICAS

As Indústrias Químicas podem considerar-se as características do século XX, que se vão tornando imprescindíveis para todas as demais, desde a Farmacêutica à dos Adubos, passando pela metalurgia, pela têxtil, pela construção, etc. Nelas devem destacar-se precisamente as de produção de adubos, de fibras têxteis sintéticas e de matérias plásticas.

Nas indústrias de adubos químicos, as unidades de fabrico alcançam a produção de mil toneladas diárias, para satisfazer uma procura crescente. Em 1967 o consumo mundial dos adubos químicos atingia os 48 milhões de toneladas. É em grande parte consequência deste acelerado consumo a transformação que se operou na produtividade agrícola. Em França, por exemplo, quando a rentabilidade de um ha. semeado de trigo era, tradicionalmente, de 9 quintais, passou modernamente a ser de mais de 30 quintais, e em certos casos chega a alcançar os 50 quintais.

As indústrias de fibras artificiais (pelo tratamento da celulose) e, desde 1938, das fibras sintéticas (cuja matéria prima são o carvão e o petróleo) deram um golpe nas têxteis algodoeiras.

As indústrias de matérias plásticas, derivadas directamente das têxteis químicas, foram das mais revolucionárias inovações, para toda a espécie de produtos, desde as gamas inumeráveis de produtos para uso doméstico, até aos materiais da construção automóvel e da construção civil. De 1956 a 1967, a produção mundial de plásticos quintuplicou: de 3.600 milhares de toneladas passou para 18.000 milhares. A sua produção prosseguiu num aumento anual constante de cerca de 14%.

## 5) TÉCNICAS DE CONSTRUÇÃO

São também inumeráveis as transformações rápidas ocorridas neste sector, para poder dar resposta às múltiplas necessidades de uma população crescentemente urbana e às exigências impostas pelas transformações de todos os sectores produtivos e dos gigantescos empreendimentos colectivos. A mecanização, a pré-fabricação de elementos, acelerou a construção. A utilização do betão-esforçado permite uma mobilidade extrema para a realização acelerada de obras complexas, desde viadutos e túneis, até às cubas de reactores atómicos. A utilização de resinas sintéticas (fruto das inovações químicas) veio também revolucionar muitos sectores das técnicas construtivas.

## 6) CONSTRUÇÕES MECÂNICAS, ELÉCTRICAS E ELECTRÓNICAS

Não podemos sequer imaginar ainda as transformações do modo de viver que nos trarão as inovações realizadas e em vias de se realizar aceleradamente nestes sectores. Basta sugerir as transformações que se operam pela automatização crescente de todas as operações de produção, dos comandos electrónicos, e do controle automático da produção.

Cabe aqui sugerir, pelo menos, a revolução de civilização que se está operando pela *Informática*, ao serviço de todos os campos da actividade humana, não só de actividades individuais, que rapidamente alcançam informações de todo o tipo, num horizonte verdadeiramente universal, como de toda a gama de actividades colectivas, desde a gestão à investigação e ao ensino, criando novos tipos de comportamento, cujas consequências são ainda insuspeitadas.

## 7) PRODUÇÃO AGRÁRIA

Não poderíamos esquecer este sector fundamental da sobrevivência humana, em que teriam de ter forte incidência todas as transformações operadas nos demais sectores. A mecanização, cada vez mais sofisticada, do trabalho agrícola, a selecção de espécies animais e vegetais e a sua manipulação genética, os seus tratamentos com sofisticados produtos químicos, os meios postos ao seu alcance pelas inovações mecânicas e dos transportes, vêm transformando a produção agrícola de tal modo que se vai podendo falar das unidades agrícolas como se fossem fábricas.

\*

\* \*

Todos os referidos factores de transformação da Produção e da vida social são fruto de uma relação muito estreita entre a Economia, a Técnica e a Ciência. Cabe aqui uma referência ao aproveitamento que vem sendo feito das *Ciências Sociais,* para o desenvolvimento de um tipo de sociedade cujo motor é a necessidade de acelerar incessantemente a Economia Industrial e Financeira, coberta pela ideologia liberal. As ciências sociais nascidas de um outro tipo de necessidades críticas, de reflexão distanciada, são objecto de procura económica, como instrumentos técnicos, entre os demais instrumentos técnicos, de um certo tipo de desenvolvimento, em que o *consumo de massa* é o objectivo fundamental. É assim que a prospecção de mercados, a provocação e criação de necessidades, o progresso de técnicas de Gestão e de Organização do Trabalho, criam uma cooperação estreita entre as ciências técnicas da electrónica e da informática e as ciências de Psicologia e de Sociologia, para lograr a estimulação das populações no sentido do consumo incessante, e de determinados tipos de consumo, procurando abafar o que nessas ciências humanas é, fundamentalmente, vocação crítica. Um novo tipo de homem individual e co-

*314*

lectivo vem sendo criado, com meios técnicos poderosíssimos, cujos riscos começam a ser evidentes. Uma certa perversão do meio natural e das relações vão tornando já claros grandes desiquilíbrios e disfunções na Economia actual. Mencionaremos apenas três aspectos em que tais desiquilíbrios são preocupantes:

— no domínio da Economia a doença da Inflação.
— ruptura das estruturas sociais tradicionais e massificação das relações a nível mundial.
— criação de graves disparidades internacionais, expressas pelo que se designa o Sub-desenvolvimento provocado.


### A doença da Inflação

Numa economia equilibrada o valor da produção nacional deve ser igual ao poder de compra da população, ao valor da circulação monetária. Se a produção diminui, ou se o consumo e a circulação monetária aumentam, os preços aumentam, para que o valor da produção volte a igualar a circulação monetária. A evolução da economia actual chegou a criar a teoria de que não é possível a expansão económica sem uma inflação controlada. Todavia, o pretendido controle da inflação vem-se revelando ineficaz, mau grado os múltiplos processos que, por intervenção do Estado, têm sido adoptados, segundo as variadas análises do processo inflacionista, às quais subjazem ideologias sociais, incapazes de conduzir ou de controlar os antagonismos sociais e de satisfazer as necessidades reais ou fictícias das populações. As dificuldades começam nos próprios economistas em atinarem com as verdadeiras causas do processo inflacionista. Uns atribuem-no a uma fuga perante a moeda, quer em sociedades onde a balança de pagamentos é favorável, quer como consequência das mentalidades criadas pela civilização industrial liberal. Com efeito, dá-se uma fuga perante a moeda, pela procura de bens, provocando excesso de procura sobre a oferta, fazendo subir os preços. No caso de a moeda dar indícios de debilidade, igual fenómeno aparece. A força da moeda provoca também aumento de circulação. A civilização de consumo, a que as populações são conduzidas, leva ao crescimento do consumo em velocidade maior que a do crescimeento dos rendimentos, sem que se crie movimento de pou-

*315*

pança, contrariamente ao que previam as teorias Keinesianas, de um menor crescimento do consumo, por efeitos de poupança.

À estimulação do consumo, a civilização da economia liberal acrescenta a estimulação do recurso ao crédito. Segundo constatou Galbraith, o individamento dos americanos, que são apresentados como o paradigma de homens do século XX, entre 1952 e 1956 (excluindo os empréstimos imobiliários) passou de 27,4 biliões de dólares para 41,7 biliões (⁹).

A própria evolução do sistema bancário saca os seus lucros, preferentemente, dos créditos (a empresas e a particulares) amortizáveis a longo prazo, com taxas de juro muito superiores às que concedem pelos depósitos recebidos. Pela concessão de redescontos a médio prazo, os Bancos Centrais favorecem o sistema (porque é preciso favorecer a expansão...), vendo-se obrigados a emitir moeda suplementar para resolver os problemas da falta de liquidez. O aumento da moeda em circulação, as desvalorizações, os desfazamentos e desiquilíbrios entre as moedas, os desiquilíbrios de balanças de pagamentos, sobretudo quando atingem as grandes moedas e as grandes potências económicas, as subidas descontroladas de preços de matérias primas básicas (caso do petróleo), perturbações políticas e militares incontroláveis, provocam, a nível mundial, perturbações inflacionárias, que se transferem em cadeia, de que saem prejudicadas sempre as economias dependentes e mais débeis e as populações e camadas sociais mais indefesas.

Os Estados intervêm no processo com medidas anti-inflacionárias, que impeçam a quebra brutal da procura e as perturbações sociais. Essas medidas consistem geralmente em aumentos das imposições fiscais (para aspirar uma parte da massa monetária em circulação), em diminuição dos investimentos públicos, em reequilíbrio do orçamento do Estado, em diminuição das suas despesas, em aumentos das taxas de desconto, para dificultar o crédito. Tais medidas não passam, porém, de paliativos, que não resolvem, de raiz, uma crise que se vem alargando, particularmente desde 1974, e que os economistas designam de ''estagflação'', que contrariamente às crises clássicas se caracterizam por estagnação económica, ou mesmo de recessão, acumuladas de inflação.

O mundo capitalista conheceu já onze crises de tipo cíclico, de períodos médios de oito anos — de Juglar — divididos em fases mais ou me-

---

(⁹) GALBRAITH, J. K. — L'ÈRE DE L'OPULENCE, Paris, Calman-Lévy, 1961, pág. 189.

nos iguais de quatro anos de expansão e de depressão. As características eram mais ou menos iguais; com subidas de preços, subidas da produção, dos salários, dos lucros, das taxas de juro e dos movimentos da Bolsa, terminando por falências bancárias e de empresas, por desemprego, baixas de salários, baixas de preços, escoamentos de stocks, seguidos novamente de procura, de subida da produção, etc. Agora a Economia Mundial vê-se a braços com um tipo de crise diferente: a produção desacelera, mas os preços não descem. Os factores de ajustamento que antes funcionavam quase automaticamente (preços e emprego) já não são capazes de regular a economia, desorientando as medidas clássicas da política económica. Medidas de saneamento financeiro das empresas, para evitar o desemprego, vêm agravar o desemprego. Medidas sociais, que equilibrem as dificuldades das populações, vão agravar os preços de mercado e provocar inflação. Os apoios às empresas (por aligeiramento das imposições fiscais e das prestações sociais) não as conduzem ao investimento e à sua dinamização, e pesam sobre o orçamento do Estado. O sistema monetário internacional, nas mãos de poderosos financeiros, não facilitam as economias nacionais.

### Sub-desenvolvimento

Elementos estatísticos muito simples são suficientes para mostrar os profundos desiquilíbrios existentes nas várias regiões do mundo actual. Eles manifestam também que os desiquilíbrios se vêm acentuando com o desenvolvimento das regiões mais ricas da terra [10].

Os critérios pelos quais são apreciados os fenómenos de sub-desenvolvimento são elementares, mas significativos:

— *A sub-alimentação.* Só 28% da população mundial (a dos países desenvolvidos) tem um regime alimentar suficiente, correspondente a cerca de 3.000 calorias.

---

[10] Veja-se os dados estatísticos do Apêndice III, 2, na pág. 333.

— *A esperança de vida e a taxa de mortalidade.* Os países do Terceiro Mundo têm esperanças de vida demasiado curtas e taxas de mortalidade muito elevadas. Compare-se:

**Esperança de vida (em anos)**

| | | |
|---|---|---|
| Estados Unidos .............................................. | | 70 |
| França ...................................................... | | 68 |
| África (média) .............................................. | | 38 |
| Ásia ....................... China ....................... | | 55 |
| | India ....................... | 32 |
| América Latina ............... Guatemala ............... | | 39 |
| | México ................... | 38 |
| | Venezuela ........... | 50 |

[11]

**Debilidade dos rendimentos e do nível de vida**

Segundo os estudos de Kuznets, o rendimento médio dos ingleses, por 1780, a quando da sua industrialização, seria de cerca de 200 dólares. Em 1970, a pobreza dos países do Terceiro Mundo pode perceber-se pelo seguinte quadro: [12]

| Terceiro Mundo (em dólares) | Nível de rendimento médio | Número de países % | População % | Produção total % |
|---|---|---|---|---|
| Total ........................ | 153 | 100 | 100 | 100 |
| De 40 a 250 ..................... | 72 | 46,36 | 77,34 | 32,61 |
| De 250 a 1.000 ................. | 66 | 43,59 | 21,11 | 49,20 |
| Mais de mil ..................... | 15 | 9,40 | 1,52 | 8,18 |

Mais de um bilião de indivíduis (38% da população do Terceiro Mundo) dispõe de menos de 100 dólares, por ano e por habitante.

---

[11] FURIA-SERRE — o. c., pág. 414.
[12] LAMBERT, Denis-Clair — LES CARACTERES GÉNÉRAUX DU TIERS MONDE, in Histoire Économique et Sociale du Monde, Pierre Léon, Paris, Armand, Colin, 1977, vol. 6, pág. 310.

O mais grave desta situação provém de dois factos: 1) Primeiro, o de que a população deste mundo cresce a um ritmo muito superior à dos países desenvolvidos. Entre 1950 e 1970 a sua população foi aumentada em um bilião de pessoas, enquanto a dos países ricos aumentou apenas em 200 milhões. Prevê-se que no ano 2.000 a população do Terceiro Mundo representará 80% da população mundial. 2) Os mecanismos da Economia Mundial não só não conduzem à diminuição do desfasamento entre países ricos e pobres, mas ao contrário conduzem ao seu agravamento. As teorias liberais do Desenvolvimento que privilegiam o papel da formação de capital e que portanto sugerem medidas estritamente concebidas segundo os parâmetros das técnicas económicas originadores de poupança, não têm em conta razões extra-económicas que impedem a relação prevista entre taxas de investimento e taxas de crescimento económico. A fome endémica, a doença, os desfasamentos culturais impedem o aumento da produtividade.

Onde situar as causas do sub-desenvolvimento? As causas são muitas e complexas. Talvez se possam situar as principais nos seguintes dados:

— As regiões do chamado Terceiro Mundo, todas situadas fora da Europa e onde a população europeia não existe ou é fraca minoria, foram objecto de rupturas na sua própria história e de desestruturação violenta e rápida dos seus quadros sociais e culturais (e também da sua demografia, como foi o caso de África, com séculos de constante dizimação de gerações para o comércio esclavagista), sob os sucessivos regimes coloniais.

— A ruptura do equilíbrio entre o homem e o meio natural e a degradação do meio natural, pelas intervenções das economias de origem europeia.

A economia especulativa de origem europeia, procurando lograr rendimentos elevados e rápidos, não permite que se restabeleça o equilíbrio entre expansão demográfica, produção e consumo, como dificultam que os países do Terceiro Mundo encontrem as estruturas sociais, culturais e políticas, que lhes permitam encontrar por si próprios os caminhos do seu desenvolvimento.

No fim de contas, o balanço da expansão económica da Economia Industrial e Financeira deixa à humanidade lastros negativos, que exigem correcções radicais de orientação, o que já se designa por Nova Ordem Económica Mundial.

# APÊNDICES
# DOCUMENTAIS

# APÊNDICE I

## I — EVOLUÇÃO DAS ESTRUTURAS ECONÓMICAS DA ALEMANHA:

a) *Produto Interno Líquido*, em valores constantes, (preços-1913). Percentagens:

| Anos | Produtos Físicos | | | Produto Total | | |
|---|---|---|---|---|---|---|
| | Agricultura | Ind. | Total | Prod. Físico | Resto | Total |
| 1850/1854 | 68 | 32 | 100 | 66,4 | 33,6 | 100 |
| 1880/1884 | 52,7 | 47,3 | 100 | 68,7 | 31,3 | 100 |
| 1910/1913 | 34,4 | 65,6 | 100 | 68 | 32 | 100 |

b) *Rendimentos do Trabalho*, em valores correntes. Percentagens.

| Anos | Produção de bens | | | Rendimento Total | | |
|---|---|---|---|---|---|---|
| | Agric. | Ind. | Total | Prod. bens | Resto | Total |
| 1850/1854 | 62,6 | 37,4 | 100 | 70,2 | 29,8 | 100 |
| 1880/1884 | 52,1 | 48,8 | 100 | 66,7 | 33,3 | 100 |
| 1910/1913 | 34,1 | 65,9 | 100 | 63,3 | 36,7 | 100 |

c) *Estrutura da População Activa*. Percentagens.

| Anos | Agricultura | Indústria | Outras Actividades |
|---|---|---|---|
| 1850/1854 | 54,6 | 25,2 | 20,2 |
| 1880/1884 | 48,2 | 29,8 | 22,0 |
| 1910/1913 | 35,1 | 37,9 | 27,0 |

W. Hoffman — cf. CARON, François — o. c. pág. 104.

## II — EVOLUÇÃO DAS ESTRUTURAS FRANCESAS:

a) *Produto Nacional Bruto*, em valores constantes. (preços — 1905/1913). Percentagens.

| Anos | Produto Físico | | | Produto Total | | |
|---|---|---|---|---|---|---|
| | Agric. | Ind. | Total | Prod. Físico | Resto | Total |
| 1852 | 69 | 31 | 100 | 64,8 | 35,2 | 100 |
| 1892 | 48 | 52 | 100 | 67,6 | 32,4 | 100 |
| 1912 | 40 | 60 | 100 | 67,5 | 32,5 | 100 |

b) *Produto Nacional Bruto*, em valores correntes. Percentagens.

| Anos | Produto Físico | | | Produto Total | | |
|---|---|---|---|---|---|---|
| | Agric. | Ind. | Total | Prod. Físico | Resto | Total |
| 1845/1854 | 42 | 58 | 100 | 71,6 | 28,4 | 100 |
| 1885/1894 | 41 | 59 | 100 | 67,0 | 33,0 | 100 |
| 1905/1913 | 40 | 60 | 100 | 68,5 | 31,5 | 100 |

c) *População Activa*. Percentagens.

| Anos | Agricultura | Indústria | Resto |
|---|---|---|---|
| 1840/1845 | 51,9 | 22,2 | 26,0 |
| 1866 | 49,8 | 22,3 | 27,9 |
| 1896 | 44,8 | 26,6 | 28,6 |
| 1906 | 42,7 | 28,1 | 28,2 |

J. Marczewski — cf. CARON, o. c. pág. 105.

# III — EVOLUÇÃO DAS ESTRUTURAS BRITÂNICAS:

a) *Rendimento Nacional,* em valores correntes. Inclui rendimentos imobiliários e rendimentos provindos do exterior. Percentagens.

| Anos | Rendimentos da Produção | | | Rendimento Total | | |
|------|------|------|-------|-------------|-------|-------|
|      | Agric. | Ind. | Total | Prod. Físico | Resto | Total |
| 1851 | 37,2 | 62,8 | 100 | 54,6 | 55,4 | 100 |
| 1881 | 21,5 | 78,5 | 100 | 48,0 | 52,0 | 100 |
| 1901 | 13,2 | 86,8 | 100 | 46,3 | 53,7 | 100 |

b) *Rendimento Nacional,* em valores correntes, sem os rendimentos imobiliários nem os provindos do exterior.

| | | | | | | |
|------|------|------|-----|------|------|-----|
| 1851 | 37,2 | 62,8 | 100 | 60,7 | 49,3 | 100 |
| 1881 | 21,5 | 78,5 | 100 | 56,0 | 44,0 | 100 |
| 1901 | 13,2 | 86,8 | 100 | 54,6 | 45,4 | 100 |

c) *População Activa.* Percentagens.

| Anos | Agricultura | Indústria | Resto |
|------|-------------|-----------|-------|
| 1851 | 21,7 | 42,9 | 35,4 |
| 1881 | 12,6 | 43,5 | 43,9 |
| 1901 | 8,7 | 46,3 | 45,0 |

P. Deane — W. A. Cole — cf. CARON, o. c. pág. 106.

# IV — EVOLUÇÃO DAS ESTRUTURAS SUECAS:

a) *Produto Interno Bruto*, a preços correntes. Percentagens.

| Anos | Agric. | Ind. | Agric./Ind. | Transp. | Outros |
|---|---|---|---|---|---|
| 1866/1870 | 39 | 19 | 58 | 4 | 38 |
| 1886/1890 | 32 | 22 | 54 | 6 | 40 |
| 1906/1910 | 25 | 33 | 58 | 7 | 35 |

b) *População Activa*. Percentagens.

| Anos | Agric. | Ind. | Com./Transp. | Outras act. |
|---|---|---|---|---|
| 1870 | 72 | 15 | 5 | 8 |
| 1890 | 62 | 22 | 9 | 7 |
| 1910 | 49 | 32 | 13 | 6 |

Jorberg — cf. CARON, o. c. pág. 107.

# V — EVOLUÇÃO DAS ESTRUTURAS NORUEGUESAS:

a) *Produto Interno Bruto,* em valores correntes.

| Anos | Agricultura | Indústria | Agric./Ind. | Transp. | Outras Activ. |
|------|-------------|-----------|-------------|---------|---------------|
| 1865 | 45 | 18 | 63 | 10 | 27 |
| 1890 | 32 | 24 | 56 | 12 | 32 |
| 1910 | 24 | 26 | 48 | 11 | 39 |

b) *População Activa.*

| Anos | Agricultura | Indústria | Comércio/Transp. | Outras Activ. |
|------|-------------|-----------|------------------|---------------|
| 1865 | 69 | 16 | 10 | 5 |
| 1890 | 44 | 26 | 15 | 12 |
| 1910 | 43 | 25 | 16 | 16 |

Jorberg — Cf. CARON, o. c. pág. 107.

# VI — EVOLUÇÃO DA ESTRUTURA ECONÓMICA DOS ESTADOS UNIDOS:

a) Parte da Agricultura e da Indústria no Valor Acrescentado do Produto Físico. Percentagens.

| Anos | A preços correntes (sem a construção) | | A preços constantes (sem a construção) | |
|---|---|---|---|---|
| | Agricultura | Indústria | Agricultura | Indústria |
| 1839 | 71 | 29 | 78 | 22 |
| 1859 | 62 | 38 | 61 | 39 |
| 1879 | 53 | 47 | 53 | 47 |
| 1899 | 37 | 63 | 41 | 59 |
| 1909 | 38 | 62 | 26 | 74 |
| 1919 | 35 | 65 | 22 | 78 |

b) *Rendimento Nacional* criado pela Produção Física e outros sectores. Percentagens.

| Anos | A preços córrentes | | A preços constantes | |
|---|---|---|---|---|
| | Prudução Física (sem construção) | Outros Sect. | Produção Fís. (sem construção) | Outros Sect. |
| 1839 | 44,7 | 55,3 | 42,7 | 57,3 |
| 1859 | 42,1 | 57,9 | 42,8 | 57,2 |
| 1879 | 41,0 | 59,0 | 41,2 | 58,8 |
| 1899 | 43,0 | 57,0 | 45,8 | 54,2 |
| 1919 | 46,8 | 53,2 | | |

c) *População Activa*

| Anos | Agricultura | Indústria | Outrás actividades |
|---|---|---|---|
| 1850 | 55 | 20,7 | 24,3 |
| 1880 | 51,5 | 25,7 | 22,8 |
| 1910 | 31,6 | 30,2 | 38,2 |
| 1920 | 27,4 | 34,4 | 38,2 |

R. F. Gallmann — Cf. CARON, o. c. pág. 108.

# APÊNDICE II

## 1 —

| Evolução Mundial das Vias Férreas | | | | |
|---|---|---|---|---|
| Países e Continentes | 1850 | 1870 | 1913 | 1900 |
| Europa | 23500 | 104500 | 282000 | 359000 |
| Inglaterra | 10500 | 24500 | 33000 | 38000 |
| Alemanha | 6000 | 19500 | 43000 | 61000 |
| França | 3000 | 17500 | 36500 | 49500 |
| Rússia | 1000 | 10500 | 50000 | 65000 |
| América do Norte | 14800 | 90000 | 357000 | 457000 |
| América Central e Sul | — | 3000 | 42000 | 107000 |
| Ásia | — | 8400 | 60000 | 108000 |
| África | — | 1800 | 20000 | 44000 |
| Oceania | 40 | 1800 | 24000 | 35000 |

Cf. RIOUX, J. P. — A REVOLUÇÃO INDUSTRIAL — Lisboa, D. Quixote, 1977, pág. 93.

## 2 —

| Potências das Máquinas a vapôr na Europa (1840-1888) (em milhares de CV) | | | | | | |
|---|---|---|---|---|---|---|
| | 1840 | 1850 | 1860 | 1870 | 1880 | 1888 |
| Inglaterra | 350 | 500 | 700 | 900 | 2000 | 2200 |
| França | 34 | 67 | 178 | 336 | 544 | 796 |
| Alemanha | 20 | 40 | 200 | 900 | 1680 | 2000 |
| Áustria | 2 | 9 | 36 | 112 | 251 | 400 |
| Rússia | 10 | 35 | 60 | 149 | 237 | 300 |
| EUROPA (Total) | 450 | 720 | 1350 | 2760 | 5270 | 6350 |

Cf. RIOUX, o. c. pág. 78.

3 —

| | Consumo de Algodão por habitante (1810-1910) (Em quilogramas. Médias quinquenais) | | | | | |
|---|---|---|---|---|---|---|
| Países | 1810 | 1840 | 1860 | 1880 | 1900 | 1910 |
| Alemanha ...... | — | 0,9 | 1,4 | 2,9 | 5,8 | 6,8 |
| Bélgica .......... | — | 2,8 | 2,9 | 4,3 | 5,8 | 9,4 |
| Espanha ......... | — | 0,6 | 1,4 | 2,1 | 4,1 | 7,4 |
| Estados Unidos | 1,9 | 5,2 | 5,8 | 7 | 11,5 | 12,7 |
| França .......... | 0,3 | 1,5 | 2,7 | 2,6 | 4,5 | 6 |
| Itália ............. | — | 0,1 | 0,2 | 1,1 | 4 | 5,4 |
| Japão ............. | — | — | — | — | 3,5 | 4,9 |
| Inglaterra ...... | 2,1 | 7,3 | 15,1 | 17,3 | 18,7 | 19,8 |
| Rússia .......... | — | 0,3 | 0,5 | 1 | 1,6 | 3 |
| Suécia .......... | — | 0,3 | 1,5 | 2,1 | 3,4 | 3,6 |
| Suiça .......... | — | 3,7 | 5,3 | 7 | 7,3 | 6,3 |

P. BAIROCH — Cf. RIOUX, o. c. pág. 109.

4 —

| | Produção de Hulha (1790-1913) (Em milhões de toneladas) | | |
|---|---|---|---|
| Anos | Inglaterra | Estados Unidos | Alemanha | França |
| 1790 | 6 | — | 0,3 | 0,8 |
| 1800 | 10 | — | 1 | 1 |
| 1820 | 12,5 | — | 1,5 | 1,1 |
| 1830 | 16 | — | 1,7 | 2 |
| 1840 | 30 | 2,1 | 3,4 | 3 |
| 1850 | 49 | 7 | 6,7 | 5 |
| 1860 | 80 | 13 | 17 | 8 |
| 1870 | 110 | 30 | 26 | 13 |
| 1880 | 149 | 83 | 47 | 19 |
| 1890 | 184 | 143 | 70 | 26 |
| 1900 | 230 | 245 | 100 | 33 |
| 1913 | 290 | 510 | 190 | 40 |

Cf. RIOUX, o. c. pág. 110.

330

5 —

| Produção de Gusa e de Aço (1800-1913) (Em milhões de toneladas) | | | | | | | |
|---|---|---|---|---|---|---|---|
| Anos | Inglaterra | | Estados Unidos | | Alemanha | | França | |
| | gusa | aço | gusa | aço | gusa | aço | gusa | aço |
| 1800 | 0,2 | — | — | — | O,04 | — | 0,6 | — |
| 1820 | 0,4 | — | 0,02 | — | 0,09 | — | 0,14 | — |
| 1840 | 1,4 | 0,6 | 0,18 | — | 0,17 | 0,1 | 0,35 | 0,24 |
| 1860 | 3,8 | 1,5 | 0,9 | — | 0,5 | 0,3 | 0,9 | 0,5 |
| 1880 | 7,8 | 3,7 | 3,9 | 1,2 | 2,4 | 2 | 1,7 | 1,3 |
| 1900 | 9,1 | 6 | 14 | 10 | 7,5 | 7,3 | 2,7 | 1,9 |
| 1913 | 10,4 | 9 | 31,4 | 31,8 | 16,7 | 17 | 5,2 | 3,6 |

Cf. RIOUX, o. c. pág. 111.

6 —

| Produção de Gusa por habitante (1810-1910) (Em quilogramas — médias quinquenais) | | | | | | | |
|---|---|---|---|---|---|---|---|
| Países | 1810 | 1840 | 1860 | 1880 | 1900 | 1910 | |
| | | | | | | gusa | aço bruto |
| Alemanha .......... | 2 | 5 | 14 | 53 | 130 | 200 | 220 |
| Bélgica .............. | ± 10 | 24 | 69 | 100 | 250 | 250 | 290 |
| Espanha ............. | — | ± 2 | 3 | 10 | 16 | 21 | 16 |
| Estados Unidos .... | 8 | 16 | 25 | 71 | 190 | 270 | 300 |
| França ............... | ± 4 | 12 | 25 | 46 | 65 | 100 | 100 |
| Itália ................. | — | ± 1 | 2 | 1 | 1 | 8 | 28 |
| Japão ............... | — | — | — | ± 0,5 | 1 | 5 | 4 |
| Inglaterra ........... | ± 20 | 54 | 130 | 220 | 220 | 210 | 150 |
| Rússia .............. | — | ± 3 | 5 | 5 | 25 | 31 | 38 |
| Suécia .............. | ± 30 | 28 | 47 | 48 | 100 | 100 | 110 |

P. BAIROCH — Cf. RIOUX, o. c. pág. 112.

# APÊNDICE III

## 1 —

### PNB por habitante
(Em dólares e preços americanos de 1960 — segundo os actuais limites territoriais)

| Países | 1830 | 1860 | 1913 | 1929 | 1950 | 1960 | 1970 | 1976 |
|---|---|---|---|---|---|---|---|---|
| Alemanha (RFA) | 245 | 354 | 781 | 795 | 931 | 1781 | 2627 | 2979 |
| Alemanha (RDA) | — | — | — | — | 571 | 1368 | 2116 | 2821 |
| Austrália | 320 | 645 | 1029 | 970 | 1597 | 1919 | 2603 | 2940 |
| Áustria | 250 | 390 | 681 | 720 | 721 | 1232 | 1855 | 2284 |
| Bélgica | 295 | 490 | 894 | 1099 | 1167 | 1484 | 2295 | 2740 |
| Bulgária | — | 210 | 263 | 306 | 420 | 750 | 1461 | 2112 |
| Canadá | 300 | 415 | 1140 | 1275 | 1818 | 2448 | 3061 | 3704 |
| Checoslováquia | — | — | 524 | 586 | 785 | 1488 | 2163 | 2741 |
| Dinamarca | 210 | 294 | 862 | 945 | 1217 | 1650 | 2475 | 2782 |
| Espanha | 265 | 345 | 367 | 455 | 367 | 529 | 986 | 1228 |
| Estados Unidos | 360 | 554 | 1365 | 1790 | 2241 | 2830 | 3643 | 4080 |
| Finlândia | 190 | 241 | 520 | 590 | 1027 | 1503 | 2428 | 2878 |
| França | 265 | 365 | 695 | 983 | 1137 | 1669 | 2645 | 3177 |
| Grécia | — | 230 | 322 | 390 | 445 | 718 | 1440 | 1858 |
| Hungria | — | — | 372 | 422 | 560 | 958 | 1576 | 2083 |
| Irlanda | — | — | 611 | 662 | 744 | 919 | 1334 | 1472 |
| Itália | 265 | 301 | 411 | 517 | 590 | 978 | 1557 | 1732 |
| Japão | — | 160 | 253 | 395 | 407 | 854 | 2128 | 2716 |
| Nova Zelândia | — | — | 800 | 1050 | 1984 | 1946 | 2392 | 2484 |
| Noruega | 280 | 401 | 749 | 1032 | 1652 | 2078 | 3125 | 3956 |
| Países Baixos | 350 | 452 | 754 | 1008 | 1019 | 1418 | 2127 | 2433 |
| Polónia | — | — | — | 350* | 556 | 891 | 1454 | 2257 |
| Portugal | 250 | 275 | 292 | 320 | ·383 | 514 | 954 | 1016 |
| Repúlica Sul Africana | — | — | 295 | 255 | 620 | 709 | 883 | 941 |
| Roménia | — | — | — | 331* | 319 | 579 | 1047 | 1754 |
| Reino Unido | 360 | 584 | 996 | 1038 | 1352 | 1686 | 2079 | 2299 |
| Suécia | 195 | 225 | 680 | 897 | 1712 | 2263 | 3226 | 3594 |
| Suissa | 275 | 480 | 963 | 1265 | 1368 | 1841 | 2468 | 2513 |
| URSS | 170 | 178 | 326 | 293 | 585 | 939 | 1651 | 2094 |
| Jugoslávia | — | 220 | 284 | 341 | 339 | 599 | 1019 | 1345 |

\* — Limites anteriores a 1938.

P. BAIROCH, LAS GRANDES TENDENCIAS DE LAS DISPARIDADES ECONÓMICAS NACIONALES DESPUÉS DE LA REVOLUCION INDUSTRIAL, in Historia Economica, ed. Crítica, Barcelona, 1981, págs. 206-207.

2 —

| Evolução secular do PNB real das grandes regiões e do Mundo (Em dólares e preços americanos de 1960) | | | | | | |
|---|---|---|---|---|---|---|
| Anos | PNB total (biliões) | | | PNB por Habitante (unidades) | | |
| | Países Desenvolv. | Terceiro Mundo | Mundo | Países Desenvolv. | Terceiro Mundo | Mundo |
| 1750 | 35 | 120 | 156 | 180 | 202 | 204 |
| 1800 | 48 | 149 | 196 | 198 | 200 | 206 |
| 1830 | 68 | 159 | 227 | 237 | 191 | 203 |
| 1860 | 115 | 165 | 281 | 318 | 193 | 222 |
| 1880 | 176 | 169 | 345 | 395 | 180 | 249 |
| 1900 | 290 | 188 | 477 | 528 | 179 | 299 |
| 1913 | 419 | 220 | 640 | 646 | 196 | 360 |
| 1928 | 546 | 256 | 802 | 752 | 197 | 396 |
| 1938 | 656 | 298 | 953 | 828 | 205 | 425 |
| 1950 | 882 | 335 | 1222 | 1046 | 203 | 488 |
| 1960 | 1406 | 521 | 1927 | 1456 | 253 | 639 |
| 1970 | 2376 | 804 | 3181 | 2220 | 310 | 867 |
| 1976* | 2979 | 1065 | 4056 | 2645 | 355 | 984 |

* — Números provisórios.

3 —

| Níveis do PNB por habitante das regiões do Terceiro Mundo (Em dólares e preços americanos de 1960) | | | | | |
|---|---|---|---|---|---|
| Anos | África | América | Ásia | China | Total |
| 1800 | 130 | 280 | 190 | 228 | 200 |
| 1860 | 130 | 267 | 168 | 204 | 183 |
| 1913 | 155 | 317 | 186 | 192 | 196 |
| 1938 | 173 | 377 | 192 | 191 | 205 |
| 1950 | 199 | 438 | 181 | 170 | 203 |
| 1960 | 240 | 490 | 215 | 235 | 253 |
| 1970 | 275 | 575 | 251 | 312 | 310 |
| 1976* | 289 | 670 | 294 | 369 | 355 |

* Números provisórios.

Paul BAIROCH — LAS GRANDES TENDENCIAS DE LAS PARIDADES ECONOMICAS NACIONALES DESPUÉS DE LA REVOLUCION INDUSTRIAL, o. c. pág. 213.

# BIBLIOGRAFIA

1 — ARON, Raymond — DEZOITO LIÇÕES SOBRE A SOCIE-DADE INDUSTRIAL, Lisboa, Martins Fontes/Presença, 1981.

2 — ARON, Raymond — DIMENSIONS DE LA CONSCIENCE HISTORIQUE, Paris, Plon, 1964, 2.ª ed.

3 — BARRACLOUGH, Geoffrey — A HISTÓRIA, Lisboa, Bertrand, 1980, (2 vols.).

4 — BERGER, Pierre — A MOEDA E SEUS MECANISMOS, Lisboa, Moraes Editores, 1980.

5 — BETTELHEIM, Charles — A TRANSIÇÃO PARA A ECONO-MIA SOCIALISTA, Rio de Janeiro, Zahar Ed., 1969.

6 — BIRNIE, Arthur — HISTÓRIA ECONÓMICA DA EUROPA, Rio de Janeiro, Zahar Editores, 1964.

7 — BOUVIER, Jean — GERMAIN-MARTIN, Henry — FINAN-CES ET FINANCIERS DE L'ANCIEN RÉGIME, Paris, P. U. F., 1969, 2.ª ed.

8 — BOUVIER, Jean — HISTOIRE ÉCONOMIQUE ET HISTOIRE SOCIALE, Recherches sur le Capitalisme Contemporain, Genève, Librairie Droz, 1968.

9 — BOUVIER, Jean — INITATION AU VOCABULAIRE ET AUX MECANISMES ÉCONOMIQUES CONTEMPORAINS (XIXe-XXe.), Paris, S. E. D. S., 1977, 3.ª ed.

10 — BRAUDEL, Fernand — ÉCRITS SUR L'HISTOIRE, Paris, Flammarion, 1977.

11 — BRAUDEL, Fernand — HISTÓRIA E CIÊNCIAS SOCIAIS, Lisboa, Presença, 1976, 2.ª ed.

12 — BRAUDEL, Fernand — LE TEMPS DU MONDE, Civilisation matérielle, économie et capitalisme, XVe.-XVIIIe. Siècles, tome 3, Paris, Armand Colin, 1979.

13 — BRAUDEL, Fernand — LES JEUX DE L'ÉCHANGE — Civilisation matérielle, économie et capitalisme, XVe.-XVIIIe. Siècles, tome 2, Paris, Armand Colin, 1979.

14 — BRAUDEL, Fernand — LES STRUCTURES DU QUOTIDIEN: Le Possible et l'Impossible — Civilisation matérielle, économie et capitalisme, XVe.-XVIIIe. Siècle, tome 1, Paris, Armand Colin, 1979.

15 — CASTRO, Armando de — ENSAIOS SOBRE CULTURA E HISTORIA, Porto, Inova, 1969.

16 — CHATELET, François — A FILOSOFIA E A HISTORIA — — 1780-18880 — História da Filosofia, Ideias, Doutrinas. Lisboa, Publicações D. Quixote, 1975.

17 — CIPOLLA, Carlo M. (dir.) — HISTORIA ECONOMICA DE EUROPA, Barcelona, Ed. Ariel, 1979 (trad. THE FONTANA ECONOMIC HISTORY OF EUROPE).

18 — CIPOLA, Carlo M. — HISTORIA ECONÓMICA DE LA EUROPA PREINDUSTRIAL, Madrid, Biblioteca de la Revista de Occidente, 1979, 2.ª ed.

19 — CIPOLLA, C. M. — ELLIOTT, J. H. — VILAR, P. — y otros — LA DECADENCIA ECONÓMICA DE LOS IMPERIOS, Madrid, Alianza Editorial, 1973.

20 — CONTE, Giuliano — DA CRISE DO FEUDALISMO AO NASCIMENTO DO CAPITALISMO, Lisboa, Presença, 1979.

21 — DAHRENDORF, Ralf — ENSAIOS DE TEORIA DA SOCIEDADE, Rio de Janeiro, Zahar Editores, 1974.

22 — DENIS, Henry — HISTÓRIA DO PENSAMENTO ECONÓMICO, Lisboa, Livros Horizonte, 1976.

23 — DEVILLEBICHOT, Guy — CLEFS POUR L'ÉCONOMIE POLITIQUE, Paris, Seghers, 1973.

24 — DOBB, Maurice — A EVÓLUÇÃO DO CAPITALISMO, Rio de Janeiro, Zahar Editores, 1974, 4.ª ed.

25 — DUBY, Georges — GUERREIROS E CAMPONESES, Lisboa, Estampa, 1980.

26 — DUBY, Georges — HOMMES ET SRUCTURES DU MOYEN ÂGE, Paris, Mouton, 1973.

27 — DUBY, GEORGES — L'ÉCONOMIE RURALE ET LA VIE DES CAMPAGNES DANS L'OCCIDENT MÉDIÉVAL. Paris, Flammarion, 2 vols. 1977.

28 — DUBY, Georges — AS TRÊS ORDENS OU O IMAGINÁRIO DO FEUDALISMO, Lisboa, Estampa, 1982.

29 — ELLUL, Jacques — HISTOIRE DES INSTITUTIONS, Paris, PUF, 1967, 5.ª ed.

30 — FEBVRE, Lucien — COMBATES PELA HISTÓRIA, Lisboa, Presença, 1977, 2 vols.

31 — FEBVRE, Lucien —.POUR UNE HISTOIRE Ã PART ENTIÈRE, Paris, S. E. V. P. E. N., 1962.

32 — FOURQUIN, Guy — HISTORIA ECONÓMICA DO OCIDENTE MEDIEVAL, Lisboa, Edições 70, 1981.

33 — FOURQUIN, Guy — SENHORIO E FEUDALIDADE NA IDADE MÉDIA, Lisboa, Edições 70, 1978.

34 — FRANK, André Gunder — A ACUMULAÇÃO MUNDIAL, Lisboa, Estampa, 1979.

35 — FURIA, D — SERRE, P. Ch. — TECHNIQUES ET SOCIÉTÉS — Liaisons et évoluntions — , Paris, Armand Colin, 1970.

36 — FURTADO, Celso — TEORIA E POLÍTICA DO DESENVOLVIMENTO ECONÓMICO, Lisboa, Publicações D. Quixote, 1976, 2.ª ed.

37 — GALBRAITH, John Kenneth — LE NOUVEL ÉTAT INDUSTRIEL — essai sur le système économique américan — Paris, Gallimard, 1974.

38 — GANSHOF, F. L. — QUE É O FEUDALISMO?, Lisboa, Europa-América, 1974, 3.ª ed.

39 — GIDDENS, Anthony — A ESTRUTURA DE CLASSES DAS SOCIEDADES AVANÇADAS, Rio de Janeiro, Zahar Editores, 1975.

40 — GIDDENS, Anthony — CAPITALISMO E MODERNA TEORIA SOCIAL, Lisboa, Presença, 1976.

41 — GODINHO, Vitorino Magalhães — ENSAIOS III, Lisboa, Sá da Costa, 1971.

42 — GODINHO, Vitorino Magalhães — A ECONOMIA DOS DESCOBRIMENTOS HENRIQUINOS, Lisboa, Sá da Costa, 1962.

43 — GODINHO, Vitorino Magalhães — INTRODUÇÃO À HISTÓRIA ECONÓMICA, Lisboa, Livros Horizonte, s/d.

44 — GODINHO, Vitorino Magalhães — OS DESCOBRIMENTOS E A ECONOMIA MUNDIAL, Lisboa, Presença, 3 vols. 1981-1982.

45 — GUERREAU, Alain — O FEUDALISMO — UM HORIZONTE TEÓRICO, Lisboa, Edições 70, 1982.

46 — GUILLAUME, P. — DELFAUD, P. — NOUVELLE HISTOIRE ÉCONOMIQUE — tome 2 — LE XXe. SIÈCLE — Paris, Armand Colin, 1976.

47 — HEERS, Jacques — L'OCCIDENT AUX XIVe. ET XVe. SIÈCLES — aspects économiques et sociaux — , Paris, PUF, 1970, 3.ª ed.

48 — HEFFER, Jean — LA NOUVELLE HISTOIRE ÉCONOMIQUE, Paris, Gallimard, 1977.

49 — HICKS, J. R. — UMA INTRODUÇÃO À ECONOMIA, Rio de Janeiro, Zahar Editores, 1972.

50 — HICKS, J. R. — UMA TEORIA DE HISTÓRIA ECONÓMICA, Rio de Janeiro, Zahar Editores, 1972.

51 — HOBSBAWN, E. J. — A ERA DAS REVOLUÇÕES, Lisboa, Presença, 1978.

52 — HOBSBAWN, E. J. — A ERA DO CAPITAL, Lisboa, Presença, 1979.

53 — HOBSBAWN, E. J. — INDÚSTRIA E IMPÉRIO, Lisboa, Presença, 2 vols. 1978.

54 — IMBERT, Jean — LEGOHÉREL, Henri — HISTOIRE ÉCONOMIQUE DES ORIGINES À 1789, Paris, PUF, 1970,.2.ª ed.

55 — KULLA, Witold — TEORIA ECONÓMICA DO SISTEMA FEUDAL, Lisboa, Presença, 1979.

56 — LEFEBVRE, Geoeges — LA NAISSANCE DE L'HISTORIO-GRAPHIE MODERNE, Paris, Flammarion, 1971.

57 — LE GOFF, Jacques — NORA, Pierre — FAZER A HISTÓRIA, Lisboa, Bertrand, 1981, 2 vols.

58 — LE GOFF, Jacques — LE ROY LADURIE, Emmanuel — DUBY, Georges — e outros — A NOVA HISTÓRIA, Lisboa, Edições 70, 1978.

59 — LE GOFF, Jacques — LA CIVILISATION DE L'OCCIDENT MÉDIÉVAL, Paris, Arthaud, coll. Les Grandes Civilisations, 1965.

60 — LE GOFF, Jacques — MARCHANDS ET BANQUIERS DU MOYEN ÂGE, Paris, PUF, 1956.

61 — LE GOFF, Jacques — PARA UM NOVO CONCEITO DE IDADE MÉDIA, Lisboa, Estampa, 1980.

62 — LÉON, Pierre — ÉCONOMIES ET SOCIÉTÉS PRÉINDUS-TRIELLES, tome 2, Paris, Armand Colin.

63 — LÉON, Pierre (direc.) — HISTOIRE ÉCONOMIQUE ET SOCIALE DU MONDE, Paris, Armand Colin, 6 vols. 1977, 1978.

64 — L'HISTOIRE ET SES MÉTHODES — Enciclopédie de la Pléiade — Paris, Gallimard, 1973.

65 — LESOURD, J. A. — GÉRARD, Cl. — NOUVELLE HISTOIRE ÉCONOMIQUE — tome 1 — Le XIXe. Siècle — Paris, Armand Colin, 1976.

66 — LOPEZ, Robert S. — A REVOLUÇÃO COMERCIAL DA IDADE MÉDIA 950-1350, Lisboa, Presença, 1980.

67 — MANDEL, Ernest — A FORMAÇÃO ECONÓMICA DO PENSAMENTO DE MARX, Coimbra, Centelha, 1978.

68 — MARROU, H. I. — DO CONHECIMENTO HISTÓRICO, Lisboa, Aster, 1976, 4.ª ed.

69 — MARX, Karl — OEUVRES — ÉCONOMIE — (2 vols.) — Paris, Bibliothèque de la Pléiade, Gallimard, 1965, 1968.

70 — MARX, Roalnd — LA RÉVOLUTION INDUSTRIELLE EN GRANDE-BRETAGNE DES ORIGENS À 1850, Paris, Armand Colin, 1970.

71 — MAURO, Frédéric — HISTOIRE DE L'ÉCONOMIE MONDIALE, Paris, Sirey, 1971.

72 — MAURO, Frédéric — LE XVIe. SIÈCLE EUROPÉEN — Aspects économiques — , Paris, PUF, 1970.

73 — MAURO, Frédéric — L'EXPANSION EUROPÉENNE (1600--1870), Paris, PUF, 1964.

74 — MOURA, Francisco Pereira de — LIÇÕES DE ECONOMIA, Coimbra, Almedina, 1978, 4.ª ed.

75 — MOUSNIER, Roland — AS HIERARQUIAS SOCIAIS — de 1450 aos nossos dias — Lisboa, Europa-América, 1974.

76 — NIVEAU, Maurice — HISTOIRE DES FAITS ÉCONOMIQUES CONTEMPORAINS, Paris, PUF, 1970, 3.ª ed.

77 — PACAUT, Marcel — LES STRUCRURES POLITIQUES DE L'OCCIDENT MÉDIÉVAL, Paris, Armand Colin, 1969.

78 — PERNOUD, Régine — AS ORIGENS DA BURGUESIA, Lisboa, Europa-América, 1973, 2.ª ed.

79 — PERROUX, François — O CAPITALISMO, Lisboa, Bertrand, 1977, 3.ª ed.

80 — PHILIP, André e Loic — HISTÓRIA DOS FACTOS ECONÓMICOS E SOCIAIS DE 1800 AOS NOSSOS DIAS, Lisboa, Moraes, 1980, 2.ª ed.

81 — PIRENNE, Henry — AS CIDADES DA IDADE MÉDIA, Lisboa, Europa-América, 1977, 4.ª ed.

82 — RANDLES, W. G. L. — WACHTEL, Nathan e Outros — PARA UMA HISTÓRIA ANTROPOLÓGICA, Lisboa, Edições 70, 1978.

83 — RIOUX, Jean-Pierre — A REVOLUÇÃO INDUSTRIAL, Lisboa, Publicações D. Quixote, 1977, 2.ª ed.

84 — ROSTOW, Walt Whitman — ETAPAS DO DESENVOLVIMENTO ECONÓMICO, Rio de Janeiro, Zahar Editores, 1978, 6.ª ed.

85 — SALMON, Pierre — HISTÓRIA E CRÍTICA, Coimbra, Almedina, 1979.

86 — SAMUELSON, Paul A. — ECONOMIA, Lisboa, Fundação Calouste Gulbenkian (2 vols.) 1980, 4.ª ed.

87 — SWEEZY, Paul M. — DOBB, Maurice — e Outros — DO FEUDALISMO AO CAPITALISMO, Lisboa, Publicações D. Quixote, 1978.

88 — SWEEZY, Paul M. — TEORIA DO DESENVOLVIMENTO CAPITALISTA — Rio de Janeiro, Zahar Editores, 1976, 4.ª ed.

89 — TOPOLSKI, Jerzy — CIPOLLA, Carrlo M. — BAIROCH, Paul — HOBSBAWN, E. J. — KINDLEBERGER, C. P. — e Outros — HISTORIA ECONOMICA, Nuevos enfoques y nuevos problemas — Barcelona, Editorial Crítica, 1981.

90 — SLICHER VAN BATH, B. H. — HISTORIA AGRARIA DE EUROPA OCCIDENTAL, Barcelona, Peninsular, 1974.

91 — (Vários autores) — A HISTÓRIA SOCIAL, PROBLEMAS, FONTES E MÉTODOS, Lisboa, Edições Cosmos, 1973.

92 — VAZQUEZ DE PRADA, Valentin — HISTÓRIA ECONÓMICA MUNDIAL, Porto, Livraria Civilização-Editora, 2 vols., 1977, 1978.

93 — VÉDRINE, Hélêne — LES PHILOSOPHIES DE L'HISTOIRE, Paris, Petite Bibliotèque Payot, 1975.

94 — VILAR, Pierre — DESENVOLVIMENTO ECONÓMICO E ANÁLISE HISTÓRICA, Lisboa, Presença, 1982.

95 — VILAR, Pierre — HISTÓRIA MARXISTA, HISTÓRIA EM CONSTRUÇÃO, Lisboa, Estampa, 1976.

96 — VILAR, Pierre — OR ET MONNAIE DANS L'HISTOIRE — 1450-1920, Paris, Flammarion, 1974.

97 — WALLERSTEIN, Immanuel — EL MODERNO SISTEMA MUNDIAL — La agricultura capitalista y los origenes de la economia-mundo europeia en el siglo XVI — Madrid, Siglo Veintiuno editores, 1979.

# PLANO GERAL

Explicação Prévia ................................................................ 7

# PRIMEIRA PARTE

# A EUROPA PRÉ-INDUSTRIAL ............................ 9

## I — INTRODUÇÃO ........................................ 11

1 — PERFIL METODOLÓGICO ............................ 11
2 — ''ECONOMIAS-MUNDO ATRAVÉS DO TEMPO ................ 21
3 — CARACTERÍSTICAS GERAIS DAS ECONOMIAS ................
PRÉ-INDUSTRIAIS ........................................ 25
  A — A Procura Privada ................................ 25
  B — A Procura Pública ................................ 31
  C — A Procura Eclesiástica ............................ 32
  D — A Procura Externa ................................ 33
  E — A Oferta — A Produção ........................... 35
      — Trabalho ................................... 35
      — Capital ..................................... 38
      — Recursos Naturais ........................... 42
      — Organização Produtiva ....................... 43
  F — A Produtividade ................................. 44
  G — Crescimento e Desenvolvimento .................... 47
  H — A Moeda ....................................... 48

*343*

## II — PRIMEIRAS ECONOMIAS-MUNDO EUROPEIAS. — DO SÉCULO XI A MEADOS DO SÉCULO XV ......... 53

1 — Expansão Europeia dos séculos XI a XIII ...................... 53
2 — A Economia-Mundo dos Países Baixos. O Centro Comercial de Bruges ................................................................ 57
3 — A Liga Hanseática .................................................. 59
4 — As Cidades Italianas .............................................. 61
5 — As Feiras de Champagne ......................................... 63
6 — As Crises do Século XIV ........................................ 65
7 — A Hegemonia de Veneza ......................................... 69
8 — A Superação das Crises .......................................... 75
9 — O Pré-capitalismo medieval ..................................... 81

## III — DE MEADOS DO SÉCULO XV A MEADOS DO SÉCULO XVIII ............... 83

1 — Portugal à cabeça da mudança da Economia Europeia ............. 83
2 — Antuérpia, capital do novo mundo económico (1500-1557) ...... 87
3 — Génova, sucessora de Antuérpia (1557-1627) .................... 91
4 — O Metal Monetário e os Preços. .................................. 95
    A — Noções .......................................................... 95
    B — O Ouro Português (''da Mina'') ............................. 97
    C — O Ouro Espanhol (americano) ............................... 98
    D — A ''revolução dos preços'' e a prata das Américas ........... 99
5 — Nova Divisão Europeia do Trabalho ............................. 107
6 — A Hegemonia Holandesa — (1600-1775) Transição para as Economias Nacionais ...................... 113
    A — As Províncias Unidas .......................................... 113
    B — As Províncias Unidas e o Mar ................................ 116
    C — Concentração Capitalista ..................................... 120
7 — As Semi-periferias em movimento................................ 123
    A — Ao redor do Báltico ........................................... 123
    B — A Holanda contra a França ................................... 125
    C — A Inglaterra contra a Holanda ................................ 128
    D — A Decadência Económica de Espanha ....................... 135
    E — A Decadência Económica de Itália ........................... 136
8 — As Crises do Século XVII ....................................... 139
9 — Nascimento e Desenvolvimento do Capitalismo .................. 147

# SEGUNDA PARTE

## A EUROPA INDUSTRIAL ................................... 161

### I — A REVOLUÇÃO INDUSTRIAL ............................ 163

1 — Introdução ............................................. 163
2 — A Revolução Agrícola ................................... 167
3 — A Revolução Demográfica ............................... 171
4 — A Revolução Técnica ................................... 173
5 — A Revolução do Algodão ................................ 175
6 — A Revolução Comercial ................................. 177
7 — Revolução dos Transportes Internos .................... 179
8 — Revolução Financeira .................................. 181

### II — A NOVA ECONOMIA INDUSTRIAL E FINANCEIRA .......... 183

1 — Introdução ............................................. 183
2 — Modificações Estruturais e Condições Primordiais da Nova Economia. .................................................. 189

    A — Modificações Estruturais e Taxas de Crescimento ........... 189
    B — Relações entre Demografia, Produção Agrícola e Produção Industrial ................................................. 197
    C — Investimentos e Poupança ............................ 198
    D — Progressos Técnicos, Transportes e Comunicações .......... 199
    E — O Papel do Movimento dos Preços e dos Mercados ......... 207
3 — Efeitos Fundamentais da Nova Economia.................. 209
    A — Concentrações Industriais e Financeiras ............... 209
    B — Sectores e Ramos da Indústria ....................... 211
    C — Divisão do Trabalho ................................. 212
    D — Composição da População Activa ...................... 213
    E — O Problema das Classes Sociais ...................... 219
4 — Os Ritmos da Nova Economia. .......................... 223
    A — As Crises — Ciclos de Kondratieff e de Juglar ............ 223
    B — As Três Vagas da Industrialização .................... 234
5 — Os Meios Monetários. .................................. 237
    A — Formas de Moeda ................................... 237
    B — Notas de Banco e Metais Preciosos ................... 238
    C — Paridades e Desvalorizações ......................... 240

| | |
|---|---|
| 6 — O Sistema de Crédito | 243 |
| A — Formas de Crédito | 243 |
| B — Modificações do Sistema Bancário | 244 |
| C — O Estado Banqueiro | 248 |
| 7 — O Estado Agente Económico | 249 |
| 8 — Transacções Comerciais e Preços. | 253 |
| A — Flutuações de Preços e Inflação Moderna | 253 |
| B — Mercado Internacional, Bolsas, Desordens dos Movimentos de Capitais | 257 |
| 9 — As Empresas | 261 |

## III — O EXPANSIONISMO ECONÓMICO (1850-1914) ... 267

| | |
|---|---|
| 1 — A Supremacia Europeia | 267 |
| 2 — Comércio Exterior — Livre-Cambismo e Proteccionismo | 271 |
| 3 — Rivalidades Nacionais e Imperialismo Económico | 281 |

## IV — EVOLUÇÃO E CRISES DO SÉCULO XX (1914- -1970) ... 287

| | |
|---|---|
| 1 — Consequências da Primeira Guerra Mundial | 287 |
| 2 — A Depressão dos Anos Trinta | 291 |
| 3 — Reacções às Crises | 295 |
| A — As novas ideias económicas | 295 |
| B — As novas Políticas Económicas | 298 |
| 4 — As Economias Planificadas | 303 |
| 5 — Os últimos decénios | 309 |

## APÊNDICES DOCUMENTAIS ... 321

| | |
|---|---|
| Apêndice I | 323 |
| Apêndice II | 329 |
| Apêndice III | 332 |
| Bibliografia | 335 |

Execução gráfica
da
**TIPOGRAFIA LOUSANENSE, LDA.**
Lousã — Novembro/03
Depósito legal n.º 202 645/03